国家林业和草原局普通高等教育"十四五"规划教材

房地产法学

唐　薇　主编

中国林业出版社
China Forestry Publishing House

内 容 简 介

本书以习近平新时代中国特色社会主义思想为指导，贯彻落实党的二十大报告对构建新发展格局的最新工作要求和习近平总书记关于房地产市场平稳发展的系列重要论述，以我国房地产和国家有关法律制度发展实际为背景，根据我国当前房地产业和房地产法治体系的相关内容编排。全书注重理论与实践的结合，论述了我国房地产和房地产业的现实情况，阐述了我国房地产法的基本原理和发展历程，系统介绍了我国房地产权属、房地产登记、房地产开发用地、房地产征收、房地产转让与租赁、房地产抵押等法律制度以及与房地产密切相关的中介服务、税费、物业管理服务、住房保障等法律制度，并结合典型案例分析了如何运用法治手段来有效处理房地产相关法律纠纷问题，也与时俱进地探讨了民法典时代房地产前沿问题，具有较强的针对性、操作性和应用性。

本书适用于法学、建筑学、城乡规划学等专业本科生教学使用，亦可作为研究生和其他层次的教学用书或房地产法读物，还可以供房地产法学研究者和房地产法律实务工作者参考。

图书在版编目(CIP)数据

房地产法学／唐薇主编. —北京：中国林业出版社，
2023. 11

ISBN 978-7-5219-2433-6

Ⅰ. ①房… Ⅱ. ①唐… Ⅲ. ①房地产–法学–中国
Ⅳ. ①D922. 181. 1

中国版本图书馆 CIP 数据核字(2023)第 217393 号

策划编辑：丰　帆
责任编辑：丰　帆
责任校对：苏　梅
封面设计：时代澄宇

出版发行：中国林业出版社
　　　　　（100009，北京市西城区刘海胡同 7 号，电话 83223120)
电子邮箱：cfphzbs@ 163. com
网址：www. forestry. gov. cn/lycb. html
印刷：北京中科印刷有限公司
版次：2023 年 11 月第 1 版
印次：2023 年 11 月第 1 次
开本：787mm×1092mm　1/16
印张：13. 25
字数：313 千字
定价：49. 00 元

编写人员名单

主　　编：唐　薇
副 主 编：颜　勇　赵纪川
编写人员（按姓氏拼音排序）

耿鹏飞（四川农业大学）
季长龙（浙江工商大学）
赖虹宇（西南财经大学）
李军妍（四川农业大学）
刘　娜（四川农业大学）
马　丽（四川农业大学）
庞椿云（四川农业大学）
漆海燕（四川农业大学）
唐　薇（四川农业大学）
王锦慧（山西农业大学）
颜　勇（四川农业大学）
赵纪川［四川发现（雅安）律师事务所］

前　言

发展是党执政兴国的第一要务，坚实的物质基础是实现中国式现代化、全面建成社会主义现代化强国的基础要义。2023年是全面贯彻落实党的二十大精神的开局之年。党的二十大报告对"加快构建新发展格局，着力推动高质量发展"作出最新要求和更高指示，明确要求要加快构建以国内大循环为主体、国内国际双循环相互促进的新发展格局。长期历史实践证明，要形成强大国内市场、构建新发展格局，需着力推动金融、房地产同实体经济均衡发展，不断完善房地产法治体系，以促进房地产市场平稳健康发展，才能发挥房地产在满足人民美好生活需要和推动经济社会发展中的独特价值作用。

房地产是城市运行与发展的重要载体，具有承载产业发展需要和保障人民基本生活需求的功能。党中央历来高度关注并重视房地产发展的相关问题，特别是如何运用和完善法治手段促进房地产业健康发展，做到惠及人民、利及社稷。党的十一届三中全会开启了改革开放和社会主义现代化建设的新时期，我国房地产立法也自此起步，《国有建设征用土地条例》《村镇建房用地管理条例》《中华人民共和国土地管理法》（以下简称《土地管理法》）等法律法规陆续制定实施，但这一时期的房地产立法较为有限，主要以规范既有的土地利用现状为内容。1994年，《中华人民共和国城市房地产管理法》（以下简称《城市房地产管理法》）正式颁布并于1995年起实施，成为我国城市房地产管理的基本规范。1988年，第七届全国人民代表大会第一次会议通过宪法修正案，明确规定土地的使用权可以依照法律规定转让，在此背景下，我国对《土地管理法》进行了修订，颁布了《中华人民共和国城市规划法》《中华人民共和国建筑法》以及配套的条例、办法等，房地产立法进入了快速发展时期，房地产相关法制体系逐渐完善、结构更加合理，同时，国家加强了对房地产市场的调控。2007年，《中华人民共和国物权法》（以下简称《物权法》，现已失效）颁布实施，该法从物权法的视角对房地产关系作了若干重要规定。《城市房地产管理法》也于2007年、2009年、2019年三次进行修订完善。一系列立法修法活动有效回应了现实需求，标志着我国房地产法律体系的进一步完善，彰显着我国房地产法制建设进入新的发展阶段。2020年5月28日，第十三届全国人民代表大会第三次会议通过了《中华人民共和国民法典》（以下简称《民法典》），《物权法》被融入《民法典》，形成"物权编"，除了个别修订外，大部分基本制度都被沿用吸收。目前，我国房地产法已发展形成以《民法典》《土地管理法》《城市房地产管理法》为核心的法律体系，房地产法制建设已经趋于完善。

此外，随着房地产领域相关立法的质量不断提高，相应法律法规日臻完善，各种规章制度也不断健全，在推动房地产市场化的同时，我国也逐渐建立完善了多层次的住房保障法律体系。这些进步都为推进经济社会长远发展奠定了良好的基础。但在目前复杂的经济社会形势下，我们也清醒地认识到，应该进一步发挥法治固根本、稳预期、利长远的保障作用，推进房地产业法治化建设、实现中国式现代化仍需不断努力。

推进房地产业法治化建设，实现我国经济高质量发展，需要培养大批既掌握房地产法治理论知识与技能，又能熟练解决房地产法律问题和前沿问题的法律专业人才。《房地产法学》一书在吸收国内外最新研究成果的基础上，根据编写组人员多年教学研究经验，在阐述房地产法治基本知识和理论的基础上，结合实践实务，探讨了如何运用法治手段来有效处理房地产相关法律纠纷问题和民法典时代房地产发展的前沿问题，具有较强的针对性、可操作性和现实应用价值。

编者根据我国当前房地产发展实际和相关法治化建设的新进展，通过整理、分析最新法律法规，吸收全新的理论研究成果，探索研究前沿问题，将理论与实践相结合，形成《房地产法学》教材呈现给读者。

本书共十二章，以习近平新时代中国特色社会主义思想为指导，贯彻落实党的二十大报告对构建新发展格局的最新工作要求和习近平总书记关于房地产市场平稳发展的系列重要论述，以我国房地产和国家有关法律制度发展实际为背景，根据我国当前房地产业和房地产法治体系的相关内容编排。全书注重理论与实践的结合，论述了我国房地产和房地产业的现实情况，阐述了我国房地产法的基本原理和发展历程，系统介绍了我国房地产权属、房地产登记、房地产开发用地、房地产征收、房地产转让与租赁、房地产抵押等法律制度以及与房地产密切相关的中介服务、税费、物业管理服务、住房保障等法律制度，并结合典型案例分析了如何运用法治手段来有效处理房地产相关法律纠纷问题，也与时俱进地探讨了民法典时代房地产前沿问题，具有较强的针对性、操作性和应用性。本书既可以作为普通高校、成人高校教学培训教材，也可作为法律工作者的参考书籍。

本教材由唐薇担任主编，主持讨论确定编写大纲，并对全书内容进行审定；颜勇、赵纪川担任副主编，参与全书总体框架和提纲讨论、统稿及协调工作。编写人员按编写顺序排列为：漆海燕（第一章）、王锦慧（第二章）、耿鹏飞（第三章）、马丽（第四章）、唐薇（第五章、第十一章）、赖虹宇（第六章）、李军妍（第七章）、赵纪川和季长龙（第八章）、颜勇（第九章）、刘娜（第十章）、庞椿云（第十二章）。

本书撰写过程中，我们参阅和引用了国内外众多学者的著作和研究成果，在此谨向各位专家、同仁表示由衷的感谢。由于编者水平有限，书中内容难免会有疏漏、不妥之处，恳请同行专家和读者不吝指正。

编　者

2023 年 5 月

目　录

第一章　房地产法概述

内容提要： 本章是房地产法的基本原理部分，主要内容包括房地产与房地产业概述、房地产法的概述、房地产法的原则和房地产法的历史沿革，是房地产法的总论部分，也是学习具体房地产法律制度的基础。

学习目标与要求： 通过本章学习，应当掌握房地产及房地产业的概念和特点，理解并掌握房地产法的概念、调整对象、特征和原则，了解房地产法的历史沿革和发展特点。本章的重点是掌握房地产法的调整对象和基本原则，理解房地产法律制度形成的背景和原因以及房地产法的基本价值。

第一节　房地产与房地产业概述

一、房地产的概念和特点

(一) 房地产的概念

房地产是房产和地产的统称，是房产和地产的结合体[①]。房地产既是经济学上的概念，也是法学上的概念，但目前我国现行法律并没有对房地产的概念进行界定。学术界对于什么是房地产、什么是房产、什么是地产以及三者的关系还存在争议。例如，学者唐德华、高圣平认为，房地产是指土地以及土地上的房屋等建筑物及构筑物。学者陈耀东则认为，房地产是土地财产、土地上的房屋财产以及由此衍生的权益的总称。

1. 房产的概念

在改革开放前，我国房地产管理体制上曾长期使用房产的概念。一般认为，房产是指在法律上有明确所有权权属关系的房屋财产，具体包括：住宅、厂房、仓库以及商业、服务、文化、教育、办公、医疗、体育等多方面的用房[②]。我国之所以单独使用房产这个概念，是基于我国的特殊制度环境。我国实行土地公有制，房地产权利人只对房屋享有所有权，对土地只享有使用权，因此消费者更关心的是房屋的所有权，房产与地产则是相对独立地在市场中存在。

2. 地产的概念

所谓地产，是指土地及相关权益。但在我国，相对于房产概念的长期使用，地产对我们来说则相对陌生。自新中国成立以来，房地产政策法规中大多使用房产或房地产的提法，而很少单独使用"地产"一词，原因仍在于我国土地公有制的实行。直到改革开放后，土地使用权可以有偿转让，才逐渐开始出现地产的说法。区别于英美法系和大陆法系中以

---

① 符启林，2018. 房地产法（第五版），法律出版社.
② 习龙生，1994. 中国房地产法实务全书，今日中国出版社.

土地所有权为中心的地产概念，我国应该结合本国国情与发展实际，在不改变土地所有权的前提下，以提高土地的利用价值为中心，去理解我国地产的概念和内涵。

（二）房地产的特点

房地产是不动产，是一种特殊的商品，具有以下特点。

1. 房地产具有固定性

房地产包括房屋和土地。土地是不能移动的，建筑在土地之上或者之下的房屋及其附属设施一般也是不能移动的，这是房地产与其他商品最大的区别。在房地产交易中，流转交易的是房屋和土地的有关权利，而土地和房屋并不会改变空间位置，因此，在房地产投资中，空间位置的选择十分重要。

2. 房地产具有稀缺性

土地是稀缺资源，是不可再生的，虽然某些情况下可以通过人工填湖、填海等方式获得土地，但整体上来讲，土地仍然是有限的。因为土地的稀缺性和有限性，使得附着在土地之上的房产也具有稀缺性和有限性。

3. 房地产价值具有差异性

由于土地和房屋的不可移动性，房地产的天然位置就决定了其价值的差异性。在经济越发达、人口越密集的地区，房地产的价值就会越高，反之则越低。此外，即使在同一地区，也会因为各种因素导致房地产价值不一，如房屋的朝向、户型、外形、风格等均成为影响其价值的重要因素。

4. 房地产具有保值性或增值性

随着社会的发展、人口的不断增长、生活水平的不断提高，人们对房地产的需求日益增长。但由于房地产的有限性，尤其是土地作为一种稀缺资源，附着在其上的房屋也具有相对稀缺性，房地产的供不应求导致房地产价格总趋势不断上升。因此，一般情况下，房地产具有保值性或增值性。

（三）房地产的种类

1. 公有房地产与私有房地产

根据房地产的所有权归属不同可以将房地产分为公有房地产和私有房地产。公有房地产是指国家和集体所有的房地产，如国家或集体所有的土地、房屋等。私有房地产是指私人所有的房地产，包括私人所有的房屋、建设用地使用权、宅基地使用权、土地承包经营权等。

区分房地产公有和私有的意义在于，法律对这两类房地产流转的调整原则有所不同。一般来说对私有房地产的流转没有限制，但对公有房地产有诸多限制，例如，公有的土地所有权是禁止流转的。

2. 城市房地产与农村房地产

根据房地产所处的位置，可以将房地产分为城市房地产与农村房地产。城市房地产是指城镇国有土地范围内的房地产，如城市国有土地、房屋等。农村房地产是指农村土地范围内的房地产，如农村集体土地及土地上的各类建筑物、构筑物等。

区分城市房地产和农村房地产的意义在于，这两类房地产的流转情况大相径庭，且适用的法律各不相同，城市房地产适用《城市房地产管理法》的相关规定，农村房地产适用的是《土地管理法》的相关规定。

3. 自由流转房地产、限制流转房地产与禁止流转房地产

根据房地产流转的受限制程度，可以将房地产分为自由流转房地产、限制流转房地产和禁止流转房地产。

自由流转房地产是指权利人有权依法自由处分其房地产，如买卖城市居民的房屋、建设用地使用权等。

限制流转房地产是指法律对权利人的自由处分权进行一定的限制，如通过划拨方式取得的建设用地使用权的流转就存在诸多限制，不能自由流通。

禁止流转房地产是指法律禁止流转的房地产，如国有土地和集体土地的所有权禁止流转。

根据流转的受限制程度对房地产进行区分的意义在于，对不同类型的房地产权利人所享有的权能不同，自由流转的房地产权利人可以自由充分地处分自己的房地产，而其他两类则是受限制或被禁止。

二、房地产业概述

房地产业是指从事房地产开发、经营、管理和服务的产业。根据 2016 年的《房地产业基本术语标准》，房地产业的定义为"从事房地产投资、开发、经营、管理和服务的产业"。

随着经济的发展，房地产业作为一个独立的产业部门，已经成为国民经济的重要部门，在推动我国的工业化、市场化、城市化等方面，起着十分重要的作用。

（一）房地产业对发展国民经济的作用

房地产业是国民经济的支柱产业，是构成国家财富的重要组成部分，是一国财富的基础。由于房地产业是一项高投资、高回报率的产业，许多发达国家和地区都把其当作发展国民经济的重要产业。近年来我国房地产行业发展迅速，房地产市场成交量大，交易日趋活跃，2020 年，全国完成房地产开发投资额 14.14 万亿元，2021 年为 14.76 万亿元[①]，房地产业也是我国国民经济的重要产业。

（二）房地产业对人民生活的作用

中国人自古讲究衣食住行、安居乐业，对人民来说，住房是最基本的生活需求，房地产业的发展正是为了解决这一需求。但是房地产业发展不均衡、过度商业化等现象，导致与人民的需求之间的矛盾越来越突出。国家要发展房地产业，应当将商业利益、部门利益和人民群众的利益进行协调，将解决民生问题放在发展房地产业的首要位置，提高人民群众的居住环境和生活水平。

（三）房地产业对完善市场体系的作用

房地产业的发展具有极大的带动作用，它将土地、资金、劳动力和各种社会资源及物质资料通过市场聚集起来，对整个市场体系的完善具有不可替代的重要作用。房地产业不

---

①数据来源于国家统计局官网.

仅能带动建筑行业、建筑设备、化工、机械等产业的发展，还能在房屋投入使用后带动家具家居、装修装饰、家电等相关产业的发展以及金融业和房产信息交流服务行业的发展。因此，房地产业对促进整个消费市场具有重要作用。房地产业还对吸引外资具有重要作用，可以有效改善我国的投资环境，完善基础设施建设，迅速发展邮电、通信、交通、运输行业等。

第二节　房地产法的概念、调整对象和特征

一、房地产法的概念

房地产法是调整房地产及其相关经济关系的法律规范的总称。经济关系包括经济管理关系和经济协作关系，这两者之间是相互联结为一体的。从我国经济生活的实际情况来看，既有财产关系，也有非财产关系，既有房地产业的开发经营关系，也有公民之间、职工与单位之间、公民与政府之间的基于房地产使用权或产权而发生的非房地产业关系。

房地产法有广义和狭义之分。广义的房地产法包括了对房地产经济关系进行调整的所有法律规范，如宪法、民法、经济法、行政法、刑法等。狭义的房地产法一般是指《土地管理法》《城市房地产管理法》。

二、房地产法的调整对象

房地产法的调整对象是指房地产法所调整的房地产经济管理关系和房地产经济协作关系。房地产法调整房地产运行的全过程，包括房地产开发、经营、使用、服务、管理及其他与房地产相关的法律关系。具体而言，房地产法的调整对象主要包括以下几类：

（一）房地产经济关系

房地产经济关系又称房地产财产关系，包括房屋财产关系和土地财产关系。房屋财产关系是因房屋产权而形成的财产关系，通常发生于平等的民事主体之间，例如，因房屋买卖、出租、赠与、继承、交换、抵押、相邻、共有等产生的关系。土地财产关系是指因国家、集体土地实行划拨或有偿使用导致土地使用权发生转移而产生的财产关系。

（二）房地产管理关系

房地产管理关系是指房地产相关行政主管部门行使行政管理职能，与行政行为相对人之间产生的管理与被管理关系，包括房屋管理关系、房地产市场管理关系和土地管理关系。

房屋管理关系表现为国家对城乡住宅和其他房屋进行规划、开发、修建、改造和测量以及房屋产权管理过程中发生的行政管理关系，例如，房屋征收和拆迁管理关系、房地产交易关系、房地产评估及鉴定管理关系以及物业服务管理关系等。

房地产市场管理关系是指政府有关主管部门在房地产市场交易中因管理房地产商品经营者、房地产商品价格、房地产交易者资格、房地产中介服务机构等所发生的一系列关系。

土地管理关系包括土地利用管理关系和土地利用规划关系。土地利用管理关系主要指

对城市土地利用的管理。具体来说，用于房地产开发的土地类型、范围，土地的交易价值、取得方式，土地的价格、用途和使用期限以及土地的征收和旧城改造等，都要接受严格的管理、审查或批准。土地利用规划关系主要是指对土地利用的规划。任何单位或个人在城市开发房地产、利用土地时都必须接受政府的土地规划管理。例如，《中华人民共和国城乡规划法》明确规定，任何单位和个人未领取规划许可证，都不得擅自开发、建设房地产；《全国国土空间规划纲要（2021—2035年）》要求加快推进省级及以下国土空间总体规划和重要区域国土空间规划的编制、审批和实施，分类编制村庄规划，深化集体经营性建设用地入市试点，稳妥有序推进农村乱占耕地建房专项整治试点；《自然资源部关于进一步加强国土空间规划编制和实施管理的通知》要求加快地方各级国土空间规划编制报批，强化国土空间规划实施的监督管理，以切实维护国土空间规划的权威性和严肃性。这些规范的制定与应用标志着我国的城乡规划管理走上了法治的道路，也深刻反映了土地利用规划关系。

（三）房地产协作关系

房地产协作关系与房地产管理关系联系紧密，此种关系是指在房地产行政管理行为的直接参与或影响下，房地产财产关系当事人之间产生的关系。例如，房屋拆迁中产生的协作关系、土地征用中产生的协作关系等。

三、房地产法的特征

房地产法的特征是房地产法区别于其他法律部门的明显标志，主要有如下特征：

（一）参与主体的多元性

房地产法的参与主体，也是指房地产法律关系的主体，包括国家、法人、非法人组织、自然人。不同的主体在房地产法律关系中所起的作用是不同的，这也显示出房地产法参与主体的多元性。概括地说，房地产法律关系的主体包括：房地产管理主体，如自然资源主管部门、房产管理部门、建设管理部门；房地产所有权和使用权主体，包括国家土地所有权人、集体土地所有权人、房屋所有权人、建设用地使用权人、土地承包经营权人等；房地产开发主体，包括房地产开发企业、建筑施工企业等；房地产交易主体，如房地产出卖方、买受方等；房地产服务主体，包括房地产经纪人、房地产金融和保险机构、物业服务公司等。

（二）规范内容具有综合性

房地产法规范内容综合性体现在：第一，房地产法律规范的属性具有综合性。调整房地产关系的法律规范涉及众多的法律部门，如民法、行政法、经济法、房地产管理法、土地管理法等。第二，房地产法律关系的性质具有综合性。从整体上说，房地产法律关系并不是单纯的民事法律关系，也不是单纯的行政法律关系，而是综合性质的法律关系。因此，房地产法既不属于私法，也不属于公法，而兼具私法和公法性质的综合性法律规范。

（三）调整范围具有广泛性

房地产法以房地产关系为调整对象，而房地产关系涉及的范围非常广。具体包括：房地产所有关系、房地产使用关系、房地产金融关系、房地产税收关系、房地产物业管理关系、房地产规划管理关系、房地产市场管理关系、涉外房地产关系等。因此，房地产法的调整范围具有广泛性。

（四）调整手段具有国家干预性

房地产是人类生产和发展的基本物质资料，是人们从事各种活动的物质基础条件，直接关系到经济的发展和社会的稳定。因此，国家对房地产关系进行严格的监督管理，在调整手段上体现出国家的强制干预性。如实施房地产税收管理、房地产规划管理、房地产市场管理等制度，都是为了调整和干预房地产市场，促进房地产市场的有序发展，维护房地产权利人的利益，满足人们的基本生活需求。

第三节　房地产法的原则

房地产法的原则是房地产法的本质和特征的集中反映，是房地产立法、房地产执法、房地产司法以及房地产守法全过程的指导思想和基本准则。

一、坚持社会主义土地公有制的原则

社会主义土地公有制是我国土地制度的核心。土地所有权只能归属国家和集体所有，《中华人民共和国宪法》（以下简称《宪法》）第十条规定："城市的土地属于国家所有。农村和城市郊区的土地，除由法律规定属于国家所有的以外，属于集体所有；宅基地和自留地、自留山，也属于集体所有。国家为了公共利益的需要，可以依照法律规定对土地实行征收或者征用并给予补偿。"《宪法》规定了全民所有制的财产和集体所有制的财产神圣不可侵犯的原则，即任何组织和个人不得侵占、买卖或以其他方式非法转让土地。在房地产的开发过程中必须坚持社会主义公有制，依照法律规定，房地产开发用地主要指城市国有土地，不包括集体所有土地，集体所有的土地要依法被征收为国有土地后，才允许进入房地产市场。

二、坚持节约土地和合理规划的原则

我国《宪法》第十条规定："城市的土地属于国家所有。农村和城市郊区的土地，除由法律规定属于国家所有的以外，属于集体所有；宅基地和自留地、自留山，也属于集体所有。国家为了公共利益的需要，可以依照法律规定对土地实行征收或者征用并给予补偿。任何组织或者个人不得侵占、买卖或者以其他形式非法转让土地。土地的使用权可以依照法律的规定转让。一切使用土地的组织和个人必须合理地利用土地。"

土地是十分珍贵的资源和资产，我国人口庞大，人均耕地数非常少，后备资源也不充足。保护耕地就是保护我们的生命线，必须贯彻"十分珍惜和合理利用每寸土地，切实保护耕地"的基本国策。

土地的利用必须合理规划。城乡规划是城市和乡村空间布局和发展的纲领，也是房地产开发和城市各项建设的依据。城乡规划的目的是协调城乡空间布局，改善人居环境，促进城乡经济社会全面协调发展。城乡规划的总体要求是要遵循城乡统筹、合理布局、节约土地、集约发展和先规划后建设的原则。国土空间规划要加快地方各级国土空间规划编制报批，强化国土空间规划实施的监督管理，将合理规划土地和节约土地结合起来，坚持可持续协调发展。

三、坚持市场调节和宏观调控相结合的原则

房地产市场是市场经济的重要组成部分，房地产法必须保障房地产市场健康有序地发展。通过建立国有土地有偿使用制度和建设用地使用权出让、转让制度，初步形成土地供应市场。当前正在进行农村土地制度改革，在农村集体所有土地上建立新型的土地供应市场，在符合规划和用途管制的前提下，允许农村集体经营性建设用地出让、租赁、入股，建立健全农村集体经营性建设用地使用权流转和增值收益分配制度。2019 年 5 月，中共中央、国务院出台的《关于建立健全城乡融合发展体制机制和政策体系的意见》指出，要在符合国土空间规划、用途管制和依法取得的前提下，允许农村集体经营性建设用地入市，允许就地入市和异地调整入市。

市场经济的发展也需要国家的宏观调控，房地产市场对国计民生影响重大，更需要国家的宏观调控。我国对房地产市场的宏观调控措施主要有：实行土地用途管制制度，控制用地总量，严格保护耕地；实行价格指导制度、价格评估制度和成交价格申报制度；实行房地产的项目管理以及房地产的税费管理等。

四、维护房地产权利人合法利益的原则

维护房地产权利人的合法利益，是房地产法的基本任务，也是房地产立法、司法、执法的出发点和最终归属。《城市房地产管理法》对房地产主体的权益进行了充分的保护：一是规定房地产权利人的合法权益受法律保护，任何单位和个人不得侵犯。二是国家对土地使用者依法取得的土地使用权，在出让合同约定的使用年限届满前不收回；如遇到特殊情况需要提前收回，应给予相应的补偿；土地使用权出让合同约定的使用期限届满，可以申请续期。三是依法取得的土地使用权，可以作价入股；依法取得的房屋所有权连同房屋占用范围内的土地使用权均可以设定抵押权。四是为了更好地保障商品房预购人的合法权益，规定了商品房预售必须具备相应的条件。综上，我国法律通过制定实施多种制度，充分保护房地产权利人的各种权益。

第四节　房地产法的历史沿革

自古以来，土地都是人类最为关注的问题之一，关于土地及房屋相关的法律制度也在不断发展和完善。我国房地产立法按照历史发展的顺序，大体可以分为以下 4 个阶段：

一、房地产法的停滞时期（1949—1977 年）

新中国成立后，国家对属于地主、官僚资本家、反革命、战犯、汉奸及国民党政府的房地产分别采取了接管、没收、征收、征用等政策，对个人的私有房地产采取保护政策。"文化大革命"期间，由于国家的法治建设遭遇重大破坏，各种房产制度也遭到破坏，大量私房被强占、破坏，政策的混乱引发了许多房产纠纷。

这一时期房地产相关的立法特点主要有：

（1）土地方面的法律制度相对比较完善。1950年颁布的《中华人民共和国土地改革法》是新中国第一部土地大法，规定了相对完备的土地制度，如土地的征收、征用和分配制度，土地改革的执行机关、执行方法，对特殊土地问题的处理和对土改后土地及财产的保护等。此外，还陆续制定了一些土地方面的法律和政策。

（2）随着社会主义改造的基本完成，我国建立起国家土地所有制与农民集体土地所有制相结合的土地二元格局。1956年的《高级农业生产合作社示范章程》规定："农业生产合作社按照社会主义原则，把社员私有的主要生产资料转为各合作社集体所有。"这一章程的公布和实行，将土地改革后分给农民的土地又收归合作社集体所有，而集体所有权在建立之初就服从于国家所有权。根据1954年《宪法》的规定，国家为了公共利益的需要，可以依照法律规定的条件，对城乡土地和其他生产资料实行征购、征用或收归国有。

（3）在城市房地产方面，法制建设则相对薄弱。我国不仅没有完整的房地产法律，而且连相对完善的政策规定都没有。如1961年对私房改造的政策性文件《关于加速城市私人出租房屋社会主义改造工作的联合通知》、1963年《关于对华侨出租房屋进行社会主义改造问题的报告》、1964年《关于私有出租房屋社会主义改造问题的报告》等规定，都只是调整城市房地产的某一方面。"文化大革命"时期，城市房地产受到巨大的冲击，私人房产被大量没收、挤占，得不到法律的保护，房地产法处于停滞甚至倒退时期。

二、房地产法的起步时期（1978—1987年）

1978年，党的十一届三中全会确定了我国实施改革开放的方针，房地产立法迈入起步阶段。这一阶段比较重要的法规有：《国有建设征用土地条例》《村镇建房用地管理条例》《城市规划条例》《城市私有房屋管理条例》《土地管理法》等。

这一时期房地产法的主要特点是：①住宅建设在投资方面有所改变；②房地产综合开发开始起步；③房地产行政管理得到加强；④开始落实私房和华侨、港澳同胞房产政策；⑤开始住房制度改革试点工作。总体来说，这一时期的房地产法主要以既有的土地利用现状为内容，可流转的房地产制度还未建立。

三、房地产法的大发展时期（1988—1997年）

这一阶段以1988年修改《宪法》为标志。修改后的《宪法》规定：土地的使用权可以依照法律规定转让。随后国家修改了《土地管理法》，颁布了《城市规划法》《建筑法》以及配套的条例、办法等。自此，房地产立法进入了快速发展时期。

1994年7月5日，第八届全国人大常委会第八次会议通过并颁布了《城市房地产管理法》，这是调整房地产法律关系的基本法律，标志着我国房地产法制建设基本成熟。

房地产业有行政干预性强的特点，因此这个阶段颁布了大量的行政法规、地方性法规和规章。其中涉及房地产开发的主要有：1991年《城市房屋拆迁管理条例》、1998年《城市房地产开发经营管理条例》。涉及房地产交易的主要有：1990年国务院颁布的《城市国有土地使用权出让和转让暂行条例》和《外商投资开发经营成片土地暂行管理办法》，1994年国家计委颁布的《城市房地产交易价格管理暂行办法》。涉及房地产管理的主要有：1989 年建设部颁布的《城市异产毗连房屋管理规定》和《城市危险房屋管理规定》，1994 年《城市公有房屋管理办法》，1997 年《城市房屋权属登记管理办法》。涉及房地产税收和金融的主要有：1988 年《城镇土地使用税暂行条例》，1993 年《土地增值税暂行条例》，1997 年《契税暂行条例》，1998 年中国人民银行颁布的《个人住房贷款管理办法》等。

这一时期房地产法立法的显著特点有：总体数量多、质量高、体系较为完善，适用范围广泛。但总体而言，仍存在政策文件多、法律规范少、计划经济痕迹重、强调行政管理等问题。

四、房地产法的逐步完善阶段（1998 年至今）

这一阶段，法律制度逐渐完善，结构更加合理，并且国家加强了对房地产市场的调控。主要立法有：1999 年的《招标投标法》，2004 年对《土地管理法》修正，2007 年的《城乡规划法》，2007 年对《城市房地产管理法》修正。此外，2007 年的《物权法》（现已失效）标志着我国房地产法制建设到了一个新的发展水平。《物权法》从民法的角度对房地产关系作了若干重要规定，使我国的房地产法律体系更加完善。《物权法》中规定的不动产登记制度、物权保护制度、国家土地所有权和集体土地所有权制度、业主的建筑物区分所有权制度、不动产相邻关系制度、土地承包经营制度、建设用地使用权制度、宅基地使用权制度、不动产抵押制度等，都与房地产密切相关，为房地产市场规范发展提供了法律依据。

2020 年 5 月 28 日，第十三届全国人民代表大会第三次会议通过了《民法典》，原《物权法》被融入《民法典》，形成"物权编"，除了个别修订外，《物权法》的基本制度都被《民法典》吸收。由此，房地产法的发展进入了以《民法典》《土地管理法》《城市房地产管理法》为核心的法律体系阶段，房地产法制建设已经趋于完善。

这一时期我国房地产法的立法特点：立法质量不断提高，相应法律法规日臻完善，房地产方面的各种规章制度也不断健全，在推动房地产市场化的同时，建立起我国住房保障法律体系。

延伸阅读

1. 房地产法入门课程，谭柏平，法律出版社，2019.
2. 房地产法法律实务与案例精解，袁华之，法制出版社，2022.
3. 房地产法律法规，刘建利，机械工业出版社，2021.

思考题

1. 简述房地产法的概念和特征。
2. 简述房地产法的基本原则。
3. 简述房地产法律关系主体的分类。
4. 如何科学构建我国的房地产法律体系？

案例分析

案情①：2001 年 1 月，发达房地产开发公司（简称"发达公司"）通过出让方式取得了甲市黄河区大周山下 205 亩*土地。甲市国土局为其颁发了《国有土地使用证》，载明：用途综合、土地等级三级、使用权类型出让、终止日期 2050.01.18。2001 年 3 月，甲市计划经济委员会立项批复发达公司在该土地上开发"清风苑"小区。同年 11 月，甲市城乡规划建设和住房保障局、林业局、人民政府防汛指挥部同意施工。2002 年 9 月，发达公司"清风苑"项目取得《建设用地规划许可证》和《建设工程施工图设计文件审查批准书》。在取得上述文件后，发达公司组织开展"清风苑"项目，并陆续完成"三通一平"工作。后因甲乙两市之间要修建快速通道，可能经过该地块，发达公司的项目工程暂停。2015 年，甲乙城市快速通道从该地块下修建隧道。2016 年，发达公司又被告知甲市城市规划建设的三环路也要经过该地块。2019 年 1 月，甲市原城乡规划建设局和住房保障局为市政公司颁发了《建设用地规划许可证》和《建设工程规划许可证》，后市政公司修建三环路，实际占用了"清风苑"部分土地。2022 年 3 月，发达公司向甲市中级人民法院提起行政诉讼，被告为甲市自然资源和规划局、住房和城乡建设局、甲市市政公司。请求：（1）确认被告颁发给市政公司的《建设用地规划许可证》和《建设工程规划许可证》的行政行为违法；（2）责令被告采取补救措施收回原告剩余土地的国有土地使用权；（3）由被告承担本案诉讼费用。

另外，在政府机构改革后，案涉行政许可的职能职责已由住房和城乡建设局变更到自然资源和规划局行使。甲市三环路已经投入使用。

问题：1. 原甲市城乡规划建设和住房保障局向市政公司颁发《建设用地规划许可证》是否合法？

2. 原告诉求能否得到法院支持？若否，原告应当如何救济？

分析：1. 合法。根据《城乡规划法》第三十七条规定，在城市、镇规划区以划拨方式提供国有土地使用权的建设项目，经有关部门批准、核准、备案后，建设单位应当向城市、县人民政府城乡规划主管部门提出建设用地规划许可申请，由城市、县人民政府城乡规划主管部门依据控制性详细规划核定建设用地的位置、面积、允许建设的范围，核发建设用地规划许可证。建设单位在取得规划许可证后，方可向县级以上地方人民政府土地主管部门申请用地，经县级以上人民政府审批后，由土地主管部门划拨土地。原甲市城乡规划建设和住房保障局作为城乡规划主管部门，具有向建设单位核发建设用地规划许可证的职能职责。市政公司向原甲市城乡规划建设和住房保障局申请颁发《建设用地规划许可证》时，按照规定提交各种材料，原甲市城乡规划建设和住房保障局审核后，认为市政公司提交的材料符合相关规定，依照《城乡规划法》第三十七条的规定，颁发许可证的行为，主体适格、程序合法、适用法律正确，因此，原甲市城乡规划建设和住房保障局向市政公司颁发《建设用地规划许可证》是合法的行政行为。

2. 关于原告诉求能否得到法院支持的问题，《土地管理法》第五十八条规定，为公共

---

① 案例来自地方政府真实案例改编.

*　1 亩＝666.67 平方米。

利益的需要，确需使用土地的，由有关人民政府自然资源主管部门报经原批准用地的人民政府或者有批准权的人民政府批准，可以收回国有土地使用权。是否为公共利益的需要、确需使用土地的，应由行政机关作出判断后，依照相关法定程序实施，不应通过司法裁判的方式要求行政机关启动收回土地的程序，因此，本案原告要求被告采取补救措施的诉讼请求，法院不予支持。原告应该通过行政程序主张权利。

第二章　房地产权属法律制度

内容提要： 本章以房地产权属的理论为基础，主要介绍了我国关于土地权属制度和房屋权属制度的法律规定。阐述了房地产权属的特征，归纳了我国房地产权利的分类，提出如何构建符合我国现实的房地产权属框架。结合我国现行法律的规定，重点介绍了以土地所有权、土地使用权和土地担保物权为内容的土地权属制度和以房屋所有权及房屋使用权为内容的房屋权属制度。

学习目标与要求： 通过本章学习，应当着重掌握我国关于土地权属和房屋权属的法律制度，了解房地产权属的框架，掌握我国土地所有权的特征与内容、土地使用权的性质与内容，房屋所有权的特征、取得与种类，理解土地抵押权、房屋使用权的特殊性，从而系统把握我国的房地产权属法律制度。

第一节　房地产权属概述

一、房地产权属的含义与特征

房地产权属即房地产权利的归属，是指房地产权利在主体上的归属状态。房地产权利是指以房地产为标的的民事财产权利。两者既相互联系，又有所区别。房地产权属作为房地产权利的归属，其主要关注法律创设的房地产权利在实践活动中主体上的归属。实质性的问题在于，房地产是属于国家所有还是属于集体所有，是属于社团所有还是属于个人所有，其中有何权利和利益[1]。房地产权利是一种民事权利，其所强调的是当事人可以在法律允许的范围内实现自己的利益。从区别角度来看，房地产权属具有如下特征：

（一）房地产权属的主体具有相关性

房地产权属是一种与权利主体相关联的法律制度。与房地产权利这一概念明显不同，作为民事财产权利的房地产权利本身与权利主体并没有必然的联系。只要是平等的民事主体都可以成为这些权利的享有者，房地产权利强调的是权利本身。但是，房地产权属的主体是法定的，只有法律将一定的房地产权利赋予一定的主体，该主体才能具备房地产权属的主体资格。例如，划拨土地使用权一般情况下只能给予非营利的主体；集体土地承包经营权只能给予从事农业生产经营活动的主体。

（二）房地产权属的范围具有广泛性

房地产权利特别是大陆法上的房地产权利，主要是指不动产物权，基本上与其他民事权利无关。而房地产权属的范围不仅涉及大陆法上的不动产物权，而且也涉及合同法上的权利，信托法上的权利以及一些特别财产权利。

---

[1] 符启林，2018. 房地产法（第五版），法律出版社.

(三)房地产权属的权利形式具有特殊性

房地产权利在大陆法上主要是物权法规定的各项物权,这些权利之间是相互独立的。而在房地产权属制度中,特别是在英美法的房地产权属制度中,与特定主体相关联的房地产权利常表现为"权利束"。例如,我国澳门民法典中关于土地权利的规定,包括土地所有权、地役权、永佃权、地上权和抵押权等,但是上述物权在《土地管理法》中并未出现,而是根据土地使用者的主体资格、土地用途等情况,将土地财产权分化并重新组合,形成一系列土地权利的取得方式,包括土地出让、转让、划拨、租赁、临时占用、地段交换等。

二、我国的房地产权利与权属

(一)我国房地产权利的分类

根据不同的标准,房地产权利可以分为不同的种类,主要有:

1. 土地权利与房屋权利

土地权利是指以土地利益为内容的权利。土地权利包括土地所有权、土地使用权、土地租赁权等,其核心是土地所有权。我国实行"一元二分"的公有制土地制度。所谓"一元",即单一的土地公有制;所谓"二分",即公有土地分别归属于国家和集体两个所有权主体。房屋权利是指以房屋利益为内容的权利。房屋权利包括房屋所有权、居住权、房屋租赁权等,其核心是房屋所有权。依照我国现行法规定,房屋所有权可以归国家所有,也可以归其他民事主体所有,法律上一般不限制房屋所有权的主体。

2. 城市房地产权利与农村房地产权利

城市房地产权利是指以城市房地产利益为内容的权利。在房地产法上,城市房地产权利占有主导地位,房地产法上的许多规则都是针对城市房地产权利设计的。农村房地产权利是以农村房地产利益为内容的权利。在房地产法上,农村房地产权利具有特殊的法律制度,如耕地保护制度、土地承包经营制度、宅基地使用制度等。

3. 房地产物权、房地产债权与房地产继承权

房地产物权是指权利人依法对特定的土地、房屋享有直接支配和排他的权利。房地产物权包括房地产所有权、房地产用益物权、房地产担保物权。在房地产法上,房地产物权占有十分重要的地位,是房地产法的基础。房地产债权是指房地产权利人请求特定债务人为特定行为的权利。房地产债权包括房地产租赁权、房地产借用权,其中主要是房地产租赁权。《城市房地产管理法》等法律法规对房地产租赁权设有专门规定,而对房地产借用权则没有加以规定。房地产债权主要体现为合同债权,因此,在房地产法上,房地产合同(如房地产转让合同、房地产租赁合同、物业服务合同、房地产中介服务合同等)的订立、变更和解除、违约责任等应当遵循《民法典》合同编的一般规则。房地产继承权是指继承人有权继承被继承人房地产的权利。在我国继承法上,房屋所有权、建设用地使用权等房地产权利可以成为继承权的客体,在被继承人死亡后,由继承人继承。

(二)我国房地产权属的框架

房地产权属描述的是房地产权利归属主体的状态,即房地产权利与不同主体间的对应关系,其中包含两个关键问题:第一,某项权利能否归属不同主体所有,如土地所有权或使用权能否归属不同主体并在市场上实现自由交换，此为权利归属"多元化"问题。第二，不同权利能否归属不同主体所有，如土地使用权能否脱离所有人而归属其他主体以便资源有效利用，此为权利行使"分离化"问题。我国实行社会主义制度，土地归全民所有或集体所有。实现土地使用权及其他房地产权利同土地所有权的分离，并使其能在市场自由流通，归属多元主体利用，是我国发展房地产业的重要制度前提。因此，笔者认为，应当在坚持土地公有制的前提下，逐步建立起与社会主义市场经济体制相符合的房地产权属法律制度①。

第二节　土地权属制度

土地作为人类生存之本，是人类社会极其重要的物质财富。正如经济学家威廉·配第所言："土地是财富之母，劳动是财富之父。"纵观世界各国的发展历史，土地权属制度在某种程度上决定了国家的兴衰、国民生活的安危。罗马法上的土地权属制度大致分为 4 个层次：第一个层次包括所有权、他物权和占有权；第二个层次为他物权所包括的地上权、永佃权、役权、质权和抵押权；第三个层次为由役权派生出来的地役权和人役权；第四个层次是由地役权派生出来的乡村地役权和城市地役权，以及由担保役权派生出来的用益权、使用权和居住权。而普通法中的土地权属制度由土地产权制度、信托制度和特殊财产权制度组成。其中，土地产权制度由两个层次组成：一是土地所有权；二是土地权益②。根据我国现行法律规定，我国的土地权属制度主要包括土地所有权、土地使用权和土地担保物权 3 类。

一、我国的土地所有权

我国是社会主义国家，实行土地的社会主义公有制。根据《土地管理法》第二条的规定："中华人民共和国实行土地的社会主义公有制，即全民所有制和劳动群众集体所有制。"明确了我国的土地所有权包括国家土地所有权和集体土地所有权两种形态。

（一）我国土地所有权的特征

土地所有权是土地所有制的法律表现形式，是以土地为标的物，土地所有人独占性地支配其所有的土地的权利。土地所有权是所有权的一种具体类型，是财产所有权的重要组成部分，具有所有权的一般属性，即土地所有人在法律规定的范围内有权对其所有的土地进行占有、使用、收益、处分并排除他人的干涉。我国的土地所有权是指国家或集体经济组织对其所有的国有土地或集体土地依法享有的占有、使用、收益和处分的权利。土地的特性及其在国家经济生活中的特殊作用，决定了它还具有如下特征：

1. 主体具有限定性

依照我国现行法律的规定，土地所有权属于公有所有权，所有权的主体只能是国家或农村集体，其他任何人或任何组织都不能成为土地所有权的主体。我国的国家土地所有权

---

①符启林，2018. 房地产法(第五版)，法律出版社.
②李延荣，等，2021. 房地产法(第六版)，中国人民大学出版社.

主体也与其他一些国家和地区的法律规定不同，表现为国家主体的唯一性和统一性，县级以上各级政府并不是国有土地所有权独立的主体，这与美国等联邦制国家各州均为独立的土地所有权主体的"多元制国有土地所有权"不同，也与我国台湾地区的公有土地依行政设置分级所有的"一元多级制"不同①。

2. 客体具有特定性

所有权作为物权的一种，其客体为特定的物。土地所有权作为一种物权，其客体是土地。因土地是不动产，所以土地所有权属于不动产物权。在我国，土地所有权的客体包括国有土地和集体土地。根据我国《宪法》的相关规定，国有土地包括城市市区的土地、农村和城市郊区中依法属于国家所有的土地和国家未确立为集体所有的林地、草地、山岭、荒地、滩涂以及其他土地。集体所有的土地包括农村经济组织的农业用地及拨给农民使用的自留地、自留山、宅基地以及国家确权给集体经济组织的森林、山岭、草原、荒地、滩涂等。

3. 权能具有分离性

土地归国家或集体所有，但国家或集体一般并不直接行使土地所有权，而是基于土地所有权的权能分离的基础上进一步实现土地利用。例如，就国家土地所有权而言，主要实行建设用地使用权制度；就集体土地所有权而言，主要实行土地承包经营权制度和宅基地使用权制度。

4. 交易具有禁止性

土地是最为重要的自然资源，我国法律严格禁止土地所有权的交易，不允许以任何形式进行土地所有权的交易，如买卖、抵押、投资等，都属于非法行为，均属无效。当然，我国法律禁止土地所有权的交易，但并不完全禁止在特定情况下土地所有权发生变更。例如，因土地征收、交换或调整会导致土地所有权的变更。征收是指集体土地所有权变更为国家土地所有权，而交换和调整是指集体土地所有权在不同的集体组织之间发生变更。

(二)我国土地所有权的权能

依照《民法典》第二百四十条规定，所有权包括占有、使用、收益和处分4项权能。据此，土地所有权也包括如下4项权能：

1. 占有

占有是指对物为事实上的管领的状态。占有权能是土地所有权的基本权能，是土地所有权人行使对土地支配权的基础和前提。在一般所有权中，占有权能通常属于所有权人，即由所有权人在事实上控制属于自己的财产。但是，在土地所有权中，占有权能通常是由非所有权人行使，土地所有权人一般不直接行使占有权能。

2. 使用

使用是指按照财产的性能和用途，对其所有物加以利用，以满足生产和生活的需要。在土地所有权中，使用权能主要体现为对土地的具体利用，以实现土地的使用价值。在我国，土地所有权的使用权能通常是由土地所有权人通过土地使用权(如建设用地使用权、土地承包经营权、宅基地使用权等)的形式授予其他主体行使。

①李延荣，周珂，于鲁平，2021. 房地产法(第六版)，中国人民大学出版社.

3. 收益

收益是指收取所有物所产生的经济利益，其实质是获取物的价值。在土地所有权中，不仅土地所有权人享有收益权能，土地使用权人也享有收益权能。土地所有权人行使收益权能主要体现为收取相关土地使用费用，如建设用地使用权出让金、土地承包费等；土地使用权人行使收益权能主要体现为利用土地获得一定的经济利益，如利用国有土地从事一定的经营活动、利用集体土地从事耕作等。

4. 处分

处分是指依法对物进行处置，从而决定其命运。处分权能是所有权的核心权能，包括事实上的处分和法律上的处分。事实上的处分是指对物进行消费，即通过事实行为使物的物理形态发生变化；法律上的处分是指对物的所有权的处置，即通过法律行为使物的所有权发生变动。法律上的处分有广义与狭义之分。狭义的处分仅指使物的所有权发生变化，即所有权人将物的所有权转让于他人；而广义的处分除狭义的处分外，还包括对物的所有权所设定的负担。

就土地所有权而言，基于土地的自然属性及国家保护土地的特殊政策，土地所有权人无权通过事实行为处分土地，即土地所有权人不享有事实上的处分权能。同时，基于我国土地所有权交易的禁止性，土地所有权人也不能通过法律行为使土地所有权发生变化。土地所有权人只享有在土地所有权上设定负担的处分权能，如设定建设用地使用权、土地承包经营权、宅基地使用权等。可见，在我国，土地所有权人行使处分权能受到严格的限制，这也体现了我国土地所有权的特殊性。

(三) 国家土地所有权

我国的国家土地所有权在新中国成立初期对全社会的土地所有关系进行的根本性制度变革中形成，并随后来的社会主义建设事业的进程不断发展完善。

1. 国家土地所有权的含义与特点

国家土地所有权是指国家对自己所有的土地依法享有占有、使用、收益和处分的权利。国家土地所有权是我国最为重要的土地所有权形式，在我国社会经济生活中占有重要的地位。国家土地所有权具有如下特点：

(1) 国家土地所有权的主体具有唯一性。根据《民法典》第二百四十六条规定："法律规定属于国家所有的财产，属于国家所有即全民所有。"国家是国家土地所有权的唯一主体，任何人或任何组织都不能成为国家土地所有权的主体。根据我国现行的体制，中央人民政府即国务院是国家所有权的唯一代表，国务院及其所属部门有权决定国有土地的占有、使用、收益，并保留国有土地的最终处分权。

(2) 国家土地所有权的取得方式具有特定性。即只有通过特定的方式才能取得国家土地所有权。从我国国家土地所有权的取得来看，主要有4种方式：一是继受和没收，这是指新中国成立初期，对旧中国的国有土地予以继受，对官僚、买办资产阶级拥有的土地予以没收[1]，这是我国城市国有土地的主要取得方式。二是赎买，这是指 20 世纪 50 年代中

---

[1] 刘守英，2021. 土地乃江山之基，人民乃江山之本——中国共产党推动土地制度百年变革的历史昭示，载中国领导科学，2.

后期对城市资本主义工商业、私营房地产公司和私有房地产主所拥有的城市土地进行社会主义改造，用赎买的方式将其转变为国有土地。三是征收，包括对城市原非国有土地的征收和对城市郊区非国有土地的征收，对被征收者予以适当补偿并将这部分土地变为国有土地。四是收归国有，这是指根据1982年《宪法》"全部城市土地属于国家所有"的规定，将当时城市中少数尚未属于国有的土地全部收归国家所有。

（3）国家土地所有权实行有偿使用制度。根据《土地管理法》第二条的规定："国家依法实行国有土地有偿使用制度"，即除法律另有规定外，任何单位和个人使用国有土地，都应当按照规定向国家支付建设用地使用权出让金。我国房地产法实行土地所有权与土地使用权相分离的原则，任何单位和个人使用国有土地，都须取得建设用地使用权。但是，国家在法律规定范围内的划拨国有土地使用权除外，即国家在法律规定的范围内划拨建设用地使用权的，使用权人无须支付土地出让金。

2. 国家土地所有权的客体范围

国家土地所有权的客体包括城市的土地以及法律规定属于国家所有的农村和城市郊区的土地。我国《宪法》第九条规定："矿藏、水流、森林、山岭、草原、荒地、滩涂等自然资源，都属于国家所有，即全民所有；由法律规定属于集体所有的森林和山岭、草原、荒地、滩涂除外。"第十条规定："城市的土地属于国家所有。农村和城市郊区的土地，除由法律规定属于国家所有的以外，属于集体所有。"

国有土地分为城市土地和城市以外的国有土地。城市土地是国有土地中最重要的部分，是法定的房地产建设用地资源。城市土地是指已进行城市配套建设、具备城市功能、基本连片的区域。城市土地在我国房地产法规中有时被称为城镇土地，包括县级以上城市和建制镇的土地。城市以外的国有土地，包括农村、城市郊区和未被开发利用的地区，这类土地只有依法纳入城市建设规划，才可成为房地产业开发建设用地。

3. 国家土地所有权的行使

《土地管理法》第二条规定："全民所有，即国家所有土地的所有权由国务院代表国家行使。"《民法典》第二百四十六条规定："国有财产由国务院代表国家行使所有权；法律另有规定的，依照其规定。"由此可见，国家土地所有权的主体是国家，但国家土地所有权并不是由国家直接行使，而是由国务院代表国家行使的。在实践中，通常是由国务院授权各地方人民政府来具体行使国家土地所有权的。例如，在建设用地使用权划拨、出让中，各地方人民政府（自然资源主管部门）在被授权范围内行使国家土地所有权。

（四）集体土地所有权

集体土地所有权是我国土地公有制的另一种法律表现形式，是农村集体所有权的一种，在农村经济中发挥着重要的作用。

1. 集体土地所有权的含义与特点

集体土地所有权是指农民集体对自己所有的土地依法享有占有、使用、收益和处分的权利。集体土地所有权与国家土地所有权之间没有隶属关系，其是一种独立的民事权利，农村集体经济组织可以依法对土地进行占有、使用、收益和处分。但是，集体土地所有权也会受到一定的限制，如果国家对集体土地进行征收的，集体组织必须服从。此外，集体土地所有权的流转仅限于国家征收或者边界调整，其本身不能成为交易的标的物。集体土地所有权具有如下特点：

（1）集体土地所有权的主体具有多元性。《民法典》第二百六十一条规定："农民集体所有的不动产或者动产，属于本集体成员集体所有。"《民法典》第二百六十二条的规定："对于集体所有的土地和森林、山岭、草原、荒地、滩涂等，依照下列规定行使所有权：①属于村农民集体所有的，由村集体经济组织或者村民委员会依法代表集体行使所有权；②分别属于村内两个以上农民集体所有的，由村内各该集体经济组织或者村民小组依法代表集体行使所有权；③属于乡镇农民集体所有的，由乡镇集体经济组织代表集体行使所有权。"由此可见，农民集体是集体土地所有权的主体，具体包括村集体经济组织、村内集体经济组织和乡镇集体经济组织 3 种形式。这与国家土地所有权的主体具有唯一性明显不同，集体土地所有权的主体具有多元性。

（2）集体土地所有权的客体具有广泛性。集体土地所有权的客体是指除国有土地之外的其他土地，包括农用地、建设用地等。其中，农用地包括耕地和其他用于种植业、林业、畜牧业和渔业生产的土地，建设用地包括乡（镇）企业用地、乡村公益事业用地、乡村公共设施用地、农民使用的宅基地等。

（3）集体土地所有权的形成具有历史性。我国的集体土地所有权是在农民私人土地所有权的基础上，在社会主义改造运动中产生的。新中国成立初期，随着土地改革运动的基本完成，农村土地除依法属于国家所有的以外，均属于农民所有。经过 1956 年开始的"农业合作化运动"和 1978 年开始的"人民公社运动"，农村的土地私有制逐步转变为集体所有制，建立了"三级所有，队为基础"的土地权属关系。改革开放初期，农村土地由原来的集体所有、集体共同使用转变为集体所有、农户承包经营的体制，集体土地使用权，尤其是土地承包经营权逐渐与所有权相分离。这种新型的土地权利由初期的合同权利性质逐渐发展为与所有权相并列的一种物权，并在《民法典》中得到确认①。由此可见，我国的集体土地所有权是在长期历史中形成的，具有特定的历史原因。

2. 集体土地所有权的客体范围

集体所有土地为国家土地之外的其他土地，即法律规定属于集体所有的土地。《宪法》第 10 条规定："农村和城市郊区的土地，除由法律规定属于国家所有的以外，属于集体所有；宅基地和自留地、自留山，也属于集体所有。"《民法典》第二百六十条规定："集体所有的不动产和动产包括：①法律规定属于集体所有的土地和森林、山岭、草原、荒地、滩涂；②集体所有的建筑物、生产设施、农田水利设施；③集体所有的教育、科学、文化、卫生、体育等设施；④集体所有的其他不动产和动产。"由此可见，集体土地所有权的客体范围包括除由法律规定属于国家所有的以外的农村和城市郊区的土地、宅基地、自留地、农村集体所有的建设用地等。

3. 集体土地所有权的行使

《土地管理法》第十一条规定："农民集体所有的土地依法属于村农民集体所有的，由村集体经济组织或者村民委员会经营、管理；已经分别属于村内两个以上农村集体经济组织的农民集体所有的，由村内各该农村集体经济组织或者村民小组经营、管理；已经属于

---

① 李延荣，等，2021. 房地产法（第六版），中国人民大学出版社.

乡(镇)农民集体所有的,由乡(镇)农村集体经济组织经营、管理。"由此可见,集体土地所有权的主体有 3 个层次,集体土地所有权的行使也由相应的农村集体经济组织依法代表执行。即属于村农民集体所有的,由村集体经济组织或村民委员会依法代表集体行使所有权;分别属于村内两个以上农民集体所有的,由村内各集体经济组织或者村民小组依法代表集体行使所有权;属于乡镇农民集体所有的,由乡镇集体经济组织代表集体行使所有权。根据《民法典》第二百六十一条和二百六十五条的相关规定,农村集体经济组织行使集体土地所有权时,应当依照法定程序经本集体成员决定。若农村集体经济组织、村民委员会或者其负责人作出的决定侵害集体成员合法权益的,受侵害的集体成员可以请求人民法院予以撤销。

二、我国的土地使用权

在传统民法中,土地使用权具体包括地上权、地役权、土地用益权和使用权(法国民法典)、建筑权(瑞士民法典),而没有统一的土地使用权的概念[①]。在我国,土地使用权作为一种与土地所有权并列而存在的民事权利,对土地的合法使用在法律上包括土地所有权人对自己土地的使用和非土地所有权人合法地对他人土地的使用两种情形。

(一)土地使用权的含义与性质

土地使用权是指公司、企业、其他组织以及个人等土地使用权主体依法取得的对土地的占有、使用、收益和有限处分的权利。土地使用权是土地所有权最重要的一项权能,土地使用权的主要意义不在于土地所有人自己行使,而在于由非所有人行使,如地上权、地役权等。土地使用权内容包括对土地的利用权、出租权、转让权、抵押权等,但并非某一具体的土地使用权都包含这些内容,土地使用权的取得方式不同,法律对其所作的限制也有所不同。例如,通过划拨方式取得的土地使用权不得转让、出租或抵押,而以出让方式取得的土地使用权则可以转让、出租或抵押。土地使用权作为一项民事权利,具有如下性质:

1. 土地使用权是一种物权

所谓物权是指权利主体支配物的绝对权。土地使用权虽然是土地所有权权能分离的结果,是在他人所有的土地上设定的权利,但它与在租赁、使用借贷、寄托等情况下因债而发生的占有权的转移是不同的,主要表现在:首先,土地使用权包含了占有、使用、收益三大权能,同时,权利主体还可以依法享有一定的处分权能。其次,土地使用权具有相当长的存续期间,而且这种存续可以不受债权制约。最后,土地使用期尚未届满,土地所有人不得收回土地,有法定事由者除外。

2. 土地使用权是一种他物权

所谓他物权是指在他人所有之物上设定的权利。与传统的他物权相比,土地使用权的转让更自由。在我国,土地使用权是在国有土地与集体所有土地上设定的,但集体土地要作房地产开发之用的,要先征收为国有土地。

[①]符启林,2009. 房地产法,法律出版社.

3. 土地使用权是一种用益物权

所谓用益物权是指以物的使用和收益为目的的他物权。从物权的分类来看，他物权包括用益物权和担保物权，与担保物权相对应，设立用益物权的目的就是对他人所有的财产进行使用、收益，即为了追求物的使用价值而对他人的物在一定范围内进行支配。与此相应，用益物权的内容也主要是行使使用、收益的权能。土地使用权就是在国有土地或集体所有的土地上设立的一种独立于土地所有权的权利。土地使用权不论以何种方式获得，目的不外乎两种，或是非营利性使用，或是营利性使用。因此，土地使用权是一种用益物权。

改革开放以前，我国国有土地的使用制度可以概括为："行政划拨，无偿、无限期使用，无市场流动。"这种制度导致土地无法作为生产要素发挥作用，无法通过市场配置资源来实现国有土地的高效利用，难以适应经济和社会发展的需要。现今，除国家核准的划拨土地无偿无期限使用外，其他国有土地的使用均以有偿使用方式取得，并有确定的使用期限①。

(二)国有土地的建设用地使用权制度

依据我国土地所有权的分类，可将土地使用权分为国有土地使用权和集体土地使用权。2007 年《物权法》颁布以后，国有土地使用权往往表述为建设用地使用权。集体土地使用权包括农村土地承包经营权、宅基地使用权和农村集体建设用地使用权。

1. 建设用地使用权的设立

《民法典》物权编第十二章对"建设用地使用权"进行了规定。根据《民法典》第三百四十四条的规定，建设用地使用权是指建设用地使用权人依法对国家所有的土地享有的占有、使用和收益的权利。建设用地使用权可以在土地的地表、地上或者地下分别设立，但是新设立的建设用地使用权，不得损害已设立的用益物权。根据《民法典》第三百四十七条、第三百四十八条、第三百五十条、第三百五十一条的规定，设立建设用地使用权，可以采取出让或者划拨等方式。工业、商业、旅游、娱乐和商品住宅等经营性用地及同一土地有两个以上意向用地者的，应当采取招标、拍卖等公开竞价的方式出让；采取招标、拍卖、协议等出让方式设立建设用地使用权的，当事人应当采取书面形式订立建设用地使用权出让合同；建设用地使用权人应当依照法律规定及合同约定支付出让金等费用。严格限制以划拨方式设立建设用地使用权，采取划拨方式的，应当遵守法律、行政法规关于土地用途的规定。

2. 建设用地使用权的登记

根据《民法典》的相关规定，建设用地使用权的登记包括以下 3 种形式。一是设立登记。《民法典》第三百四十九条规定，设立建设用地使用权的，应当向登记机构申请建设用地使用权登记，建设用地使用权自登记时设立。登记机构应当向建设用地使用权人发放建设用地使用权证书。二是变更登记。《民法典》第三百五十五条规定，建设用地使用权转让、互换、出资或者赠与的，应当向登记机构申请变更登记。三是注销登记。《民法典》第三百六十条规定，建设用地使用权消灭的，出让人应当及时办理注销登记。登记机构应当

---

①刘建利，2021. 房地产法律法规，机械工业出版社.

收回权属证书。

3. 建设用地使用权的流转

《民法典》第三百五十三条、第三百五十四条和第三百五十六条规定了建设用地使用权的流转制度。除法律另有规定的除外，建设用地使用权人有权将建设用地使用权以转让、互换、出资、赠与或者抵押等形式进行流转，建设用地使用权进行流转时，当事人应当采取书面形式订立相应的流转合同。使用期限由当事人约定，但不得超过建设用地使用权的剩余期限。

(三)集体所有土地的建设用地使用权制度

根据《民法典》第三百六十一条的规定，集体所有的土地作为建设用地的，应当依照土地管理的法律规定办理。集体建设用地是指经依法批准用于乡镇企业、乡(镇)村公共设施和公益事业、农村村民住宅等村镇建设，以及其他经依法批准用于非农建设或者可依法确认为建设用地的农村集体所有土地。目前集体建设用地还不能直接用于商品房开发，需要开发商品住宅的，需征收为国有土地后，按照国有建设用地的有关规定进行开发利用。现行集体建设用地管理制度主要包括：第一，农民集体所有的土地依法用于非农业建设的，由县级人民政府登记造册，核发证书，确认建设用地使用权。第二，农村集体经济组织使用乡(镇)土地利用总体规划确定的建设用地兴办企业或者与其他单位、个人以土地使用权入股、联营等形式共同举办企业的，应当持有关批准文件，向县级以上地方人民政府土地行政主管部门提出申请，按照省、自治区、直辖市规定的批准权限，由县级以上地方人民政府批准；其中建设占用土地，涉及农用地转为建设用地的，应当按照农用地转用审批手续规定办理审批手续。第三，乡(镇)村公共设施、公益事业建设，需要使用土地的，经乡(镇)人民政府审核，向县级以上地方人民政府土地行政主管部门提出申请，按照省、自治区、直辖市规定的批准权限，由县级以上地方人民政府批准；其中建设占用土地，涉及农用地转为建设用地的，应当按照农用地转用审批手续规定办理审批手续。

长期以来，集体土地使用权的处分权能仅限于经集体经济组织允许后，使用权可在集体经济组织内部流转，这种情况在2019年修正的《土地管理法》和《城市房地产管理法》中被突破。根据现行的法律规定，集体经营性建设用地可以入市，即农村集体建设用地在符合规划、依法登记，并经2/3以上集体经济组织成员同意的情况下，可以通过出让、出租等方式交由农村集体经济组织以外的单位或个人直接使用。同时，使用者在取得农村集体建设用地之后还可以通过转让、互换、抵押的方式进行再次转让。这一改革有利于城乡一体化发展，真正实现集体建设用地与国有建设用地同权同价，城乡一体化的建设用地市场由此得以建立。

(四)土地承包经营权制度

我国实行土地用途管制制度，将土地分为农用地、建设用地和未利用地。相应地，集体土地使用权主要包括农地使用权和农村集体建设用地使用权两大类。其中，农地使用权主要是土地承包经营权、自留地和自留山使用权。《民法典》物权编第十三章对"土地承包经营权"进行了规定，土地承包经营权是指有权从事种植业、林业、畜牧业等农业生产主体依法对其承包经营的耕地、林地、草地等享有的占有、使用和收益的权利。

1. 土地承包经营权的设立

根据《民法典》和《中华人民共和国农村土地承包法》(以下简称《农村土地承包法》)的相关规定，土地承包经营权自土地承包经营权合同生效时设立，由县级以上地方人民政府向土地承包经营权人发放土地承包经营权证、林权证等证书，并登记造册，确认土地承包经营权。

2. 土地承包经营权的期限

根据《民法典》第三百三十二条的规定，耕地的承包期为三十年，草地的承包期为三十年至五十年，林地的承包期为三十年至七十年。承包期限届满，由土地承包经营权人依照农村土地承包的法律规定继续承包。

3. 土地承包经营权的流转

土地承包经营权人依照《农村土地承包法》的规定，有权将土地承包经营权采取转包、互换、转让等方式流转，但是，流转的期限不得超过承包期的剩余期限；土地承包经营权人将土地承包经营权互换、转让，当事人要求登记的，应当向县级以上地方人民政府申请土地承包经营权变更登记；未经登记，不得对抗善意第三人。通过招标、拍卖、公开协商等方式承包荒地等农村土地，依照《农村土地承包法》等法律和国务院的有关规定，其土地承包经营权可以转让、入股、抵押或者以其他方式流转。

(五)宅基地使用权制度

宅基地是农民依法取得的用于建造住宅及其生活附属设施的集体建设用地，包括农村建了房屋、建过房屋或决定用于建造房屋的土地。《民法典》物权编第十三章对"宅基地使用权"进行了规定。根据《民法典》第三百六十二条的规定，宅基地使用权是宅基地使用权人依法对集体所有的土地享有占有和使用的权利，即依法利用该土地建造住宅及其附属设施的权利。宅基地使用权的特征是以农民集体土地所有权为基础，是为保障农村集体成员居者有其屋，故宅基地使用权的主体应当是具有本集体成员资格的农户。集体成员资格是享受宅基地使用权最重要的前提。宅基地使用权具有身份属性这一特征，在对农村居民居住需求进行保障的同时，对宅基地使用权的流转进行了限制，在很大程度上限制了其作为财产权利的流通性。《民法典》第三百六十二条的规定并未对宅基地使用权主体身份进行明确界定，在一定程度上弱化了宅基地使用权的身份属性，有利于限制宅基地和宅基地房屋的利用[1]。

宅基地使用权的取得、行使和转让，适用《土地管理法》等法律和国家的有关规定，这些规定的内容有：第一，宅基地的取得。农村居民在户口所在村(村民组)内提出申请，按省、自治区、直辖市规定的标准，经县级人民政府审批后，由本集体经济组织分配取得宅基地使用权。农村村民申请住宅用地，应依法审批。经依法审批后，农村集体经济组织向宅基地申请者无偿提供宅基地使用权。农村村民住宅用地涉及占用农用地的，依照法律规定办理审批手续。第二，宅基地的行使。农村村民建造住宅，应当符合乡(镇)土地利用总体规划，并尽量使用原有的宅基地和村内空闲地。农村村民一户只能拥有一处宅基地，宅基地面积不得超过省、自治区、直辖市规定的标准。第三，宅基地的流转。宅基地因自然

---

①周虎，2020.《民法典》项下农村宅基地使用权及地上房屋所有权问题浅议，四川农业科技，12.

灾害等原因灭失的，宅基地使用权消失。对失去宅基地的村民，应当重新分配宅基地。另外，国家允许进城落户的农村村民依法自愿有偿退出宅基地，鼓励农村集体经济组织及其成员盘活利用闲置宅基地和闲置住宅。宅基地只限个人使用，经集体经济组织允许后使用权可在集体经济组织成员内部流转。

(六) 地役权制度

地役权是指因通行、取水、排水、铺设管线等需要，通过设立合同利用他人的不动产，以提高自己不动产效益的权利。地役权概念源于罗马法，是最早的他物权制度之一，我国《民法典》设专章规定了地役权制度。

1. 地役权的设立与登记

根据《民法典》第三百七十三条、第三百七十四条和第三百八十五条的规定，设立地役权，当事人应当采取书面形式订立地役权合同。地役权自地役权合同生效时设立。当事人要求登记的，可以向登记机构申请地役权登记；未经登记，不得对抗善意第三人。已经登记的地役权变更、转让或者消灭的，应当及时办理变更登记或者注销登记。

2. 地役权的内容

《民法典》第三百七十五条到第三百七十九条规定了地役权的内容。供役地权利人应当按照合同约定，允许地役权人利用其土地，不得妨害地役权人行使权利。地役权人应当按照合同约定的利用目的和方法利用供役地，尽量减少对供役地权利人物权的限制。地役权的期限由当事人约定，但不得超过土地承包经营权、建设用地使用权等用益物权的剩余期限。

3. 地役权的消灭

地役权因地役权合同规定的利用期限届满或地役权合同的解除而消灭。地役权人违反法律规定或者合同约定，滥用地役权的，或有偿利用供役地，约定的付款期间届满后在合理期限内经两次催告未支付费用的，供役地权利人有权解除地役权合同。

三、土地担保物权

根据我国的法律规定，土地担保物权主要是指土地抵押权。所谓土地抵押权是指土地使用权人将土地使用权抵押给债权人，当债务人不能清偿债务时，债权人可以依法对该土地使用权进行处分的权利，并从处分所获的价款中优先受偿。根据我国《民法典》的相关规定，抵押权的设立并不会导致占有的转移，抵押后，抵押物仍由抵押人占有和使用，如果债务人自动全面履行了债务之后，抵押权自行消灭，但是，如果债务人无法清偿债务时，债权人可以依法对抵押物进行拍卖、变卖等受偿债务。

土地使用权抵押的客体是土地的使用权。根据我国现行法律的规定，土地使用权抵押的客体主要包括以下几种：第一，依法取得的房屋所有权及该房屋所占用范围的土地使用权可以一并设定抵押权。第二，依法通过出让方式取得的土地使用权可以设定抵押权，但划拨的土地使用权不得设定抵押权，划拨取得的国有土地使用权必须经有关部门批准，补办土地有偿手续后方可设定抵押[1]。根据房地一致原则的要求，以出让方式取得的土地使

---

[1] 高旭军，沈晖，2004. 房地产法，上海财经大学出版社.

用权设定抵押权时，其地上的建筑物及附着物一并抵押；同样，地上的建筑物及附着物设定抵押时，土地使用权也一并抵押。第三，抵押人依法承包并经发包人同意的荒山、荒沟、荒丘、荒滩的土地使用权可以设定抵押。第四，乡（镇）村企业的土地使用权可以随建筑物进行抵押，但不得单独抵押。

第三节　房屋权属制度

一、房屋所有权

房屋所有权作为物权中的所有权，是私有财产权的一种，依法受到法律保护。我国《民法典》第二百六十六条规定："私人对其合法的收入、房屋、生活用品、生产工具、原材料等不动产和动产享有所有权。"

（一）房屋所有权的概念与特征

房产所有权是指所有权人依法对自己所有的房屋享有占有、使用、收益和处分的权利。从主体上看，房屋所有权与土地所有权的主体不同，国家、法人、非法人组织以及任何自然人都可以成为房屋所有权的主体，房屋所有权的主体具有广泛性。从客体上看，房屋所有权的客体是房屋。依照《城市房地产管理法》第二条的规定，房屋是指土地上的房屋等建筑物及构筑物。因此，房屋所有权的客体是具有一定结构、可供利用的房屋，而不是组成房屋的材料。未形成房屋或已拆毁的房屋的材料，不能成为房屋所有权的客体[①]。此外，房屋所有权的交易具有自由性。除法律另有规定外，房屋属于可流通物，可以在民事主体之间进行自由交易。当然，房屋的交易应当按照法律的规定进行，不得进行非法交易。与其他法律权利相比，房屋所有权具体以下特征：

1. 房屋所有权是一种要式物权

一般动产物权的取得、转移和存续虽然需通过法律规定的方式，但其具体形式是多种多样可选择的。而房屋所有权作为典型的不动产物权，其取得、转移和存续，均须严格遵守法定的方式，以特定形式确定和证明其存在。根据现行的法律规定，我国房屋所有权的取得、转让都应该按照法律所规定的方式进行。首先，我国《城市房地产管理法》明确规定国家实行房屋所有权登记发证制度。新建房屋的所有权必须依房产管理部门核发的房屋所有权证书予以确认，除非有法院认定的相反证据，房产管理部门核发的房屋所有权证是房屋所有权的唯一合法证明。其他房屋所有权的取得也以政府有关部门的登记为要件，不办理房屋所有权登记的，不发生确定房屋所有权的效力。其次，房屋所有权移转、房屋抵押时，须到房产管理部门进行变更登记手续，不办理登记手续的，不发生房屋所有权转移或抵押权设立的效力。

2. 房屋所有权是一种典型的不动产物权

房屋所有权具有所有权的全部权能。即房屋所有权人依法对自己所有的房屋享有占有、使用、收益和处分的权利。占有权能是指对房屋的实际控制和支配，可由所有权人占

---

①刘建利，2021. 房地产法律法规，机械工业出版社.

有，也可经租赁、借用等为非所有权人合法占有。使用权能是指按房屋的性能和用途进行利用，房屋所有权人须在法律范围内自己自由使用或交他人使用。收益权能是指房屋所有权人有权获取房屋产生的合法利益，如出租房屋收取租金等。处分权能是指房屋所有权人享有在法律范围内依自己意志处置房屋的权利。房屋处分可分为事实处分和法律处分两种。比如将房屋用于生产消费或者拆除属于对房屋的事实处分；通过法律行为出卖、赠与、抵押房屋等则属于对房屋的法律处分。

3. 房屋所有权具有永久性

只要房屋是存在的，那么从理论上讲，所有权便可以永久存续。权利人在取得所有权时无须设定一定的权利期限。当然，房屋所有权人可以通过出让而消灭自己的权利[1]。

4. 房屋所有权与土地使用权具有不可分离性

由于房屋所有权的客体范围仅及于地上建筑物，导致房屋所有权与其依附的土地使用权具有不可分离性。首先，两种权利互为依存，土地使用权是房屋所有权的前提，没有依法取得土地使用权就不得进行地上建筑，从而无法取得房屋所有权。其次，两种权利的主体必须保持一致性，房屋所有权的变更必然会导致土地使用权的变更，反之亦然。我国和大多数国家的法律规定一致，土地使用权和房屋所有权必须同时转让，不得分别转让。如根据我国《民法典》的相关规定，房地产转让、抵押时，房屋所有权和该房屋占用范围内的土地使用权必须同时转让、抵押。同时，依附房屋的土地使用权发生变更时，该房屋所有权也须一并转移。

（二）房屋所有权的取得

房屋所有权的取得是指某一民事主体取得对房屋的所有权。按照民法所有权的理论，房屋所有权的取得方式包括原始取得和继受取得两种。

1. 原始取得房屋所有权

原始取得房屋所有权是指房屋所有权人非因他人的权利或意思表示，而直接依据法律规定取得房屋所有权。主要包括以下情形：第一，新建取得。这是原始取得的主要方式。民事主体依法经批准在国有土地或集体土地上建造房屋的，建造人即可取得房屋所有权。根据《民法典》第三百五十二条的规定，一般情况下建设用地使用权人建造的建筑物、构筑物及其附属设施应当归建设用地使用权人所有。第二，国家承继、没收取得。如新中国成立后，承继旧中国一切国有房屋，并没收了地主、官僚资产阶级的房产归国有。此外，一些违法建筑也得没收归国有[2]。第三，善意取得。根据善意取得制度的适用范围，既可以适用于动产，又可以适用于不动产。作为不动产的房屋当然可以基于善意取得而成立房屋所有权。我国《民法典》第三百一十一条规定了房屋所有权的善意取得必须具备的条件：其一，受让人受让该不动产或者动产时是善意的；其二，以合理的价格转让；其三，转让的房屋依照法律规定已经登记。

2. 继受取得房屋所有权

继受取得房屋所有权又称传来取得房屋所有权，是指基于他人的权利及意思而取得房屋所有权。房屋所有权的继受取得与原始取得的主要区别在于：原始取得不以他人所有权

———————————

[1][2] 符启林，2009. 房地产法，法律出版社.

在先存在为前提，而继受取得中后手的权利直接来自前手权利的转让。继受取得的方式包括买卖、互易、赠与、继承等方式。其中，买卖、互易、赠与是通过交易的方式来取得房屋所有权的。在房屋买卖中，买受人从出卖人处取得房屋所有权，出卖人则丧失了该房屋所有权。在房屋互易中，互易双方均从对方处取得了房屋所有权，丧失了对原房屋所有权。在房屋赠与中，受赠人从赠与人处取得房屋所有权，赠与人则相应地丧失了房屋所有权。而继承则是继承人从被继承人、遗赠人处取得房屋所有权。根据法律的相关规定，当被继承人死亡时，继承人有权依法定继承或遗嘱继承而取得房屋所有权，受遗赠人有权依遗嘱而取得遗赠房屋所有权。

（三）房屋所有权的种类

房屋所有权可以依据不同的标准进行不同的分类。

1. 根据房屋所有权的主体进行分类

实践中，以房屋所有权的主体不同，可将房屋所有权分公房、私房、外产房、中外合资房和其他性质的房产所有权。这种关于房屋所有权的分类对实际生活具有重要意义。我国房产管理部门正是按照上述分类对房产进行登记管理的。

2. 根据房屋所有权的客体进行分类

根据房屋所有权客体的不同，房屋所有权可以分为城镇房屋所有权与农村房屋所有权。城镇房屋所有权是以城镇房屋为客体，而农村房屋所有权则是以农村房屋为客体的。这两类房屋所有权在取得方式、交易原则、管理制度上存在着差异。如对于城镇房屋所有权，法律上一般没有主体资格的限制；但法律上对农村房屋所有权的主体资格有一定的限制。如城镇居民不能基于买卖而成为农村房屋所有权的主体。

3. 根据房屋所有权的形态进行分类

根据房屋所有权的具体形态，房屋所有权可以分为单独房屋所有权、共有房屋所有权与区分房屋所有权。这几类房屋所有权在具体内容上存在着差别。单独房屋所有权是指由单一民事主体对房屋所享有的所有权；共有房屋所有权是指由两个以上的民事主体对房屋共同享有所有权，又分为共同共有房屋所有权和按份共有房屋所有权；区分房屋所有权又称为建筑物区分所有权，是指由众多的民事主体对区分所有建筑物所享有的所有权。单独房屋所有权的权利关系比较简单，仅发生所有权人与他人之间的权利义务关系；而共有房屋所有权和区分房屋所有权则具有较复杂的权利关系，不仅存在所有权人与他人之间的权利义务关系，而且还存在着所有权人之间的权利义务关系。

4. 根据房屋所有权的归属进行分类

根据房屋的归属关系，房屋所有权可以分为公有房屋所有权与非公有房屋所有权。公有房屋所有权是指由国家、集体组织以及其他公有制单位对其房屋所享有的所有权。例如，国家房屋所有权、城镇或农村集体组织房屋所有权、国有企事业单位房屋所有权等。非公有房屋所有权是城镇居民、农村居民以及社会团体等对其房屋所享有的所有权。这两类房屋所有权在取得方式、行使方式、交易原则等方面存在不同。例如，非公有房屋所有权在交易上较自由，而公有房屋所有权在交易上受到很多限制。

5. 根据房屋的用途进行分类

由于国家根据房屋的不同用途，实行不同的管理制度。对房屋所有权还可以根据房屋的用途进行分类,将房屋所有权分为生活用房所有权、生产用房所有权与办公用房所有权3种。生活用房所有权是自然人对作为生活资料的房屋所享有的所有权,其目的在于满足自然人的生活需要;生产用房所有权是企业或自然人对作为生产资料的房屋所享有的所有权;办公用房所有权是国家机关、企事业单位、社会团体等对用于办公所用的房屋所享有的所有权。

二、房屋使用权

房屋使用权是指房屋所有权人及合法占有人对房屋依法进行占有、使用的权利。从具体内容上来看,房屋使用权主要包括房屋所有权人对房屋的使用权、非房屋所有权人对房屋的使用权两种。当房屋由房屋所有权人自己使用时,房屋所有权人的房屋使用权不是一项独立的物权,其仅仅是所有权的一项权能。当非房屋所有权人因房屋所有权人对房屋进行处分(如租赁)而合法占有房屋时,房屋使用权就成为一项独立的权利,而这种独立的权利属于债权还是物权则有不同的主张。长期以来,我国住房制度以福利分房为主,公房的所有权虚拟化,居住者的权利完全表现为使用权,而且这种使用权是无限期的,甚至可以继承,因而使之具有了物权的色彩,也往往被人们视为一种独立的物权。事实上,我国立法和司法实践基本上不承认这种使用权为一种独立物权,国外亦如此,这种权利不具备物权法定主义要求的条件。房屋使用权在我国的物权倾向完全是旧的住房制度的观念和结果,如果承认这一结果并赋予其物权地位,将不利于我国住房商品化改革。因此,房屋使用权与土地使用权绝不可相提并论,宜将其限于房屋所有权的一项权能[①]。

另外,我国《民法典》新增的"居住权"与租赁关系中获得的对房屋的使用权是两种性质不同的权利。根据《民法典》的规定,居住权是指居住权人对他人所有房屋的全部或部分所享有的占有、使用的权利。居住权是一项新型的用益物权,属于物权。居住权人有权按照合同约定或者遗嘱,经登记占有、使用他人的住宅,以满足其稳定的生活居住需要。而在租赁过程中产生的居住关系属于债权,是一种契约关系。承租人可以基于房屋租赁合同取得的对他人房屋进行使用、收益的权利,但承租人的权利仅限于用益而无法直接支配。因此,因租赁关系获得的对房屋的使用权是一种债权。

延伸阅读

1. 物权法(第8版),杨立新,中国人民大学出版社,2021.
2. 房地产法原理,罗普京,符启林,中国政法大学出版社,2015.
3. 房地产法研究与司法实务,张坚,中国政法大学出版社,2016.
4. 房地产基本制度与政策,刘建利,新华出版社,2015.

思考题

1. 如何构建我国的房地产权属框架?

[①]李延荣,周珂,于鲁平,2021. 房地产法(第六版),中国人民大学出版社.

2. 我国土地所有权的含义和特征有哪些？

3. 如何理解我国土地使用权的性质？

4. 如何理解房屋使用权和居住权的区别？

案例分析

案情①：原告王某诉称：2003 年，原告与××县××乡新团堡村民委员会以家庭联产承包的方式承包了××县桥西地 3 亩耕地。2013 年，被告包某趁原告外出看病期间，私自抢种了原告位于××县桥西地 3 亩耕地。期间原告多次找被告要求其归还耕地，但被告一直拒绝归还。为保护原告的合法土地承包经营权不受侵犯，特向人民法院提起此诉讼。

被告包某辩称，这片土地是属于金家庄村"农民集体所有"的土地（有××县国土资源局 2000 年测绘的土地版图为据）。2001 年××县××乡金家庄村民委员会把该土地承包给了被告包某等 4 户村民。2003 年，新团堡村民委员会把属于金家庄村"农民集体所有"的土地分给了新团堡村王某等几户村民。被告没有抢种原告的土地，耕种的是自己承包的土地。

根据当事人陈述和经审查确认的证据，××县人民法院认定事实如下：2003 年，王某承包了争议的桥西地 3 亩耕地，发包方为新团堡村民委员会。2001 年，包某等 4 户承包了桥西土地共 63 亩（包括诉争桥西地 3 亩耕地），发包方为金家庄村民委员会。

最终，法院认为原告的起诉不符合起诉条件。依照法律的相关规定，驳回原告王某的起诉。

问题：人民法院为什么会驳回原告的起诉？

分析：根据《土地管理法》第十四条的规定，"土地所有权和使用权争议，由当事人协商解决；协商不成的，由人民政府处理。单位之间的争议，由县级以上人民政府处理；个人之间、个人与单位之间的争议，由乡级人民政府或者县级以上人民政府处理。当事人对有关人民政府的处理决定不服的，可以自接到处理决定通知之日起三十日内，向人民法院起诉"。土地权属争议的案件应当由当事人协商解决，协商不成的，由人民政府予以处理。在本案中，原被告诉争的 3 亩土地，新团堡村民委员会认为属于新团堡村集体所有，金家庄村民委员会则认为属于金家庄村集体所有；而土地使用权从属于土地所有权，因此，本案属于土地权属争议的案件。根据法律规定，土地权属争议不属于人民法院民事案件受案范围，故人民法院依法驳回了原告的起诉。原告王某应向有关行政主管部门申请解决。

---

①案例源于中国裁判文书网数据库.

第三章　房地产登记法律制度

内容提要： 房地产登记制度是房地产交易制度的基础，具有维护房地产交易安全、保障产权的重要作用。房地产登记制度涉及房地产权利人、权利来源、房产的取得时间及变更情况等问题，本章重点介绍房地产登记的概念、原则、功能、分类以及法律责任等相关内容。

学习目标与要求： 通过本章学习，了解房地产登记基本原则，掌握不动产登记的效力，熟悉房地产登记的法律责任。要求充分掌握不动产登记的相关法律规定，能够将登记法律制度运用到具体实践案例之中。

第一节　房地产登记概述

一、房地产登记的概念

《不动产登记暂行条例》第二条规定："本条例所称不动产登记，是指不动产登记机构依法将不动产权利归属和其他法定事项记载于不动产登记簿的行为。本条例所称不动产，是指土地、海域以及房屋、林木等定着物。"

房地产登记是指专门的产权登记机关对房地产权利人、权利性质、权利来源、取得时间、变更情况和房地产的面积、结构、用途、坐落、四至等，在专门簿册中所作的记载，是权利人申请国家专门部门将有关房地产物权的事项记载于房地产登记簿的事实。

二、房地产登记的基本原则

房地产登记的基本原则也即不动产登记的基本原则，是指不动产登记机关在实施登记行为的过程中应当遵循的基本准则，是对不动产登记活动具有特殊性、针对性的原则。法律本身也并非万能，不动产登记法亦非万能，不可能穷尽登记过程中的方方面面，要使不动产登记能够真正确保登记簿的真实性、准确性与完整性，就应该适用不动产登记这一特定领域的基本原则。我国现行的不动产登记制度遵循依申请登记、一体登记、连续登记、共同申请的原则。对基本原则的遵循为不动产登记机构的登记活动划定了范围，也很好地保障了登记簿的真实与准确，从根本上避免房地分离所引起的法律纠纷，有利于准确提供不动产上私法关系的信息，有效减轻了登记机构依合法原则所负担的审查职责。

（一）依申请登记原则

不动产登记应当依照当事人的申请进行，当事人或者其代理人应当到不动产登记机构办公场所申请不动产登记。当事人不申请的，登记机构不予登记。我国《不动产登记暂行条例》规定，不动产登记应当依照当事人的申请进行，即依申请登记原则。该原则是不动产登记法的基本原则，适用于各种类型的登记；除法律、行政法规另有规定，登记机构只能依当事人的申请进行登记。换言之，原则上不动产登记应当由当事人申请启动登记程序，登记机关不强制要求其在特定时间内申请，体现了对意思自治的内在追求，有利于维护并保证所有权证所记载数据具备真实性、准确性与完整性。

(二)房地一体登记原则

在我国，房地一体化登记原则是不动产登记的基本原则，强调方便于民，民众只需一次申请登记就可以获得房地产权利。房地一体化登记实现了房地产权利同时登记、同时生效，将风险降到最低。简单地说，房地产中的房屋所有权是所有权，而土地使用权是用益物权，二者的权利主体要保持一致，无论是设立、变更、注销，都应当同步进行。

(三)属地登记原则

所谓不动产属地登记即不动产物权由不动产所在地登记机构进行登记。属地登记作为不动产登记法的基本原则，包含以下几层涵义：第一，不动产登记实行属地管辖。《民法典》规定，不动产的申请登记，由不动产所在地的登记机构办理。第二，不动产所在地的登记机构为唯一的登记机构。特定不动产登记辖区内的登记机构是唯一确定的，不存在两个或两个以上的登记机构。

(四)共同申请原则

《不动产登记暂行条例》规定，除非法律、行政法规规定可以由当事人单方申请，否则因买卖、设定抵押权等申请不动产登记的，应当由双方当事人申请。这是因为在依申请登记中，引发不动产物权变动的法律事实主要是双方法律行为，如买卖、赠与、抵押、设立地役权等各类不动产物权变动合同。

(五)连续登记原则

所谓连续登记原则，即登记应当是连续的，首次登记是其他类型登记的前提和基础，未办理不动产首次登记的，除非法律另有规定，否则不得办理不动产其他类型登记。但下列情形除外：①预购商品房预告登记、预购商品房抵押预告登记的；②在建建筑物抵押权登记的；③预查封登记的；④法律、行政法规规定的其他情形。不动产首次登记包含房屋或建筑物、构筑物所有权的首次登记、国有建设用地使用权的首次登记、宅基地使用权的首次登记、土地承包经营权的首次登记和海域使用权的首次登记。

(六)法定语言文字登记原则

不动产登记是涉及主权的行为，必需体现登记的严肃性和严谨性。故而，负责登记的管理局必须用我国的官方语言，而不得使用方言或外国文字，不能用网络语言，也不得使用划线、括号、涂抹、加其他线条和符号等不具备公信力的形式。登记过程中关于其他权利请求的描述，如抵押金额的具体数量、土地使用权的具体使用年限等，也应当是清楚的、明确的。

三、房地产登记的功能

房地产登记的功能主要体现在以下几个方面：

(一)公示功能

房地产登记的主要目的在于公示。通过登记将房地产物权的设立、转移、变更情况向公众公开，使公众了解某项房地产上的物权状态。将房地产已经设立的相关权利(如抵押权)进行公示，在进行交易时可防止权利人隐瞒相关情况；同时，公示能将房地产权利变动的事实向社会公开，从而通过提供公开、法定的信息，指引当事人确认权利的真实性，提高物权变动的效率，降低社会成本。

房地产登记的目的在于向社会公示以下信息：第一，房地产物权的设立。设立公示是物权产生的重要条件。房地产物权一旦经过登记，则人们有合理的理由相信哪些物权已经设立。第二，房地产物权的转移和变更。如果某房地产物权事实上发生了变动，但没有通过登记公示，则在法律上并没有真正完成物权变动。第三，房地产物权的负担。房地产物权的负担通常表现为对所有权的限制，如设定抵押、法院查封、冻结。第四，房地产物权的消灭。当房地产灭失或由于其他原因使房地产物权消灭时，应当对房地产物权进行注销登记。第五，房地产物权的其他情况。公示与房地产权利相关的情况，如土地使用权期间、最高额抵押权所担保的最高债权额等，以便权利相对人或第三人了解。

(二)物权变动的根据功能

不动产登记不但发挥着对第三人的公示对抗作用，还发挥着决定当事人的房地产物权按照当事人的意愿设立、变更与废止的重要作用。登记的对抗第三人效力是登记的消极作用，而登记时房地产物权变动的决定效力是它的积极作用。在实行实质主义登记立法的国家，如德国，房地产物权的设立、变更与废止均以登记为生效要件，因此登记在这里实际上成为设定、变更与废止房地产物权的根据。公示虽然只是一个形式条件，但它却对当事人的实体权利有决定作用。

(三)权利正确性推定功能

房地产登记的权利正确性推定，即以房地产登记簿所记载的权利内容为正确的房地产物权的一种法律上的推定。法律之所以把登记权利当作正确权利的推定，乃是因为可能存在登记记载的权利与实际权利不一致的情况。在一般情况下，登记的权利应该与当事人的实际权利相符合，但是现实生活总是复杂的，合法权利与登记权利之间也有可能出现不一致。但是，对第三人来说，经登记的权利可以推定为是正确的权利，第三人依据登记所取得的权利应受到保护。

(四)行政管理功能

房地产权属登记的管理功能，是指国家对房地产登记具有管理意图的功能。一是对房地产市场进行监督管理的功能，通过建立产籍资料，实现国家对房地产的宏观调控职能；二是税收监管功能，通过房地产权属登记的审查程序，实现国家对税收的监管。另外，在房地产登记过程中，通过登记的合法性审查，可以及时发现和纠正不法行为。

(五)效率功能

交易的便捷和安全是市场经济的重要特征。经过登记的房地产权利受到法律确认，并由国家强制力予以保护，因此，当事人可以充分信赖登记的内容。在交易之前，当事人不必要投入更多的精力和费用去调查、了解对方当事人对转让的房地产是否享有权利或存在权利负担，可以节省交易费用，并能快捷完成交易。

四、房地产登记机关

我国《民法典》第二百一十条规定："不动产登记，由不动产所在地的登记机构办理。

国家对不动产实行统一登记制度。统一登记的范围、登记机构和登记办法，由法律、行政法规规定。"《城市房地产管理法》第六十一条规定："以出让或者划拨方式取得土地使用权，应当向县级以上地方人民政府土地管理部门申请登记，经县级以上地方人民政府土地管理部门核实，由同级人民政府颁发土地使用权证书。在依法取得的房地产开发用地上建成房屋的，应当凭土地使用权证书向县级以上地方人民政府房产管理部门申请登记，由县级以上地方人民政府房产管理部门核实并颁发房屋所有权证书。房地产转让或者变更时，应当向县级以上地方人民政府房产管理部门申请房产变更登记，并凭变更后的房屋所有权证书向同级人民政府土地管理部门申请土地使用权变更登记，经同级人民政府土地管理部门核实，由同级人民政府更换或者更改土地使用权证书。"

《不动产登记暂行条例》第六条规定："国务院国土资源主管部门负责指导、监督全国不动产登记工作。县级以上地方人民政府应当确定一个部门为本行政区域的不动产登记机构，负责不动产登记工作，并接受上级人民政府不动产登记主管部门的指导、监督。"在实践中，各市县均可根据自身实际指定或新设一个部门进行统一登记。目前，各地较多的做法是设立不动产登记中心进行统一登记，这克服了以往分散登记的弊端。

第二节　不动产登记簿

一、不动产登记簿概述

(一)不动产登记簿的概念及作用

所谓不动产登记簿是指记载不动产权利状况并备存于特定机关的簿册，它是不动产登记制度的核心，其作用主要表现为：

1. 不动产登记簿是权利归属和内容的根据

《民法典》第二百一十六条规定："不动产登记簿是物权归属和内容的根据。不动产登记簿由登记机构管理。"不动产登记簿记录了不动产的权属信息，包括所有权、抵押权、租赁权等，可以帮助确定不动产的权属关系，避免产生纠纷。

2. 不动产登记簿具有公信力

不动产登记簿是保护交易安全的有效保障，可以促进房地产市场的稳定发展，保护购房者的合法权益，减少房产交易中的风险和不确定性。对于善意第三人而言，登记簿的权属记载推定为正确。

3. 不动产登记簿是管理不动产交易的一种手段

就国家来说，不动产登记簿便于国家对有关不动产进行监督与管理，利于依法维护国家土地资源管理秩序，防止不动产的非法流转和非法占用，更便于人民法院在处理损害赔偿纠纷时确定责任的归属。

(二)不动产登记簿应当载明事项

不动产登记簿应当载明的事项一般分为两个部分，一是标示部分，即不动产的自然情况；二是权利部分。我国的不动产登记簿采用了物的编成主义，《不动产登记暂行条例》第八条规定，不动产登记簿应当记载以下事项：

①自然状况　不动产的坐落、界址、空间界限、面积、用途等自然状况。

②权属状况　不动产权利的主体、类型、内容、来源、期限、权利变化等权属状况。

③限制、提示的事项　涉及不动产权利限制、提示的事项。

④其他相关事项　主要涉及不动产及不动产登记之中需要进一步说明的情况。

(三)不动产登记簿应当采用的介质形式

根据《不动产登记暂行条例》规定，不动产登记簿应当采用电子介质，暂不具备条件的，可以采用纸质介质。不动产登记机构应当明确不动产登记簿唯一、合法的介质形式。不动产登记簿采用电子介质的，应当定期进行异地备份，并具有唯一、确定纸质转化形式。

采用纸质介质不动产登记簿的，应当配备必要的防盗、防火、防渍、防有害生物等安全保护设施。采用电子介质不动产登记簿的，应当配备专门的存储设施，并采取信息网络安全防护措施。

二、不动产登记簿的效力

不动产登记簿的效力主要体现在公信力和推定力上：

(一)不动产登记簿的公信力

1. 基本内涵

不动产登记簿的公信力，是指不动产登记簿对交易第三人所具有的真实、可信的效力。也就是说，即使存在记载权利事项与客观权利事项不一致的情况，对于善意第三人而言，不动产登记簿记载的内容应视为真实，因为若不如此，则不能彻底消除第三人对交易安全的顾虑。法律之所以作出这种令事实真相迁就于第三人利益的规定，是因为在现代经济中，市场上频繁发生的不动产物权交易，已不再表现为一种现货式的转手买卖，而是绝大多数表现为对一种抽象、主观的观念性权利的交易，在此情况下，如果不人为地给予某种可以从外部认识的表象，则无法保护交易的安全。

不动产登记簿的公示功能，只是表明不动产物权的相关交易人可以借助不动产登记簿来确定某种不动产物权是否存在，或不动产所有权之上是否存在某种权利负担，从而作出是否进行或如何进行不动产交易的决定。不动产登记簿的这种公示功能，只是起到了一种对主观物权的辨识作用，或只是便利了交易当事人对主观权利的识别，至于这种对主观权利的辨识是否完全为真，或者是否会产生对交易当事人有利的法律后果，不是公示功能所能解决的问题。

2. 公信力之范围

在以下几种情形中，应该推定不动产登记簿所记载的内容具有正确性、完整性，应依法保护信赖登记簿记载权利事项的善意第三人，除非有证据证明不动产登记簿确有错误。

(1)基于无效、可撤销合同所完成的登记。基于买卖、互换、赠与、出资等债权合同所发生的不动产过户登记，如果事后该债权合同被判决无效或者被撤销，已经完成过户之不动产应该依法恢复原来之登记。但是，如果登记名义人已经处分了该不动产，那么善意第三人有权主张不动产登记簿有公信力，其交易结果受法律保护。

(2)不动产物权之设立、变动没有办理或者没有及时办理登记。除法律另有规定外，不动产物权之设立、变动，如果没有办理不动产权属信息登记或变更登记手续，则通常不发生物权效力，原不动产登记簿权属信息仍然具有公信力，善意第三人与登记名义人所为之交易应该受法律保护。

（3）处分权的限制未在不动产登记簿上登记。我国《不动产登记暂行条例》第二条所规定的异议登记、预告登记、查封登记，在性质上即属于限制登记。上述处分权之限制如果没有在不动产登记簿上进行登记，善意第三人就无从知晓，此时如果登记名义人或者有关负责人处分其名下不动产，善意第三人应该受到登记公信力之保护。

（4）只有不动产物权变动的合意，没有办理不动产物权变动之登记。不动产物权变动为要式行为，当事人意思表示本身尚不足以发生物权变动之效果，要发生物权变动尚须具备登记之形式。在完成登记过户手续前，如果原先的登记名义人处分其名下之不动产，善意第三人应受登记公信力之保护。

（5）信托登记。所谓信托登记是指委托人将不动产信托受托人，并且登记在受托人名下。信托登记完成后，如果受托人信托约定擅自处分该不动产，善意第三人有权主张不动产登记簿具有公信力，其交易结果受法律保护，委托人与受托人之间的法律关系应该通过信托合约及其他法律渠道予以解决。我国目前没有施行不动产信托登记制度，但《不动产登记暂行条例实施细则》第一百零六条规定，不动产信托依法需要登记的，由自然资源部会同有关部门另行规定，为我国不动产信托登记制度的发展提供了空间。

（6）借名登记。在借名登记的情形下，如果登记名义人违反其与借名人之间的约定处分借名登记之不动产，善意第三人有权主张不动产登记簿具有公信力，其交易结果受法律保护，借名人与登记名义人之间的法律关系应通过其他法律渠道予以解决。如果登记名义人破产或者受强制执行之宣告，借名人不享有别除权，无权依据所有权等物权要求借名人返还原物，亦不得提出异议之诉，而只能进行债权申报或者作为债权人要求执行债务人返还该不动产。

（7）错误登记。凡是不动产登记簿上所记载的权利主体、权利内容、权利期限、标的状况以及针对处分权之限制等信息与其实际状态不符，即为登记错误。登记错误的产生原因多种多样，有登记机构工作人员方面的原因，也有权利人或者其他人方面的原因，不动产登记簿上的错误登记是否具有公信力，不可一概而论，应区分以下几种情形分别处理：

①权利人之登记错误　针对由于当事人原因所导致的权利人登记错误，从提高交易效率和信赖保护角度考虑，通常认可此情形下之不动产登记簿具有公信力。

②权利内容之登记错误　例如，当土地使用权上所设抵押权被错误涂销，则善意第三人将依据登记公信力获得无权利负担的土地使用权。

③针对处分权之限制被不当涂销或者登记错误　预告登记、异议登记、查封登记等无疑具有限制处分权之功能，如果上述登记被不当涂销或者登记错误，善意第三人依法应该受登记公信力之保护。

④不动产物权重复登记　从本质上说，不动产重复登记亦属于广义上之登记错误。鉴于不动产物权重复登记不仅涉及登记公信力问题，还涉及登记公信力的限制问题，本教材在下一部分详细探讨。

（8）共有产权登记不完整。不动产登记机构一般只能依照当事人的登记意思或者人民法院的司法判决等进行不动产登记，这就存在登记不完整的情形。如果共有人擅自处分其名下之不动产，善意第三人应该受登记公信力之保护。

综上，在上述 8 类情形下，信赖不动产登记簿之善意第三人通常应受登记公信力之保护，有权取得基于法律行为所移转之登记不动产物权。

3. 公信力之限度

所谓不动产物权登记公信力之限度，是指不动产登记簿所公示之物权不具有公信力，第三人无权主张登记公信力之保护，或者第三人不受登记公信力保护之情形。基于前文对公信力范围的分析，依照该法所完成之不动产登记，在下列情形下不动产登记簿不具有公信力。

（1）第三人系恶意。不动产登记簿中的登记错误等瑕疵为第三人所明知，或者第三人因重大过失而不知时，或者在不动产登记簿的瑕疵明显可见时，该第三人系属恶意。此时，不动产登记簿对于该第三人不具有公信力，其不应受登记公信力保护。如果不动产登记簿自身不存在瑕疵，而第三人与当事人、登记机构工作人员串通进行虚假登记，或者对不动产登记簿进行不法篡改、修改，或者第三人提供伪造、虚假之登记申请资料欺骗不动产登记机构，该第三人同样非属善意，此时不动产登记簿对该第三人不具有公信力。但是，一旦恶意第三人完成了不动产登记，接下来再有善意第三人因为信赖该不动产登记而与恶意第三人从事不动产交易，则该善意第三人受登记公信力之保护，能够取得登记之不动产物权。

（2）不动产物权重复登记。有些不动产物权不能同时并存，如房屋所有权、建设用地使用权、农村土地承包经营权等，有些则能同时并存，如抵押权、地役权等。不动产物权的重复登记是指对于不能同时并存之不动产物权之重复登记。当信赖不动产登记簿之善意第三人与真正权利人并存且对立时，如果善意第三人无法取得对于交易不动产之占有，不动产登记簿对于该第三人不具有公信力。当信赖不动产登记簿之善意第三人为两人以上时，未能取得占有之善意第三人不受公信力之保护。当信赖不动产登记簿之善意第三人为两人以上，且各善意第三人均已完成过户手续但均未能取得实际占有时，与其他不动产登记名义人但非直接占有人缔约之善意第三人不受登记公信力之保护。

（3）存在权利限制情形。不动产登记簿上存在预告登记、异议登记和查封登记等限制处分之登记，那么针对该不动产之处分权依法暂时受限，善意第三人不得主张登记公信力之保护。

（4）存在权利优先情形。登记不动产上存在法定优先权或者其他排斥登记公信力之规定时，善意第三人无法主张登记公信力之保护。包括但不限于：债权人的撤销权；破产管理人的追回权；建筑承包人对于建筑工程的价款就该建设工程享有优先受偿权等。

（5）不动产登记簿之公信力通常不及于不动产物理事实之登记。不动产登记簿对于不动产之存在或者毁损灭失改装等物理状态以及不动产之坐落、界址、用途、面积、权利期限等事项之记载，通常不具有公信力。

（6）无偿取得不动产之情形。按我国现行法无权处分情形下无偿取得不动产者一般不受登记公信保护，无法取得登记之物权，所有权人有权要求涂销登记，恢复原先之登记，追回其不动产。

（7）非基于法律行为取得登记之不动产物权。对于依照继承、受遗赠以及依照人民法院、仲裁委员会的法律文书或者人民政府的征收决定取得不动产物权之情形，不动产登记簿不具有公信力。此时不动产登记簿不具有公信力不会害及交易安全，旨在保护交易安全的公信力制度自然不应该适用。

（8）其他限制情形。

（二）不动产登记簿的推定力

不动产登记簿推定力，亦称"不动产登记簿公示力"或"不动产登记簿正确性的推定"，是指不动产物权载于不动产登记簿后，推定该登记簿上所载的该物权的归属和内容与真实的物权的归属和内容一致。值得注意的是，不动产登记簿推定力并非适用于登记簿上记载的全部内容，只适用于登记簿上对权利事项的记载，而不适用于登记簿上单纯的对不动产自然状况的记载。

权利推定规则不是为了终局性地解决物权归谁所有的问题，而是旨在改变物权确认之诉中的证明负担分配。具言之，在权利推定规则下，根据不动产登记簿之记载，登记权利人在物权确认之诉中，总是立于被告地位，而对诉争不动产主张权利的相对方，则须依据"谁主张、谁举证"的证明责任分配原则，提出诉争不动产归其所有的证据，否则，则承受败诉的风险。如此一来，凡于不动产登记簿上被登记为权利人者，当诉讼发生时，只须提出自己为登记权利人的事实即可，无须主动提出诉争不动产归其所有的证据。这种做法无疑减轻了登记权利人的权利证明及保有的负担。

三、不动产登记簿与不动产权属证书

房地产权权属证书，简称"产权证"，是登记机关依据登记簿内容向权利人颁发的享有房地产物权的凭证，用以表明不动产权利归属。包括不动产的所有权证、使用权证、不动产登记证明，是不动产登记簿所记载内容的外在表现形式。《民法典》第二百一十七条规定："不动产权属证书是权利人享有该不动产物权的证明。不动产权属证书记载的事项，应当与不动产登记簿一致；记载不一致的，除有证据证明不动产登记簿确有错误外，以不动产登记簿为准。"

不动产登记簿与不动产权属证书的区别。不动产权属证书不是不动产登记簿，虽然两者都是不动产物权的权属证明，但并不能相互替代。二者的区别主要有两个方面：一是保管人不同，不动产权属证书由权利人持有，而不动产登记簿由不动产登记机构统一保管；二是证明的内容不同，不动产权属证书只能证明当前的权属归属，不动产登记簿不仅能证明当前的权利状况，还能够证明权利变动的过程。

登记簿与产权证不一致时的解决规则。《民法典》规定，不动产权属证书记载的事项，应当与不动产登记簿一致；记载不一致的，除有证据证明不动产登记簿确有错误外，以不动产登记簿为准。

第三节　房地产登记的分类

一、房地产登记的基本分类

完整的房地产权属登记类型应包括总登记、初始登记、经常登记、他项权利登记、设定登记、变更登记、注销登记、更名登记、涂销登记、更正登记、嘱托登记、预告登记、

补给登记、异议登记和暂时登记等。权属登记的类型是由登记的目的所决定的，各种登记类型之间在功能上应互相补充，相互依托，各种具体形式有一定的内在逻辑性，其设置应有规律性可循，从而构成房地产权属登记制度的整体。

我国房地产登记类型可以按照时间、权利、权利主体、权属关系，以及内容和效力等分类标准进行划分。

（1）按时间划分即总（初始）登记和日常（变更）登记。

（2）按权利划分即所有权登记、使用权登记和他项权利登记。

（3）按权利主体划分即集体（团体）登记和个人登记。

二、总登记和初始登记

房地产总登记指在一定时点及期限内，县级以上地方人民政府根据需要，对本辖区范围（市或县）内的全部土地或者城镇全部房屋，进行普遍登记。房地产总登记是一种基础性的登记，是最初的、全面的土地和房屋的权属登记，其目的是确认产权，有利于发展房地产市场，深化土地使用制度和住房制度的改革，为完善房地产税收制度、防止资产流失奠定法律基础。而初始登记是指新建房屋者向登记机关申请房屋所有权的登记，一般为首次取得所有权的登记。

三、变更登记

房屋产权变更登记是指房屋在进行总登记以后，发生了翻建、扩建、拆除等变化而进行的登记。《不动产登记暂行条例实施细则》第二十六条规定，有下列情形之一的，不动产权利人可以向不动产登记机构申请变更登记：①权利人的姓名、名称、身份证明类型或者身份证明号码发生变更的；②不动产的坐落、界址、用途、面积等状况变更的；③不动产权利期限、来源等状况发生变化的；④同一权利人分割或者合并不动产的；⑤抵押担保的范围、主债权数额、债务履行期限、抵押权顺位发生变化的；⑥最高额抵押担保的债权范围、最高债权额、债权确定期间等发生变化的；⑦地役权的利用目的、方法等发生变化的；⑧共有性质发生变更的；⑨法律、行政法规规定的其他不涉及不动产权利转移的变更情形。

四、转移登记

转移登记也称之为动态登记，是指在总登记后，房屋所有权因买卖、赠与、交换、转让等法律行为而变更时进行的登记。《不动产登记暂行条例实施细则》第二十七条规定，因下列情形导致不动产权利转移的，当事人可以向不动产登记机构申请转移登记：①买卖、互换、赠与不动产的；②以不动产作价出资（入股）的；③法人或者其他组织因合并、分立等原因致使不动产权利发生转移的；④不动产分割、合并导致权利发生转移的；⑤继承、受遗赠导致权利发生转移的；⑥共有人增加或者减少以及共有不动产份额变化的；⑦因人民法院、仲裁委员会的生效法律文书导致不动产权利发生转移的；⑧因主债权转移引起不动产抵押权转移的；⑨因需役地不动产权利转移引起地役权转移的；⑩法律、行政法规规定的其他不动产权利转移情形。

五、更正登记

更正登记是指不动产物权人或登记机关发现登记错误而予以更正的登记。更正登记属于本登记，具有确定的、终局的效力。更正登记彻底地终止现时登记权利的正确性推定效力，彻底地排除第三人依据不动产登记簿对现时登记的取得。因此，更正登记是对原登记权利的涂销登记，同时也是对真正权利的初始登记。

更正登记适用的前提是登记簿上所记载的权利状态与事实状态不符，即出现了"不动产登记簿记载的事项错误"。《民法典》第二百二十条："权利人、利害关系人认为不动产登记簿记载的事项错误的，可以申请更正登记。不动产登记簿记载的权利人书面同意更正或者有证据证明登记确有错误的，登记机构应当予以更正。"更正登记可以直接申请，也可以先申请异议登记。

不动产登记簿的公信力制度虽然很好地解决了交易便捷和交易安全的问题，但也制造了一个不容忽视的问题，即真正物权人可能会因法律对第三人信赖的保护而丧失权利。在确保交易安全之前提下，为尽可能减少对真正权利人的损害，承认不动产登记簿公信力制度的立法，意味着同时建立异议登记与更正登记制度。更正登记的目的，是为了校正错误的不动产登记簿，使不动产物权登记权利人与真实权利人维持一致，从而平衡交易第三人与真正权利人的利益冲突。当然，由于更正登记簿记载事项不仅事关登记名义人与真正权利人的切身利益，而且牵涉到不动产登记簿之信用，法律因此对更正登记设置了严格的条件和程序，更正登记因此非经一些时日不能完成。

六、异议登记

异议登记又称异议抗辩登记，是指事实上的权利人以及利害关系人对现时登记的权利的异议登记。该登记的直接法律效力是使得申请人具有中止现时登记的权利人按照登记权利的内容行使权利的抗辩权利。异议登记被采纳后，可以对抗现时登记的权利的正确性，中止现时登记的权利人按照登记权利的内容行使权利和阻止第三人依登记的公信力取得不动产物权。

(一)异议登记的设立意义

不动产物权的真正权利人即使已发现了登记错误，仍有可能面临权利丧失的危险。如在更正登记完成前，不动产物权的名义登记人实施物权处分行为，第三人基于对不动产登记簿的信赖可以从名义登记人处取得不动产物权。为制止这种结果的发生，法律又特别设置了具有临时性保护意义的异议登记制度。即不动产物权的真正权利人，一旦发现不动产登记簿存在错误登记，就可对不动产登记簿之正确性提出异议，这种异议只要记载于不动产登记簿，就具有警惕、阻遏第三人对不动产登记簿发生信赖的效果，不管第三人是否查看了登记簿。在此之后，不动产的真正权利人可从容地依据真实的权利状态申请更正登记。

(二)异议登记的成立要件

异议登记的成立要件是：其一，权利人或利害关系人申请；其二，异议登记不需要经原权利人同意；其三，登记机关只需要做形式审查，当事人提供的证据只要形式上成立即可。

（三）异议登记不当的后果

我国《民法典》第二百二十二条第二款仅规定，异议登记不当，造成权利人损害的，权利人可以向申请人请求损害赔偿。造成损害的情形主要有 3 种：①由于登记机关的错误而导致异议登记不当，给权利人造成损害；②异议登记申请人基于不正当目的的恶意申请异议登记，导致权利人的利益损失；③申请人与登记人员共同侵权导致权利人利益损失。

七、他项权登记

房产的他项权是指除产权人及共有权人以外的其他团体或者个人对该房产涉及的权利，通常是指地役权、抵押权利等，他项权证由他项权人持有。根据《不动产登记暂行条例实施细则》的规定，申请房屋设定抵押权、地役权等他项权利的，权利人应当申请他项权利登记，并给他项权人颁发他项权证书。

八、注销登记

房屋注销登记是指房屋权利因房屋或土地灭失、土地使用年限届满、他项权利终止、权利主体灭失等而进行的登记。具体而言，《不动产登记暂行条例实施细则》第二十八条规定，有下列情形之一的，当事人可以申请办理注销登记：①不动产灭失的；②权利人放弃不动产权利的；③不动产被依法没收、征收或者收回的；④人民法院、仲裁委员会的生效法律文书导致不动产权利消灭的；⑤法律、行政法规规定的其他情形。不动产上已经设立抵押权、地役权或者已经办理预告登记，所有权人、使用权人因放弃权利申请注销登记的，申请人应当提供抵押权人、地役权人、预告登记权利人同意的书面材料。

九、预告登记

房屋预告登记指当事人约定买卖房屋或者转让其他不动产物权时，为了限制债务人处分该不动产，保障债权人将来取得物权而作的登记。如在商品房预售中，购房者可以就尚未建成的住房进行预告登记，以制约开发商把已出售的住房再次出售或者进行抵押。《民法典》第二百二十一条规定："当事人签订买卖房屋的协议或者签订其他不动产物权的协议，为保障将来实现物权，按照约定可以向登记机构申请预告登记。预告登记后，未经预告登记权利人同意，处分该不动产的，不发生物权效力。预告登记后，债权消灭或者自能够进行不动产登记之日起九十日内未申请登记的，预告登记失效。"

十、不动产查封登记

查封登记是指不动产登记机构根据人民法院提供的查封裁定书和协助执行通知书，报经人民政府批准后，将查封或者预查封的情况在土地登记簿上加以记载的登记。正常情况下，不动产查封登记的对象为已办理了不动产权属登记的不动产，但是对某些特定的尚未办理权属登记的不动产，法律也是允许对其进行查封登记，以达到维护利益相关方合法权益的目的，这一类查封登记被称之为"不动产预查封登记"。

第四节 房地产登记法律责任

一、房地产登记错误的法律责任

《民法典》第二百二十二条规定："当事人提供虚假材料申请登记，造成他人损害的，应当承担赔偿责任。因登记错误，造成他人损害的，登记机构应当承担赔偿责任。登记机构赔偿后，可以向造成登记错误的人追偿。"

二、我国房地产登记错误的赔偿主体

（一）因登记机关登记错误，造成他人损害

此处所言之登记机关指依照房地产权利人的申请或者依照法律的有关规定，对申请或依职权进行登记的房地产状况进行审查，并对符合法律规定的土地使用权、房屋所有权、房地产他项权利和其他依法应当登记的房地产权利进行记载、公示的机关。

（二）当事人提供虚假材料，造成他人损害

1. 申请人

申请人指依照法律规定或合同约定，对申请登记的房地产享有相关权利，并申请登记机关对该房地产权利在登记簿中进行记载、公示的单位或自然人。

2. 第三人

第三人系指对登记之房地产不享有处分权，而未经权利人同意，通过伪造有关材料等方式，骗取登记，给真正权利人造成损害的人，以及在共有关系中，未经其他共有权人同意，而擅自处置房地产的共有人。

三、我国房地产登记错误的赔偿责任

房地产登记赔偿责任是指在因登记机关、申请人或第三人的过错，导致房地产登记发生错误，并因该错误登记导致权利人或者利害关系人遭受损害时，登记机关、申请人或第三人应依照相应法律规定对受害人承担的赔偿责任。

房地产登记赔偿责任根据不同的划分标准，有多种分类方法。按照赔偿责任的性质划分，可以分为国家赔偿责任和民事赔偿责任；按照赔偿的范围划分，又可以分为完全赔偿责任和有限赔偿责任；按照承担责任的方式划分，也可以分为连带赔偿责任、补充赔偿责任和按份赔偿责任等。在众多的划分标准中，按照主体对登记赔偿责任进行分类，是最主要的分类方法。

（一）国家机关的赔偿责任

我国房地产登记在审查标准上采用的是实质审查方式，若因审查不严而造成了损失，须进行相应的赔偿。这种赔偿方式包含在国家赔偿范围内。国家行政机关在进行房地产登记时，代表着国家公信力，从而使权利人信赖其行为而进行登记，房地产赖以生存的信任基础和安全保障环境离不开登记机关的作用，权利人的利益在国家行政机关和工作人员在行使职权中受到了损害，理应属于国家赔偿范围。登记机构赔偿后，便取代了权利人，可

对造成损失的责任人行使代位求偿权。

（二）申请人或第三人赔偿责任

登记申请人采用虚假、欺骗等手段造成登记错误，实质上是通过登记错误的方式侵害了他人合法财产权，可以把该行为视为一种民事侵权行为，据此要求申请人承担相应的民事赔偿责任。一般而言，追究错误登记申请人的民事侵权责任，应当具备以下4个要件：

（1）登记申请人通过虚假、欺骗等手段实施了登记申请行为。即登记申请人通过该虚假登记行为，造成了登记权利人与实际权利人不符。

（2）登记申请人主观上具有过错。登记申请人必须具有主观恶意，明知或者应当知道该行为会造成他人财产损害。如果申请人善意无过失，不知该行为会侵害他人财产权而为之，不承担赔偿责任。例如，抵押权人拿着被抵押人提供的文书去登记机构办理登记，结果证明被抵押人提供的文书是虚假的，但抵押权人并不知情，那么该抵押权人不承担赔偿责任。

（3）登记申请人的错误登记造成了一定的损害后果。即由于登记申请人的错误登记造成了他人的财产损失，如果并没有产生损害后果，那么申请人也不承担赔偿责任。

（4）错误登记行为与损害后果之间具有因果联系，即实际权利人的损失是由于申请人的错误登记行为而引起的。

延伸阅读

1. "法政纠结"与民国不动产登记制度的演进，郭玉龙，中国经济史研究，2022，2.

2. 自然资源与不动产登记制度改革的协同创新探讨，谢娟，邵贤青，张伟，2022社会发展论坛（昆明论坛）论文集，2022.

3. 不动产登记实务与信息系统，王履华，谭静，狄晓涛，等，南京大学出版社，2022.

4. 对民法典物权编若干规定的解读，崔建远，人民检察，2020，11.

5. 冒名处分他人不动产的法律适用分析——以法律漏洞的填补为视角，李俊青，政治与法律，2018，7.

6. 论物权推定规范，王雷，比较法研究，2016，6.

7. 房子该归谁法院这么判，徐隽，人民日报，2016，2.

思考题

1. 简述房地产登记相关法律法规。
2. 简述房地产登记的作用。
3. 简述房地产登记的类型。
4. 简述房地产登记错误的法律责任。

案例分析

案情：2001年10月11日，刘某的父亲在刘某未到场的情况下，以刘某的名义向第三人枣庄市薛城区农信社借款 6 万元，并持刘某的房产证，到枣庄市房管局办理房产抵押手续。而办理上述借款所需签订的借款合同、抵押合同及房产抵押手续上所有理应由刘某签名的地方均由刘某的父亲安排的案外人褚某代签，枣庄市房管局为第三人颁发了抵押权证。后因刘某的父亲死亡，第三人枣庄市薛城区农信社便起诉刘某及案外人褚某，要求二人归还借款。薛城区法院以双方所签的借款合同、抵押合同未成立为由，驳回了第三人的诉讼请求。第三人不服一审判决，上诉至枣庄市中级人民法院，枣庄市中级人民法院判决驳回上诉，维持原判。刘某便向第三人索要抵押权证，在索要未果的情况下，于 2008 年 4 月 7 日向薛城区法院起诉，请求撤销枣庄市房管局颁发的抵押权证。一审法院判决撤销枣庄市房管局为第三人颁发的抵押权证书。枣庄市房管局不服，提起上诉。其上诉称，依据《城市房屋权属登记管理办法》和《城市房地产抵押管理办法》的规定，上诉人在办理他项权登记时应进行形式审查而非实质审查，一审法院依据房地产抵押申请审批书认定上诉人应当进行实质审查显然错误。二审法院判决驳回上诉，维持原判。

一审法院认为，枣庄市房管局提交的房地产抵押申请审批书是为了重复使用为不特定的抵押人和抵押权人事先拟定的，其内容列有"内查情况"和"外查情况"，并且在附注说明的第二项中明确注明"办理他项权登记法人代表或抵押人和抵押权人必须亲笔签名、盖章"，说明枣庄市房管局在办理房地产抵押登记时不仅要对抵押人和抵押权人提交的申请进行必要的形式审查，更重要的是对申请人提交的材料诸如申请人的身份情况、借款抵押合同的真实性、抵押物的状况等进行内查和外查。而枣庄市房管局却在为第三人办理他项权登记时，依据刘某的父亲与第三人枣庄市薛城区农信社提交的已经法院审理查明的未成立的借款和抵押合同，就在刘某的房产上为第三人设立了他项权的登记，并仅在内查、外查栏目内均注明"情况属实"，也无工作人员的签名。枣庄市房管局在刘某的房产上为第三人办理的他项权登记，显属证据不足，程序违法。故判决撤销枣庄市房管局为第三人颁发的抵押权证书。

二审法院认为，根据《城市房屋权属登记管理办法》第十一条第四款、第十三条第一款、第十九条第二款、《城市房地产抵押管理办法》第三十二条、第三十三条的规定，房地产抵押登记由抵押人和抵押权人共同申请，并提交相关的证明文件，由登记机关按照房地产抵押登记的具体审核内容和要求对抵押登记申请进行审核。审核的目的是确保登记权利状态与事实权利状态相一致，以免真正权利人受到侵害。故登记机关应履行法定的职责，在自己的职责范围内审慎地审核。在本案中，刘某的父亲在刘某不知情的情况下，安排案外人褚某以刘某的名义办理了房地产抵押手续。显然，枣庄市房产管理局在自己的职责范围内未能尽到审慎的义务，其为原审第三人办理的他项权登记，显属证据不足，程序违法。故判决驳回上诉，维持原判。

问题：法院应如何进行不动产登记行为的审查？

分析：法院应进行不动产登记行为的实质审查。本案涉及不动产登记行为的司法审查标准问题。不动产登记行为的司法审查标准可分为实质审查和形式审查。采取何种司法审查标准，不仅关系到不动产登记的公信力，而且对登记的效率、质量以及登记错误的赔偿责任的确定都有重要影响。

一审法院采取的是实质审查。二审法院认为，从目前有关不动产登记法律规范的规定来看，并无实质审查和形式审查之分，法院应全面审查不动产登记行为的合法性，包括事实、证据、程序、法律适用等方面。二审法院的论证说理更合理。

第一，"现在对实质审查与形式审查的制度构成尚无统一认识，简单地说是采取何种审查方式，没有多大意义。"有的学者从登记审查的范围对此二者进行界定，认为形式审查就是登记机构不审查登记申请是否与实体法上的权利关系一致，而仅审查登记申请在登记手续、提供材料等方面是否合法、齐备；实质审查则是不仅审查登记申请在登记手续上是否合法，还要审查其是否与实体法上的权利关系一致，实体法上的权利关系是否有效。有学者则从登记机构的调查权限上界定实质审查，即登记机构接受了登记申请之后，应当对登记内容进行询问和调查，以确保登记内容的真实性。还有的学者认为登记机构的审查权限及于不动产物权变动的原因关系的，就是实质审查，反之，就是形式审查。

第二，在实践中，各地登记机关做法不一致，采取了多种形式。如深圳市房地产登记审查主要采取的是窗口处理加形式审查的方式。湖北省丹江口市国土局采取的是实质审查方式。广西壮族自治区柳州市国土资源局在审查申请材料的真实性时，多要求申请人进行公证，即不仅要对申请材料在形式上是否完备进行审查，还要对申请背后的法律关系进行审查，是一种中间形态。

第三，法院在审理此类案件时的司法认识也不相同。有的法院认为，对不动产登记行为进行形式审查就够了。有的法院认为，对不动产登记行为应进行实质审查。

第四，我国《民法典》第二百一十二条规定："登记机构应当履行下列职责：（一）查验申请人提供的权属证明和其他必要材料；（二）就有关登记事项询问申请人；（三）如实、及时登记有关事项；（四）法律、行政法规规定的其他职责。申请登记的不动产的有关情况需要进一步证明的，登记机构可以要求申请人补充材料，必要时可以实地查看。"这说明立法机关"既没有试图界定什么是实质审查，什么是形式审查，更不去回答民法典要求不动产登记机构进行实质审查还是形式审查"，而是把登记审查作为登记机关应当履行的职责。

例如，上海市在修订《上海市房地产登记条例（2002）》时，已摒弃了实质审查和形式审查的分类，通过对申请人提交的材料和登记机关职责的详实规定来确保登记的公信力。"从我国房地产登记的实际情况看，并无实质审查和形式审查的分类，登记机构主要是按照法定的各类登记的具体审核内容和要求，对有关的登记申请进行审核。为此，法制委员会建议不采用实质审查和形式审查的分类，而从房地产登记的实际出发，根据各类登记的不同特点和作用，对土地使用权和房屋所有权的初始登记的审核内容和要求进行补充、完善，从而区别不同的审核责任。"

具体到本案，刘某和农信社应共同到房管局办理抵押手续，房管局在审查时，应核实申请人的身份，确认申请登记的抵押人与房屋所有权证、房屋登记簿记载的所有权人、抵押合同中的抵押人相一致。其实，只要房管局稍加注意，这个纠纷就不会发生。

通过上文的分析，我们可以看出，由于在理论上、立法上、实践中不动产登记机关的做法、人民法院的司法认识不一致，因此，对不动产登记行为的司法审查标准不区分实质审查还是形式审查。法院应根据现行不动产登记法律规范的规定，对不动产登记机关履行登记行为的法定职责进行全面审查，既要进行实体审查，又要进行程序审查，以保证不动产登记的公信力，维护交易安全。

第四章　房地产开发用地法律制度

内容提要： 房地产开发是具有综合性、长期性、风险性、地域性的系统工程。本章主要介绍房地产开发用地、建设用地使用权及建设用地使用权取得的各种方式、程序及其内容，梳理我国房地产开发用地的现行法律规定。

学习目标与要求： 通过本章学习，掌握房地产开发用地的特征，房地产开发与规划管理的基本内容，建设用地使用权取得的方式、条件和程序等。关注建设用地使用权出让和划拨制度中亟待解决的法律问题。

第一节　房地产开发用地概述

一、房地产开发与房地产开发用地的概念

（一）房地产开发的概念

房地产开发是根据城市总体规划和社会经济发展计划的需要，在一定区域内有计划、有步骤地进行土地的开发和建筑物建设的活动。在一个开发区域内，房地产开发指土地和房屋开发一体化的全过程，包括规划设计、地质勘察、征地拆迁、土地开发、房屋建设、工程验收直至交付使用的综合性生产活动。

根据《城市房地产管理法》第二条的规定，房地产开发是指在依据本法取得国有土地使用权的土地上进行基础设施、房屋建设的行为。即房地产开发不区分建设的主体以及目的，既包括房地产开发企业以经营为目的的开发行为，也包括其他主体非经营性的基础设施建设和房屋建设行为，如企业自建自用房屋。

根据《城市房地产开发经营管理条例》第二条的规定，房地产开发经营是指房地产开发企业在城市规划区内国有土地上进行基础设施建设、房屋建设，并转让房地产开发项目或者销售、出租商品房的行为。房地产开发明确了开发是经营性的开发，不仅包含房地产的建设行为，还包括房地产项目转让、房地产转让、租售等房地产经营行为。

（二）房地产开发用地的概念

房地产开发用地是指用于进行房地产开发建设的土地，是指依法取得建设基础设施和建造房屋的建设用地。房地产开发用地是房地产开发活动的基础，依法取得符合规定的房地产开发用地是房地产开发建设合法顺利进行的前提。

我国《土地管理法》第四条将土地按照用途划分为农用地、建设用地和未利用地，并定义建设用地是建造建筑物、构筑物的土地，包括城乡住宅和公共设施用地、工矿用地、交通水利设施用地、旅游用地、军事设施用地等。而用于房地产开发的建设用地通常是指一宗（片）位于城市规划区的，适合房地产开发主体进行基础设施和房屋建设使用的国有土地。开发商只有取得建设用地、办理开发前期手续、完成施工图设计后，才可实施房地产

开发项目的建设。

二、房地产开发用地的特征

（一）房地产开发用地的主体具有特定性

房地产开发主要是指房地产开发企业以营利为目的的开发，房地产开发的主体具有特定性。根据《城市房地产管理法》第三十条规定，设立房地产开发企业，应当具备下列条件：①有自己的名称和组织机构；②有固定的经营场所；③有符合国务院规定的注册资本；④有足够的专业技术人员；⑤法律、行政法规规定的其他条件。根据《城市房地产开发经营管理条例》第五条规定，设立房地产开发企业，除应当符合有关法律、行政法规规定的企业设立条件外，还应当具备下列条件：有100万元以上的注册资本；有4名以上持有资格证书的房地产专业、建筑工程专业的专职技术人员，2名以上持有资格证书的专职会计人员。省、自治区、直辖市人民政府可以根据本地方的实际情况，对设立房地产开发企业的注册资本和专业技术人员的条件作出高于前款的规定。

（二）房地产开发用地的来源具有限制性

根据《城市房地产开发经营管理条例》第三十九条规定，城市规划区内集体所有的土地，经依法征收转为国有土地后，方可用于房地产开发经营。《城市房地产管理法》第九条也规定："城市规划区内的集体所有的土地，经依法征收转为国有土地后，该宗国有土地的使用权方可有偿出让，但法律另有规定的除外。"可见，集体土地不能直接用于房地产开发，只有由国家通过征收转为国有土地后，才能依法有偿转让，成为房地产开发用地。

同时，根据《民法典》第三百四十四条的规定，建设用地使用权必须在国有土地之上设立。房地产开发的前提条件是取得建设用地使用权，因此，房地产开发用地的来源具有限制性，即房地产开发用地必须来源于国有土地。但其范围不限于地表，地上或者地下的一定空间也可以设立建设用地使用权。

（三）房地产开发用地具有经济价值和稀缺性

随着社会的发展、进步，人口的不断增加，人类生活水平的不断提高，人类对房地产的需求也日益迫切。土地是有限的、稀缺性的资源，建筑物本身虽会存在有形和无形的损耗，但土地的价格一般会不断的上涨，这就会导致整个房地产的价格在不断上涨，因而房地产具有保值和增值的作用。特别是在经济持续高速发展时期，由于固定资产投资规模的大幅度增长以及通货膨胀率居高不下，这种作用也就越加明显。

（四）房地产开发用地的使用权具有长期稳定性

《民法典》第三百五十九条第一款规定："住宅建设用地使用权期限届满的，自动续期。"第二款规定："非住宅建设用地使用权期限届满后的续期，依照法律规定办理。该土地上的房屋以及其他不动产的归属，有约定的，按照约定；没有约定或者约定不明确的，依照法律、行政法规的规定办理。"可见，住宅建设用地使用权期限届满时，应自动续期；而非住宅建设用地使用权期限届满的，则不能自动续期，只能申请续期。《城市房地产管理法》第二十二条规定，土地使用权出让合同约定的使用年限届满，土地使用者需要继续使用土地的，应当至迟于届满前一年申请续期，除根据社会公共利益需要收回该宗土地的，应当予以批准。我国相关法律法规规定住宅建设用地使用权自动续期和非住宅建设用地使用权除特殊情况外应当批准续期，表明房地产开发用地的使用权具有一定的稳定性。

只有使建设用地使用权具有相对的稳定性，才能鼓励和促进建设用地使用权人投入必要的资金，从事长期的投资开发经营活动，因此，建设用地使用权的期限一般都比较长。《城镇国有土地使用权出让和转让暂行条例》规定了不同用途的建设用地使用权的最高年限：①居住用地七十年；②工业用地五十年；③教育、科技、文化、卫生、体育用地五十年；④商业、旅游、娱乐用地四十年；⑤综合或者其他用地五十年。

第二节　房地产开发与规划管理

一、房地产开发的基本原则

《城市房地产开发经营管理条例》第三条规定："房地产开发经营应当按照经济效益、社会效益、环境效益相统一的原则，实行全面规划、合理布局、综合开发、配套建设。"根据上述规定，房地产开发的原则主要体现在以下几个方面。

（一）严格执行城市规划的原则

我国《城市房地产管理法》第二十五条中明确规定："房地产开发必须严格执行城市规划。"城市规划是城市人民政府对城市建设进行宏观调控和微观管理的重要措施，也是对城市房地产开发进行合理控制、实现土地资源合理配置的有效手段。它是城市开发、城市建设和城市管理的依据。科学制定和执行城市规划，是合理利用城市土地，合理安排各项建设，指导城市有序、协调发展的保证。因此，城市规划区内各种建设工程的选址和布局必须符合城市规划的要求，服从城市规划的管理。我国《城乡规划法》对此做出了明确要求。房地产开发项目的审批，土地的使用，房地产的用途，建筑物的间距、高度及容积率都必须严格按规划执行。

（二）全面规划、合理布局、综合开发、配套建设的原则

全面规划要求房地产开发一方面要执行城市总体规划，另一方面要对房地产开发区进行科学合理规划。合理布局要求不论是在城市新区还是旧区进行房地产开发，各项开发项目的选址、定点等，都不得妨碍城市的发展，危害城市的安全，破坏城市的环境，影响城市的各项功能。综合开发要求房地产开发企业要统一承担开发区的勘测、设计、征地、拆迁，进行道路、给水、排水、供电、供气、供热、通讯、绿化等工程建设，并统一承担住宅、生活服务设施、商业网点、文教卫生等建筑的建设，逐渐形成完整的住宅小区，满足人们多方面的需求。配套建设要求各综合开发单位配套进行房屋、各项市政公用和生活服务设施建设，我国《城市房地产开发管理条例》第十四条明确规定："房地产开发项目的开发建设应当统筹安排配套基础设施，并根据先地上、后地下的原则实施。"

（三）经济效益、社会效益、环境效益相统一的原则

在房地产开发中，经济效益、社会效益和环境效益三者相互依存、相互促进，缺一不可，是一个统一的整体。因此，在房地产市场结构形成的过程中，一定要避免出现只注重经济效益而忽略社会效益和环境效益的现象。这一方面要引导房地产投资者树立全局观念、长远观念，服从社会整体利益，自觉地遵守城市规划的各项法规、技术规范；另一方面，管理部门要通过一系列的法律法规、政策去规范房地产投资者的行为，抑制投资者单纯追求经济效益的倾向。

为贯彻经济效益、社会效益和环境效益相统一原则，《城市房地产开发经营管理条例》第十一条规定："确定房地产开发项目，应当坚持旧区改建和新区建设相结合的原则，注重开发基础设施薄弱、交通拥挤、环境污染严重以及危旧房屋集中的区域，保护和改善城市生态环境，保护历史文化遗产。"

二、房地产开发的规划管理

我国《城市房地产开发经营管理条例》第十条规定，房地产开发项目的确定，应当符合土地利用总体规划、年度建设用地计划和城市规划、房地产开发年度计划的要求。国家对房地产开发建设的规划管理主要体现在以下几个方面。

(一)土地利用总体规划控制

土地利用总体规划是在一定区域内，根据国家社会经济可持续发展的要求和当地的自然、经济、社会条件，对土地的开发利用、治理、保护在空间上和时间上所作的总体安排和布局。其主要作用是：划分土地利用区，明确土地利用区内的土地用途和使用条件，为土地开发、使用和整治提供依据，为政府审批农地转用、划定基本农田保护区提供依据。《土地管理法》第四条明确规定："国家编制土地利用总体规划，规定土地用途，将土地分为农用地、建设用地和未利用地。严格限制农用地转为建设用地，控制建设用地总量，对耕地实行特殊保护。""使用土地的单位和个人必须严格按照土地利用总体规划确定的用途使用土地。"

房地产开发建设对土地的使用，必须符合土地利用总体规划确定的土地用途。房地产开发用地使用权的出让，必须与土地利用总体规划相一致。这就将房地产开发建设用地纳入了土地利用规划管理的范围。房地产开发必须符合土地利用总体规划的要求。建设用地规划许可证和规划条件是城乡规划主管部门对土地利用进行宏观调控和指导的必要手段。对此，《城乡规划法》明确规定，规划条件必须作为国有土地使用权出让合同的组成部分，未确定规划条件的地块，不得出让国有土地使用权。同时还规定，建设单位在签订国有土地使用权出让合同后，应当向城市、县人民政府城乡规划主管部门申请领取建设用地规划许可证。因此，对于规划条件未纳入国有土地使用权出让合同的，应当认定该国有土地使用权出让合同无效。因国有土地使用权出让合同无效给当事人造成损失的，有关部门应当分清责任，依照有关法律规定给予赔偿。

(二)城市规划控制

城市规划是城市在一定时期内的发展目标及城市建设的综合部署和城市发展建设的蓝图。它是城市开发、建设和管理的依据。由于城市土地的数量相对稳定，随着人口的不断增长，土地供求矛盾日益突出，城市规划作为科学利用土地资源的一种措施在城市土地资源的优化配置、保证城市建设健康发展方面，起着十分重要的作用。《城乡规划法》第三条第一款规定，城市、镇应当依照本法制定城市规划和镇规划。城市、镇规划区内的建设活动应当符合规划要求。具体讲，城市规划对房地产开发建设的管理和控制，主要体现在以下几个方面。

(1)根据《城乡规划法》第三十六条，按照国家规定需要有关部门批准或者核准的建设项目，以划拨方式提供国有土地使用权的，建设单位在报送有关部门批准或者核准前，应当向城乡规划主管部门申请核发选址意见书。

（2）根据《城乡规划法》第三十七条，在城市、镇规划区内以划拨方式提供国有土地使用权的建设项目，经有关部门批准、核准、备案后，建设单位应当向城市、县人民政府城乡规划主管部门提出建设用地规划许可申请，由城市、县人民政府城乡规划主管部门依据控制性详细规划核定建设用地的位置、面积、允许建设的范围，核发建设用地规划许可证。建设单位在取得建设用地规划许可证后，方可向县级以上地方人民政府土地主管部门申请用地，经县级以上人民政府审批后，由土地主管部门划拨土地。

（3）根据《城乡规划法》第三十八条，在城市、镇规划区内以出让方式提供国有土地使用权的，在国有土地使用权出让前，城市、县人民政府城乡规划主管部门应当依据控制性详细规划，提出出让地块的位置、使用性质、开发强度等规划条件，作为国有土地使用权出让合同的组成部分。未确定规划条件的地块，不得出让国有土地使用权。以出让方式取得国有土地使用权的建设项目，在签订国有土地使用权出让合同后，建设单位应当持建设项目的批准、核准、备案文件和国有土地使用权出让合同，向城市、县人民政府城乡规划主管部门领取建设用地规划许可证。城市、县人民政府城乡规划主管部门不得在建设用地规划许可证中，擅自改变作为国有土地使用权出让合同组成部分的规划条件。

（4）根据《城乡规划法》第四十条，在城市、镇规划区内进行建筑物、构筑物、道路、管线和其他工程建设的，建设单位或者个人应当向城市、县人民政府城乡规划主管部门或者省、自治区、直辖市人民政府确定的镇人民政府申请办理建设工程规划许可证。

（5）根据《城乡规划法》第四十四条，在城市、镇规划区内进行临时建设的，应当经城市、县人民政府城乡规划主管部门批准。临时建设和临时用地规划管理的具体办法，由省、自治区、直辖市人民政府制定。

（6）根据《城乡规划法》第四十五条，县级以上地方人民政府城乡规划主管部门按照国务院规定对建设工程是否符合规划条件予以核实。未经核实或者经核实不符合规划条件的，建设单位不得组织竣工验收。

政府通过行使规划管理权对房地产开发建设的各个环节进行规划控制，约束房地产开发行为，将房地产开发项目的工程建设纳入规划控制的轨道，保证城市房地产开发符合城市规划的要求，进而实现城市建设的目标。

（三）房地产开发用地计划管理制度

为了贯彻珍惜和合理利用土地的基本国策，促进国民经济和社会的长期稳定发展，综合协调和统筹安排各种用地需求，保证国家重点建设项目用地，制止乱占滥用土地，自1987年起，我国开始对建设用地实行计划管理，正式编制并下达了第一个全国性的土地利用方面的计划，即《全国非农业建设占用耕地年度计划》，1998年改称《建设用地计划》。随着1987年《建设用地计划管理暂行办法》的实施，我国的建设用地计划管理制度得以确立，并在此后的实践中不断得到完善。1998年修订的《土地管理法》中进一步明确规定，"各级人民政府应当加强土地利用计划管理，实行建设用地总量控制"，从而使我国的建设用地计划管理制度在法律上得到确认。1999年，国土资源部发布了《土地利用年度计划管理办法》，并经过2004年10月、2006年11月、2016年5月3次修订，使我国的土地利用年度计划管理制度进一步得到完善。

2003 年国土资源部发布的《关于加强土地供应管理促进房地产市场持续健康发展的通知》明确指出，土地供应是调控房地产市场的基本手段，各地要充分发挥土地供应对房地产市场的调控作用，促进房地产市场持续健康发展。必须严格实行土地供应的集中统一管理。同一城市范围内的各类房地产开发用地必须纳入当地政府的统一供应渠道。房地产开发用地应符合土地利用总体规划和土地利用年度计划，严格控制占用耕地。

房地产开发用地一般都属于建设用地而且用地数量比较大，自然应符合国家土地利用计划管理的要求，并纳入当地的土地利用年度计划。尽管房地产开发用地的使用权依法应以出让的方式取得，但土地使用权出让作为建设用地供给的方式，无疑也要纳入计划管理的范围，纳入国家下达的地方年度建设用地计划。出让国有土地的数量，必然要受到建设用地计划和土地利用年度计划的制约。可见，房地产开发建设用地，无论通过何种方式取得土地使用权，都应在土地利用年度计划内安排，服从国家土地利用计划管理的要求。

（四）国土空间规划控制

2019 年 5 月 23 日，《中共中央 国务院关于建立国土空间规划体系并监督实施的若干意见》正式印发，标志着国土空间规划体系构建工作正式全面展开。我国《土地管理法》第十八条规定，国家建立国土空间规划体系。经依法批准的国土空间规划是各类开发、保护、建设活动的基本依据。已经编制国土空间规划的，不再编制土地利用总体规划和城乡规划。建立国土空间规划体系并监督实施，将主体功能区规划、土地利用规划、城乡规划等空间规划融合为统一的国土空间规划，实现"多规合一"，强化国土空间规划对各专项规划的指导约束作用，是党中央、国务院作出的重大部署。

国土空间规划是国家空间发展的指南、可持续发展的空间蓝图，是各类开发保护建设活动的基本依据，其出台对于城乡规划行业而言是一次深刻的变革，反映出我国对房地产一级市场即土地使用权出让市场的政策风向的引导。明确划定三区(生态空间、农业空间、建设空间)、三线(生态保护红线、永久基本农田保护红线、城镇开发边界)的要求，是在对整个区域进行全域全要素的管控，强调底线思维、保护生态环境、提倡做减量规划、盘活存量土地，避免一级市场批地过多过滥导致土地资源的浪费。自然资源部办公厅在《关于加强国土空间规划监督管理的通知》中明确规定，不在国土空间规划体系之外另行编制审批新的空间类规划，规范了在城镇规划建设区外占地集中建设的乱象，对房地产开发有了一定的约束。

第三节　建设用地使用权的取得

一、建设用地使用权概述

（一）建设用地使用权的概念

房地产开发的前提条件是取得建设用地使用权。《民法典》第三百四十四条规定，建设用地使用权人依法对国家所有的土地享有占有、使用和收益的权利，有权利用该土地建造建筑物、构筑物及其附属设施。建设用地使用权是指建设用地使用权人对国家所有的土地享有占有、使用、收益以及利用该土地建造建筑物、构筑物及其附属设施的权利。

（二）建设用地使用权的分类

根据不同的标准，建设用地使用权可以划分为不同的类型：

1. 出让建设用地使用权与划拨建设用地使用权

根据建设用地权的取得方式，建设用地使用权可以分为出让建设用地使用权与划拨建设用地使用权。《城市房地产管理法》第八条、第二十三条规定，土地使用权出让是指国家将国有土地使用权（以下简称"土地使用权"）在一定年限内出让给土地使用者，由土地使用者向国家支付土地使用权出让金的行为。土地使用权划拨是指县级以上人民政府依法批准，在土地使用者缴纳补偿、安置等费用后将该幅土地交付其使用，或者将土地使用权无偿交付给土地使用者使用的行为。

房地产开发用地原则上应以出让方式取得，在特殊情况下，可以划拨取得。但这只是例外的规定，是为了防止随意扩张划拨土地的适用范围，造成国有资产的流失，《民法典》第三百四十七条明确规定，严格限制以划拨方式设立建设用地使用权。

出让建设用地使用权与划拨建设用地使用权的区别主要在于：①有偿性不同。取得出让建设用地使用权须支付出让金，即出让建设用地使用权的取得是有偿的；而取得划拨建设用地使用权无须支付出让金，即划拨建设用地使用权的取得是无偿的。②流转程度不同。出让建设用地使用权可以转让、互换、出资、赠与、抵押，而划拨建设用地使用权除法律另有规定外，不得转让、互换、出资、赠与、抵押。③期限限制不同。出让建设用地使用权有明确的期限限制，而划拨建设用地使用权一般没有期限的限制。

2. 经营性建设用地使用权与公益性建设用地使用权

根据建设用地使用权的设立目的，建设用地使用权可以分为经营性建设用地使用权与公益性建设用地使用权。经营性建设用地使用权是指出于工业、商业、旅游、商品住宅等目的而设立的建设用地使用权；公益性建设用地使用权是指为行使国家行政管理职能，兴办教育、科学、文化、卫生、体育等各类公益事业，维护国防安全等目的而设立的建设用地使用权。

区分经营性建设用地使用权与公益性建设用地使用权的主要意义在于：在建设用地使用权的设立上，必须注意区别土地使用的目的。凡经营性建设用地使用权，原则上应采用出让方式设立；凡公益性建设用地使用权，原则上应采用划拨方式设立。

3. 住宅建设用地使用权与非住宅建设用地使用权

根据建设用地使用权的设立目的是否供居住使用，建设用地使用权可以分为住宅建设用地使用权与非住宅建设用地使用权。住宅建设用地使用权是指以从事住宅开发建设为目的而设立的建设用地使用权；非住宅建设用地使用权是指以从事工业、商业、旅游等住宅建设以外的其他建设为目的而设立的建设用地使用权。

《民法典》第三百五十九条第一款规定："住宅建设用地使用权期限届满的，自动续期。"而《民法典》第三百五十九条第二款规定："非住宅建设用地使用权期限届满后的续期，依照法律规定办理。该土地上的房屋以及其他不动产的归属，有约定的，按照约定；没有约定或者约定不明确的，依照法律、行政法规的规定办理。"可见，住宅建设用地使用权期间届满时，应自动续期，而非住宅建设用地使用权期间届满的，则不能自动续期，只能申请续期。《城市房地产管理法》第二十二条规定，土地使用权出让合同约定的使用年限届满，土地使用者需要继续使用土地的，应当至迟于届满前一年申请续期，除根据社会公共利益需要收回该幅土地的，应当予以批准。

4. 普通建设用地使用权与空间建设用地使用权

根据建设用地使用权所支配的土地范围，建设用地使用权可以分为普通建设用地使用权与空间建设用地使用权。《民法典》第三百四十五条明确规定："建设用地使用权可以在土地的地表、地上或者地下分别设立。"以地表为权利支配客体的建设用地使用权，为普通建设用地使用权；以土地地表之上的一定空间和地表之下的一定空间为支配客体的建设用地使用权，为空间建设用地使用权。

二、建设用地使用权的设立

(一)建设用地使用权设立的概念

建设用地使用权的设立是指国家作为土地所有权人与相对人之间通过出让、划拨等方式，将对土地的占有、使用和收益的权利转移给相对人，由相对人在其之上建造建筑物、构筑物及其附属设施。建设用地使用权主要依设立行为而取得。

(二)建设用地使用权设立的特点

具体来说，建设用地使用权的设立有如下特点：

1. 建设用地使用权必须在国有土地之上设立

《民法典》第三百四十四条明确规定，建设用地使用权是设立在国有土地上的。

2. 建设用地使用权的设立主要采取出让或者划拨等方式

《民法典》第三百四十七条规定，设立建设用地使用权，可以采取出让或者划拨等方式。因此，设立建设用地使用权的原因，可以是法律行为(如建设用地使用权出让合同)，也可以是事实行为(如采取划拨方式设立建设用地使用权)。

3. 建设用地使用权的设立应当进行登记

《民法典》第三百四十九条规定："设立建设用地使用权的，应当向登记机构申请建设用地使用权登记。建设用地使用权自登记时设立。"根据该规定，一方面，即便当事人签订了土地出让合同，但如果没有办理登记手续，当事人之间只是形成了债的关系，而没有创设物权；另一方面，建设用地使用权自登记时设立，只有完成了登记，作为物权的建设用地使用权才得以产生。

三、建设用地使用权的出让

(一)建设用地使用权出让的概念和特点

根据《城市房地产管理法》第八条、《城镇国有土地使用权出让和转让暂行条例》第八条的规定，建设用地使用权出让是指国家以土地所有权人的身份将建设用地使用权在一定年限内让与建设用地使用权人，并由建设用地使用权人向国家支付建设用地使用权出让金的行为。建设用地使用权的出让有如下特点：

1. 建设用地使用权出让合同由市、县人民政府自然资源主管部门代表国家签订

《城市房地产管理法》第十五条规定："土地使用权出让合同由市、县人民政府土地管

理部门与土地使用者签订。"建设用地使用权出让转移的是国有土地的使用权,国家是国有土地的所有权人,而市、县人民政府自然资源主管部门仅仅是代表国家进行建设用地使用权合同的签订。

2. 建设用地使用权出让是一种有偿、有期、要式行为

《城市房地产管理法》第十五条规定:"土地使用权出让,应当签订书面出让合同。"第十六条规定:"土地使用者必须按照出让合同约定,支付土地使用权出让金。"同时规定:"未按照出让合同约定支付土地使用权出让金的,土地管理部门有权解除合同,并可以请求违约赔偿。"

(二)建设用地使用权的出让方式

依照我国现行法律的规定,建设用地使用权出让可以采取协议、招标和拍卖方式。《招标拍卖挂牌出让国有建设用地使用权规定》还规定了"挂牌"出让方式。其中,协议出让属于协议方式,而招标出让、拍卖出让、挂牌出让属于公开竞价方式。

1. 协议方式

(1)协议出让。根据《协议出让国有建设用地使用权规定》第二条规定,协议出让国有土地使用权是指国家以协议方式将国有土地使用权在一定年限内出让给土地使用者,由土地使用者向国家支付土地使用权出让金的行为。当前国有土地使用权协议出让的实际运用情况较少。

(2)协议出让的范围。根据《协议出让国有建设用地使用权规定》第三条规定,出让国有土地使用权,除依照法律、法规和规章的规定应当采用招标、拍卖或者挂牌方式外,方可采取协议方式。

《民法典》和《招标拍卖挂牌出让国有建设用地使用权规定》规定了招标、拍卖或者挂牌方式的适用。《民法典》第三百四十九条第二款规定:"工业、商业、旅游、娱乐和商品住宅等经营性用地以及同一土地有两个以上意向用地者的,应当采取招标、拍卖等公开竞价的方式出让。"《招标拍卖挂牌出让国有建设用地使用权规定》第四条第一款规定:"工业、商业、旅游、娱乐和商品住宅等经营性用地以及同一宗地有两个以上意向用地者的,应当以招标、拍卖或者挂牌方式出让。"同时明确,前款规定的工业用地包括仓储用地,但不包括采矿地。

可见,除工业、商业、旅游、娱乐和商品住宅等经营性用地外,同一地块只有一个意向用地者的,市、县人民政府自然资源主管部门可采取协议方式出让。

(3)协议出让的程序。编制、批准、公布国有土地使用权出让计划。根据《协议出让国有建设用地使用权规定》第7条规定,市、县人民政府国土资源行政主管部门应当根据经济社会发展计划、国家产业政策、土地利用总体规划、土地利用年度计划、城市规划和土地市场状况,编制国有土地使用权出让计划,报同级人民政府批准后组织实施。国有土地使用权出让计划经批准后,市、县人民政府国土资源行政主管部门应当在土地有形市场等指定场所,或者通过报纸、互联网等媒介向社会公布。因特殊原因,需要对国有土地使用权出让计划进行调整的,应当报原批准机关批准,并按照前款规定及时向社会公布。

国有土地使用权出让计划应当包括年度土地供应总量、不同用途土地供应面积、地段以及供地时间等内容。根据《协议出让国有建设用地使用权规定》第八条的规定,国有土地

使用权出让计划公布后，需要使用土地的单位和个人可以根据国有土地使用权出让计划，在市、县人民政府国土资源行政主管部门公布的时限内，向市、县人民政府国土资源行政主管部门提出意向用地申请。市、县人民政府国土资源行政主管部门公布计划接受申请的时间不得少于 30 日。根据《协议出让国有建设用地使用权规定》第十条的规定，对符合协议出让条件的，市、县人民政府国土资源行政主管部门会同城市规划等有关部门，依据国有土地使用权出让计划、城市规划和意向用地者申请的用地项目类型、规模等，制定协议出让土地方案。协议出让土地方案应当包括拟出让地块的具体位置、界址、用途、面积、年限、土地使用条件、规划设计条件、供地时间等。根据《协议出让国有建设用地使用权规定》第十一条的规定，市、县人民政府国土资源行政主管部门应当根据国家产业政策和拟出让地块的情况，按照《城镇土地估价规程》的规定，对拟出让地块的土地价格进行评估，经市、县人民政府国土资源行政主管部门集体决策合理确定协议出让底价。协议出让底价不得低于协议出让最低价。根据《协议出让国有建设用地使用权规定》第十二条的规定，协议出让土地方案和底价经有批准权的人民政府批准后，市、县人民政府国土资源行政主管部门应当与意向用地者就土地出让价格等进行充分协商，协商一致且议定的出让价格不低于出让底价的，方可达成协议。根据《协议出让国有建设用地使用权规定》第十三条的规定，市、县人民政府国土资源行政主管部门应当根据协议结果，与意向用地者签订《国有土地使用权出让合同》。根据《协议出让国有建设用地使用权规定》第十四条的规定，《国有土地使用权出让合同》签订后 7 日内，市、县人民政府国土资源行政主管部门应当将协议出让结果在土地有形市场等指定场所，或者通过报纸、互联网等媒介向社会公布，接受社会监督。公布协议出让结果的时间不得少于 15 日。根据《协议出让国有建设用地使用权规定》第十五条的规定，土地使用者按照《国有土地使用权出让合同》的约定，付清土地使用权出让金、依法办理土地登记手续后，取得国有土地使用权。

2. 公开竞价方式

（1）建设用地使用权出让的公开竞价方式包括招标出让、拍卖出让和挂牌出让。《招标拍卖挂牌出让国有建设用地使用权规定》第二条规定，招标出让国有建设用地使用权，是指市、县人民政府国土资源行政主管部门发布招标公告，邀请特定或者不特定的自然人、法人和其他组织参加国有建设用地使用权投标，根据投标结果确定国有建设用地使用权人的行为。拍卖出让国有建设用地使用权是指出让人发布拍卖公告，由竞买人在指定时间、地点进行公开竞价，根据出价结果确定国有建设用地使用权人的行为。挂牌出让国有建设用地使用权是指出让人发布挂牌公告，按公告规定的期限将拟出让宗地的交易条件在指定的土地交易场所挂牌公布，接受竞买人的报价申请并更新挂牌价格，根据挂牌期限截止时的出价结果或者现场竞价结果确定国有建设用地使用权人的行为。

（2）公开竞价的适用范围。公开竞价方式的适用包括两种情形，一是工业、商业、旅游、娱乐和商品住宅等各类经营性用地，应当以招标、拍卖或者挂牌方式出让；二是同一宗地有两个以上意向用地者的，应当采用招标、拍卖或者挂牌方式出让。

（3）以竞价方式取得建设用地使用权的规则。编制、批准并公布国有建设用地使用权出让年度计划。根据《招标拍卖挂牌出让国有建设用地使用权规定》第五条规定，国有建设用地使用权招标、拍卖或者挂牌出让活动，应当有计划地进行。市、县人民政府国土资源行政主管部门根据经济社会发展计划、产业政策、土地利用总体规划、土地利用年度计划、城市规划和土地市场状况，编制国有建设用地使用权出让年度计划，报经同级人民政府批准后，及时向社会公开发布。

拟定出让方案、编制出让文件。根据《招标拍卖挂牌出让国有建设用地使用权规定》第六条规定，市、县人民政府国土资源行政主管部门应当按照出让年度计划，会同城市规划等有关部门共同拟订拟招标拍卖挂牌出让地块的出让方案，报经市、县人民政府批准后，由市、县人民政府国土资源行政主管部门组织实施。前款规定的出让方案应当包括出让地块的空间范围、用途、年限、出让方式、时间和其他条件等。根据《招标拍卖挂牌出让国有建设用地使用权规定》第七条规定，出让人应当根据招标拍卖挂牌出让地块的情况，编制招标拍卖挂牌出让文件。招标拍卖挂牌出让文件应当包括出让公告、投标或者竞买须知、土地使用条件、标书或者竞买申请书、报价单、中标通知书或者成交确认书、国有建设用地使用权出让合同文本。

发布招标、拍卖或者挂牌公告。根据《招标拍卖挂牌出让国有建设用地使用权规定》第八条、第九条规定，出让人应当至少在投标、拍卖或者挂牌开始日前20日，在土地有形市场或者指定的场所、媒介发布招标、拍卖或者挂牌公告，公布招标拍卖挂牌出让宗地的基本情况和招标拍卖挂牌的时间、地点。招标拍卖挂牌公告应当包括下列内容：①出让人的名称和地址；②出让宗地的面积、界址、空间范围、现状、使用年期、用途、规划指标要求；③投标人、竞买人的资格要求以及申请取得投标、竞买资格的办法；④索取招标拍卖挂牌出让文件的时间、地点和方式；⑤招标拍卖挂牌时间、地点、投标挂牌期限、投标和竞价方式等；⑥确定中标人、竞得人的标准和方法；⑦投标、竞买保证金；⑧其他需要公告的事项。

确定标底或者底价。根据《招标拍卖挂牌出让国有建设用地使用权规定》第十条规定，市、县人民政府国土资源行政主管部门应当根据土地估价结果和政府产业政策综合确定标底或者底价。标底或者底价不得低于国家规定的最低价标准。确定招标标底，拍卖和挂牌的起叫价、起始价、底价，投标、竞买保证金，应当实行集体决策。

(4)招标、开标程序。根据《招标拍卖挂牌出让国有建设用地使用权规定》第十三条、第十四条的规定包括以下程序：①投标人在投标截止时间前将标书投入标箱。招标公告允许邮寄标书的，投标人可以邮寄，但出让人在投标截止时间前收到的方为有效。标书投入标箱后，不可撤回。投标人应当对标书和有关书面承诺承担责任。②出让人按照招标公告规定的时间、地点开标，邀请所有投标人参加。由投标人或者其推选的代表检查标箱的密封情况，当众开启标箱，点算标书。投标人少于三人的，出让人应当终止招标活动。投标人不少于三人的，应当逐一宣布投标人名称、投标价格和投标文件的主要内容。③评标小组进行评标。评标小组由出让人代表、有关专家组成，成员人数为五人以上的单数。评标小组可以要求投标人对投标文件作出必要的澄清或者说明，但是澄清或者说明不得超出投标文件的范围或者改变投标文件的实质性内容。评标小组应当按照招标文件确定的评标标准和方法，对投标文件进行评审。④招标人根据评标结果，确定中标人。按照价高者得的原则确定中标人的，可以不成立评标小组，由招标主持人根据开标结果，确定中标人。对能够最大限度地满足招标文件中规定的各项综合评价标准，或者能够满足招标文件的实质性要求且价格最高的投标人，应当确定为中标人。

（5）拍卖会程序。根据《招标拍卖挂牌出让国有建设用地使用权规定》第十五条、第十六条的规定，拍卖会包括以下程序：①主持人点算竞买人。②主持人介绍拍卖宗地的面积、界址、空间范围、现状、用途、使用年期、规划指标要求、开工和竣工时间以及其他有关事项。③主持人宣布起叫价和增价规则及增价幅度。没有底价的，应当明确提示。④主持人报出起叫价。⑤竞买人举牌应价或者报价。⑥主持人确认该应价或者报价后继续竞价。⑦主持人连续三次宣布同一应价或者报价而没有再应价或者报价的，主持人落槌表示拍卖成交。⑧主持人宣布最高应价或者报价者为竞得人。竞买人的最高应价或者报价未达到底价时，主持人应当终止拍卖。拍卖主持人在拍卖中可以根据竞买人竞价情况调整拍卖增价幅度。

（6）挂牌程序。根据《招标拍卖挂牌出让国有建设用地使用权规定》第十七条、第十八条、第十九条的规定，挂牌包括以下程序：①在挂牌公告规定的挂牌起始日，出让人将挂牌宗地的面积、界址、空间范围、现状、用途、使用年期、规划指标要求、开工时间和竣工时间、起始价、增价规则及增价幅度等，在挂牌公告规定的土地交易场所挂牌公布。②符合条件的竞买人填写报价单报价。③挂牌主持人确认该报价后，更新显示挂牌价格。④挂牌主持人在挂牌公告规定的挂牌截止时间确定竞得人。

挂牌时间不得少于10日。挂牌期间可根据竞买人竞价情况调整增价幅度。挂牌截止应当由挂牌主持人主持确定。挂牌期限届满，挂牌主持人现场宣布最高报价及其报价者，并询问竞买人是否愿意继续竞价。有竞买人表示愿意继续竞价的，挂牌出让转入现场竞价，通过现场竞价确定竞得人。

挂牌主持人连续3次报出最高挂牌价格，没有竞买人表示愿意继续竞价的，按照下列规定确定是否成交：①在挂牌期限内只有一个竞买人报价，且报价不低于底价，并符合其他条件的，挂牌成交。②在挂牌期限内有两个或者两个以上的竞买人报价的，出价最高者为竞得人；报价相同的，先提交报价单者为竞得人，但报价低于底价者除外。③在挂牌期限内无应价者或者竞买人的报价均低于底价或者均不符合其他条件的，挂牌不成交。

（7）确定中标人、竞得人后的程序。发送中标通知书或者签订成交确认书。根据《招标拍卖挂牌出让国有建设用地使用权规定》第二十条的规定，以招标、拍卖或者挂牌方式确定中标人、竞得人后，中标人、竞得人支付的投标、竞买保证金，转作受让地块的定金。出让人应当向中标人发出中标通知书或者与竞得人签订成交确认书。中标通知书或者成交确认书应当包括出让人和中标人或者竞得人的名称、出让标的、成交时间、地点、价款以及签订国有建设用地使用权出让合同的时间、地点等内容。中标通知书或者成交确认书对出让人和中标人或者竞得人具有法律效力。出让人改变竞得结果，或者中标人、竞得人放弃中标宗地、竞得宗地的，应当依法承担责任。

签订国有建设用地使用权出让合同。根据《招标拍卖挂牌出让国有建设用地使用权规定》第二十一条的规定，中标人、竞得人应当按照中标通知书或者成交确认书约定的时间，与出让人签订国有建设用地使用权出让合同。中标人、竞得人支付的投标、竞买保证金抵作土地出让价款；其他投标人、竞买人支付的投标、竞买保证金，出让人必须在招标拍卖挂牌活动结束后5个工作日内予以退还，不计利息。

公布招标拍卖挂牌结果。根据《招标拍卖挂牌出让国有建设用地使用权规定》第二十二条规定，招标拍卖挂牌活动结束后，出让人应在 10 个工作日内将招标拍卖挂牌出让结果在土地有形市场或者指定的场所、媒介公布。出让人公布出让结果，不得向受让人收取费用。

登记并领取国有建设用地使用权证书。根据《招标拍卖挂牌出让国有建设用地使用权规定》第二十三条规定，受让人依照国有建设用地使用权出让合同的约定付清全部土地出让价款后，方可申请办理土地登记，领取国有建设用地使用权证书。未按出让合同约定缴清全部土地出让价款的，不得发放国有建设用地使用权证书，也不得按出让价款缴纳比例分割发放国有建设用地使用权证书。

四、建设用地使用权的划拨

（一）建设用地使用权划拨的概念和特点

根据《城市房地产管理法》第二十三条规定，土地使用权划拨是指县级以上人民政府依法批准，在土地使用者缴纳补偿、安置等费用后将该幅土地交付其使用，或者将土地使用权无偿交付给土地使用者使用的行为。建设用地使用权的划拨具有如下特点：

1. 建设用地使用权划拨具有行政性

根据《城市房地产管理法》第二十三条的规定，土地使用权的划拨，无论是缴纳补偿、安置费用后取得或者直接无偿取得，都需要经过人民政府依法批准。这种依法批准就是一种行政审批行为，因此建设用地使用权划拨具有行政性。

2. 建设用地使用权划拨具有无偿性

根据《城市房地产管理法》第二十三条的规定，土地使用权的划拨主要有两种形式：一是县级以上人民政府依法批准，在土地使用者缴纳补偿、安置等费用后将该幅土地交付其使用；二是县级以上人民政府依法批准，将土地使用权无偿交付给土地使用者使用的行为。建设用地使用权人虽然要缴纳补偿、安置费用，但是不必向国家支付土地出让金，补偿、安置费用不是给付建设用地使用权的对价，因此建设用地使用权的划拨具有无偿性。

3. 建设用地使用权划拨具有公益性

根据《城市房地产管理法》第二十四条规定，国家机关用地和军事用地、城市基础设施用地和公益事业用地、国家重点扶持的能源、交通、水利等项目用地、法律、行政法规规定的其他用地，确属必需的，可以由县级以上人民政府依法批准划拨。这些事项具有一定的公益性质，为了实现某些公共利益，国家将土地无偿、长期划拨给受让人使用。

4. 建设用地使用权划拨的期限具有无限性

根据《城市房地产管理法》第二十四条规定，以划拨方式取得土地使用权的，除法律、行政法规另有规定外，没有使用期限的限制。可见，除法律、行政规范另有规定外，建设用地使用权的期限具有无限性。

5. 划拨的建设用地使用权一般不得转让、出租、抵押

根据《城镇国有土地使用权出让和转让暂行条例》第四十四条的规定，划拨土地使用权，除法定情况外，不得转让、出租、抵押。

根据《城镇国有土地使用权出让和转让暂行条例》第四十五条的规定，通过划拨取得的建设用地使用权需满足以下两方面条件，其划拨土地使用权和地上建筑物、其他附着物所

有权方可转让、出租、抵押：一是经市、县人民政府土地管理部门和房产管理部门批准；二是满足如下情形：①土地使用者为公司、企业、其他经济组织和个人；②领有国有土地使用证；③具有地上建筑物、其他附着物合法的产权证明；④签订土地使用权出让合同，向当地市、县人民政府补交土地使用权出让金或者以转让、出租、抵押所获收益抵交土地使用权出让金。

(二)建设用地使用权划拨的范围

根据《土地管理法》第五十四条和《城市房地产管理法》第二十四条规定，以划拨方式取得建设用地使用权的情形主要包括：

(1)国家机关用地和军事用地。

(2)城市基础设施用地和公益事业用地。

(3)国家重点扶持的能源、交通、水利等项目用地。

(4)法律、行政法规规定的其他用地。

以上建设用地使用权的取得，确属必需的，可以由县级以上人民政府依法批准划拨。通过划拨方式取得建设用地使用权是国家为了支持公益性事业发展而创设的一种无偿、无期限限制的建设用地使用权取得方式，因此其适用受到了严格的限制。《民法典》第三百四十七条明确规定，严格限制以划拨方式设立建设用地使用权。

(三)建设用地使用权划拨的程序

根据《土地管理法》等相关法律的规定，建设用地使用权划拨包括如下程序：

1. 建设单位提出建设用地申请

经批准的建设项目，需要使用国有土地的，建设单位应当持法律、行政法规规定的有关文件，向有审批权限的县级以上人民政府自然资源主管部门提出书面建设用地申请。建设用地申请应当符合下列条件：①建设用地符合《划拨用地目录》规定的划拨用地范围；②已取得建设项目用地预审意见；③符合土地利用总体规划和城市规划；④建设项目经计划部门审批、核准、备案，并已列入年度建设计划。

2. 自然资源主管部门进行审批

在收到建设单位的建设用地申请后，县级以上人民政府自然资源主管部门应当按照标准对申报材料及内容进行审查，进行现场核实。现场核实应由两名以上工作人员进行，核实内容包括申请用地情况与所报材料反映情况是否相符。符合审查标准的，拟订供地方案(包括供地方式、面积、用途等内容)以及征收土地的补偿、安置方案，提出同意批准的审查意见，报有批准权的人民政府批准。

3. 划拨土地

有审批权限的人民政府依法批准建设用地申请后，应当颁发建设用地批准书。待完成项目用地范围内居民和原用地单位的拆迁安置补偿工作后，建设单位持该项目《建设工程规划许可证》申领办理《划拨决定书》。自然资源主管部门根据建设用地批准书，核发国有土地划拨决定书，一次或分期划拨建设用地。

4. 核发建设用地使用权证

根据《民法典》第三百四十九条的规定，建设用地使用权自登记时设立。因此，建设单位在取得国有土地划拨决定书后，应当按照规定向自然资源主管部门申请建设用地使用权登记，取得建设用地使用权证，获得建设用地使用权。

五、建设用地使用权的消灭

(一)期间届满

通过出让取得的建设用地使用权一般设有不同的期限，到期后建设用地即使可以自动续期，也需要缴纳一定的续期费用。如果土地使用人到期不按照规定申请续期或缴纳续期费用，则建设用地使用权将因期限届满而消灭。根据《城市房地产管理法》第二十二条的规定，需土地使用者在届满前1年申请续期。根据《城市房地产管理法》第二十二条第二款的规定，土地使用权出让合同约定的使用年限届满，土地使用者未申请续期或者虽申请续期但依照前款规定未获批准的，土地使用权由国家无偿收回。

(二)提前收回

根据《城市房地产管理法》第二十条的规定，国家对土地使用者依法取得的土地使用权，在出让合同约定的使用年限届满前不收回；在特殊情况下，根据社会公共利益的需要，可以依照法律程序提前收回，并根据土地使用者使用土地的实际年限和开发土地的实际情况给予相应的补偿。《民法典》第三百五十八条也规定，建设用地使用权期限届满前，因公共利益需要提前收回该土地的，应当依据本法第二百四十三条的规定对该土地上的房屋以及其他不动产给予补偿，并退还相应的出让金。

(三)土地灭失

物权的存在以物的存在为前提。因地震、火山爆发等自然灾害导致土地消灭或失去使用效能的，建设用地使用权随之灭失。根据《城市房地产管理法》第二十一条的规定，土地使用权因土地灭失而终止。

(四)行政处罚

因建设用地使用权人违反相关规定闲置土地，或者违反合同约定的土地开发利用条件的，行政机关可以进行行政处罚，包括无偿收回建设用地使用权。根据《城市房地产管理法》第二十六条的规定，以出让方式取得土地使用权进行房地产开发的，必须按照土地使用权出让合同约定的土地用途和动工开发期限进行土地开发。超过出让合同约定的动工开发日期满一年未动工开发的，可以征收相当于土地使用权出让金20%以下的土地闲置费；满两年未动工开发的，可以无偿收回土地使用权；但是，因不可抗力或者政府、政府有关部门的行为或者动工开发必需的前期工作造成动工开发迟延的除外。

延伸阅读

1. 土地使用权出让与转让，苏东，中国民主法制出版社，2015.
2. 建设用地指标市场配置法律支付研究，李新仓，中国财政经济出版社，2018.
3. 房地产法律法规，刘建利，机械工业出版社，2021.

思考题

1. 简述房地产开发的基本原则。

2. 简述建设用地使用权出让的特征和方式。

3. 简述我国近年来颁布的建设用地使用权流转的政策法规。

4. 简述建设用地使用权出让与划拨的区别。

案例分析

案情①：和昌福建公司与顺联公司、哈工大公司于 2011 年 3 月 10 日签订《项目转让协议书》，约定和昌福建公司作价 6 亿元将中心项目土地使用权、项目开发建设权利和投资收益权利全部转让给顺联公司，顺联公司将转让款支付给哈工大公司。顺联公司支付完转让款后，和昌福建公司与顺联公司办理项目资料和印鉴交接手续，顺联公司可以以和昌福建公司的名义开发建设中心项目。顺联公司法定代表人潘某及其指定的伟联公司分别于 2011 年 1 月至 2011 年 6 月分 5 期将人民币 2.8 亿元支付至哈工大公司账户，将港币 3.8 亿元支付给哈工大公司指定的成志国际有限公司账户。2011 年 4 月 6 日，和昌福建公司与哈工大公司董事长张某签订《泉州项目授权书》，授权张某全权处理中心项目转让和对外处置事宜，该授权书约定中心项目转让或处置后，授权自动终止。顺联公司与和昌福建公司为开发建设中心项目还签订了《项目合作开发协议》和《项目合作协议》。该两份协议主要约定，由顺联公司以和昌福建公司名义全权开发建设中心项目，顺联公司向和昌福建公司支付 6 亿元投资收益后，有权取得其他全部投资收益。还约定和昌福建公司配合顺联公司开发建设中心项目的细节问题，包括移交相关证件手续，提供公司印章，各方享有权利的资产范围等。

2011 年 5 月 5 日，陈某与顺联公司、伟联公司签订案涉《协议》，约定：陈某与顺联公司共同投资中心项目。陈某向顺联公司支付 6000 万元，顺联公司将其依据《项目转让协议书》所取得的开发建设中心项目并获取收益的权利中 10% 的权益转让给陈某，陈某与顺联公司对中心项目的投资比例为 1:9，双方按此投资比例享有投资权利、承担投资义务，并约定在中心项目后续开发建设需要资金时，双方协商以融资或注资等方式投入资金。该《协议》第六条、第七条还约定：陈某与顺联公司应在协议签署后 3 个月内促使成立泉州项目公司，并将中心项目资产注入该泉州项目公司，并由陈某指定人员持有该公司 10% 股权；如泉州项目公司未能按约成立，陈某有权解除《协议》，顺联公司和伟联公司应在 3 日内无条件、无息向陈某返还 6000 万元投资款。《协议》签订前，顺联公司向陈某披露了《项目转让协议书》和《泉州项目授权书》及相关土地使用权证。

2011 年 4 月 2 日，和昌福建公司作出董事会决议将中心项目建设用地无偿划转给和昌泉州公司，由和昌泉州公司负责项目的开发建设，并享有后期收益，但中心项目土地使用权等资产并未变更至和昌泉州公司名下。2012 年 2 月，顺联公司以 500 万元对价收购和昌泉州公司，2016 年 5 月 12 日，和昌泉州公司名称变更为伟隆公司。伟隆公司 100% 股权的登记股东崔某在审理期间向一审法院明确表示：伟隆公司实际由顺联公司控制。潘某自 2011 年 8 月至 2014 年 8 月担任和昌福建公司法定代表人，该期间实际经营管理和昌福建公司。2011 年至 2016 年期间，顺联公司以和昌福建公司名义开发建设中心项目，并以和

---

①源于中国裁判文书网数据库.

昌泉州公司为平台实际处理项目建设具体事宜。中心项目目前已实际建成地下四层和地上十二层主体工程。2016年1月，中心项目因欠付工程款被责令停工，该中心项目资产目前因案外债务纠纷被法院查封冻结。自陈某投资中心项目起，陈某每年均通过电话、微信以及面谈等方式与顺联公司交涉，并了解中心项目开发建设进展情况。2018年8月29日，潘某微信告知陈某："泉州项目由于原和昌福建公司名下土地不可直接转让，现在正由政府牵头，正在组织政府各部门把相关权属和建设手续落实到位，估计时间要半年才能继续工程开工"。陈某回复："好的"，并于2018年9月7日要求潘某提供泉州项目图片，向其了解解决当前问题的对策及中心项目具体预售期、投资回收期。

问题：陈某是否有权解除案涉《协议》？能否向顺联公司、伟联公司主张返还投资款及利息？

分析：陈某不具有案涉《协议》的法定解除权，无权主张解除案涉《协议》。陈某当庭明确表示放弃以约定解除权解除合同的主张，仅要求依据合同法第九十四条（现《民法典》第五百六十三条）第（四）项规定的法定解除权解除案涉《协议》，本案应重点审查顺联公司的违约行为是否致使陈某合同目的不能实现。首先，顺联公司与和昌福建公司后续签订的两份合作协议并未对《项目转让协议书》内容进行实质变更。该合作协议仅是在中心项目土地使用权无法更名的情况下，对之前转让协议内容的进一步细化，并未影响陈某因《项目转让协议书》取得的相关权益，不影响陈某实现合同目的。其次，成立泉州项目公司并非陈某在案涉《协议》中的合同目的。顺联公司未按约成立泉州项目公司，并将中心项目资产注入该公司，由陈某持有该公司10%的股份。顺联公司对此确实存在违约行为。陈某在案涉《协议》签订之初，本可以依据案涉《协议》第七条约定及时解除合同，取回相应投资款。但陈某不舍投资中心项目可能获取的较大收益，继续支付部分投资款，默认顺联公司继续以和昌福建公司的名义开发建设中心项目。由此可见，成立泉州项目公司并非陈某的合同目的，仅是陈某保障其投资收益的手段，而投资中心项目开发并取得相应项目开发收益才是陈某的真实合同目的。中心项目被责令停工，相关项目资产被法院查封，是因为用于开发中心项目的资金短缺造成的，并非是因为未成立泉州项目公司。而在房地产开发过程中，资金链断裂是投资房地产开发常见的风险。投资行为本身就是风险与收益并存，不存在仅有收益没有风险的投资，投资人不能在投资行为出现风险时就主张投资合同的目的无法实现从而解除合同。况且，根据案涉《协议》约定，在中心项目开发过程中，陈某也有义务按投资比例继续融资或注资，但当前没有证据证明陈某履行了该义务。因此，陈某对中心项目建设资金短缺问题也存在一定责任。虽然潘某未再担任和昌福建公司的法定代表人，但和昌福建公司与顺联公司签署的《项目转让协议书》并未失效，顺联公司仍有权继续以和昌福建公司的名义开发中心项目。且中心项目主体框架已在顺联公司融资运营下建成，顺联公司仍有权取得该项目开发的全部收益。一旦有新的资金注入，顺联公司完全可以控制伟隆公司继续开发中心项目。陈某依据案涉《协议》取得的该项目10%投资收益权亦未丧失。顺联公司未按约成立泉州项目公司的违约行为并未致使陈某的合同目的无法实现，即顺联公司的行为并未构成根本违约，陈某不具有法定解除权。因此，陈某依据法定解除权解除合同的主张不能成立。陈某无权解除案涉《协议》，故而不能向顺联公司、伟联公司主张返还投资款及利息。

　　案情①：2020 年 4 月 23 日，红光农场（甲方）与庞某（乙方）签订《协议书》一份，约定："甲、乙双方就乙方使用甲方工业园区内建设用地，自建住宅事宜，本着互惠互利原则，经多次磋商，达成如下协议：(1)根据双方协商，甲方同意将坐落在甲方原汽水厂后院内简易罩棚车库、车间、锅炉房及空地归乙方使用。(2)甲乙双方商定，乙方应付甲方土地补偿费共 38 万元，地上物使用补偿款 12 万元，合计 50 万元。(3)付款方式：乙方向甲方分两次支付土地、厂房使用补偿费，甲乙双方签订本协议之日，乙方向甲方支付 25 万元，于签订协议后的第 15 日支付 25 万元。(4)乙方在使用期间，拟建的有关建筑物须符合甲方整体规划和国家有关政策，不得建有污染大、噪音高、用水量多的项目。如发生违规违纪，后果由乙方自行承担一切责任。"双方在协议中还约定其他事项。红光农场认可庞某已支付合同约定的款项共计 50 万元。红光农场与庞某均未获得上述土地使用权及房屋转让经相关政府部门批准的手续。根据涉诉土地不动产权证记载，权利人为红光农场有限公司，权利类型为国有建设用地使用权/房屋（构筑物）所有权，权利性质为划拨，用途为建设用地/非居住，该证附记中记载划拨土地使用权、未经批准，不得转让、出租、抵押。

　　问题：1. 红光农场、庞某双方签订的《协议书》是否有效？

　　2. 红光农场主张返还土地及房屋是否合理？

　　分析：1. 无效。《城市房地产管理法》第四十条第一款规定，以划拨方式取得土地使用权的，转让房地产时，应当按照国务院规定，报有批准权的人民政府审批。有批准权的人民政府准予转让的，应当由受让方办理土地使用权出让手续，并依照国家有关规定缴纳土地使用权出让金。《城镇国有土地使用权出让和转让暂行条例》第四十四条、第四十五条亦明确规定，未经市、县人民政府土地管理部门和房产管理部门批准，划拨土地使用权和地上建筑物、其他附着物所有权不得转让、出租。

　　上述条款均属于效力强制性规定，据此，出租通过划拨方式取得的国有土地使用权的，应当报经相关政府土地管理部门批准，否则不允许出租。本案所涉土地为划拨取得，土地使用权人未经有批准权的人民政府审批，不具有对土地使用权进行处分的权利。对于上述划拨土地上房屋的转让，红光农场、庞某签订的《协议书》违反法律、行政法规的强制性规定，根据《民法典》第一百五十三条的规定，应认定为无效。

　　2. 合理。合同无效或者被撤销后，因该合同取得的财产，应当予以返还。现红光农场主张庞某返还涉案土地及地上简易罩棚车库、车间、锅炉房等建筑，法院依法予以支持。对于庞某因此所受损失，双方可另行解决。

---

　　①源于中国裁判文书网数据库.

第五章 房地产征收法律制度

内容提要：基于公共利益需要，国家可实施房地产征收行为，这必然会对被征收人的财产权益乃至生存权益造成极大影响。因此，房地产征收的程序和补偿等制度受到了法律的严格规范。本章对公共利益进行了详细阐释，并论述了征收和征用两种行政行为的概念、联系和区别。总体介绍了房地产征收的概念、类型、特征、基本原则和补偿制度。在土地征收和国有土地上房屋征收中，分别介绍了两种征收的概念和程序，并针对两种征收的具体补偿制度作了详细论述。

学习目标与要求：通过本章学习，理解公共利益作为土地征收和国有土地上房屋征收前提条件的重要性；理解和明晰征收与征用的概念与区别；了解房地产征收的基本原则；系统学习和把握土地征收和国有土地上房屋征收法律制度的概念、程序和补偿制度。

第一节 房地产征收法律制度概述

一、公共利益与征收、征用

(一)所有权的法律限制与公共利益

所有权是私法的经典范畴，可以谓之一切法律的核心问题。一项完整的所有权制度至少应包括两个部分，一是排斥他人干涉，此为消极面，二是准许所有人(自由)支配，此为积极面[1]。基于此，所有权人对自己的不动产或者动产，依法享有占有、使用、收益和处分的权利[2]，进而彰显所有权自由。然而，从所有权进入法律的视野以来，所有权自由总是伴随着一定限制，在各国所有权法律体系中，普遍呈现出所有权自由为基本原则，所有权限制为例外的二元结构。公法或私法在具有足够充分且正当的理由时，可对所有权进行一定限制。其中，因保护社会公共利益而对所有权进行一定限制和约束，成为各国立法和实践的重要内容。政府因公共利益需要，可以依照法定程序对私人财产所有权进行征收或征用，并依法给予补偿，这体现了现代财产权法律保护的新趋势。

征收与征用是国家限制公民、法人和其他组织所有权的行为。征用是在一定时间内限制其对财产的使用，征收则终局性地剥夺其对财产占有、使用、收益和处分的权利。因此，需要借助公共利益条款防止国家对私人财产的侵害，并且国家应当证明征收征用存在充分且正当的理由，也即"为了公共利益的需要"。在根本法层面，我国《宪法》第十条和第十三条规定，国家为了公共利益的需要，可以依照法律规定对土地和公民私有财产实行征收或者征用，并给予补偿；在法律和行政法规层面，我国《土地管理法》第二条、《城市

---

[1]易军, 2015. 所有权自由与限制视域中的单双号限行常态化, 法学, 2.
[2]《民法典》第二百四十条.

62

房地产管理法》第六条和《国有土地上房屋征收与补偿条例》第二条再次对"为了公共利益的需要"这一前提条件进行了声明，并且规定了属于公共利益的具体情形。

（二）符合公共利益的情形

尽管"公共利益"一词早已入法，但其本身是不确定的、模糊的法律概念，不仅在理论界定方面尚未达成一致意见，也在不同的法律规范中有不同的界定。

在理论研究方面，就公共利益的界定，有观点认为，土地征收应当严格限定在公共利益范畴，避免集体经营性建设用地入市制度的适用空间受到挤压，损害被征收人的财产权利[1]。也有学者建议，将公共利益类型化，提出了利益性原则、多数人享有原则、比例性原则和程序正当原则，将公共利益判断纳入程序控制[2]。在立法沿革方面，1953年《国家建设征用土地办法》第三条和1982年《国家建设征用土地条例》第四条规定，可以为"经济、文化、国防建设以及兴办社会公共事业"征用集体所有的土地，"国家建设"是征用土地的正当合法理由。从1986年《土地管理法》开始，"为了公共利益的需要"被明确为国家征收征用行为的法定前提。

2019年修订的《土地管理法》在第四十五条对"公共利益"进行了"概括加列举"式的规定，"为了公共利益的需要，有下列情形之一，确需征收农民集体所有的土地的，可以依法实施征收：①军事和外交需要用地的；②由政府组织实施的能源、交通、水利、通信、邮政等基础设施建设需要用地的；③由政府组织实施的科技、教育、文化、卫生、体育、生态环境和资源保护、防灾减灾、文物保护、社区综合服务、社会福利、市政公用、优抚安置、英烈保护等公共事业需要用地的；④由政府组织实施的扶贫搬迁、保障性安居工程建设需要用地的；⑤在土地利用总体规划确定的城镇建设用地范围内，经省级以上人民政府批准由县级以上地方人民政府组织实施的成片开发建设需要用地的；⑥法律规定为公共利益需要可以征收农民集体所有的土地的其他情形。前款规定的建设活动，应当符合国民经济和社会发展规划、土地利用总体规划、城乡规划和专项规划；第④项、第⑤项规定的建设活动，还应当纳入国民经济和社会发展年度计划；第⑤项规定的成片开发并应当符合国务院自然资源主管部门规定的标准。"该条款通过一系列的实体和程序性规定，为筛选和判断一项农民集体所有土地征收的行为是否为"为了公共利益的需要"提供了标准依据。

《国有土地上房屋征收与补偿条例》第八条同样对符合公共利益需要的具体情形进行了"概括加列举"式的规定，"为了保障国家安全、促进国民经济和社会发展等公共利益的需要，有下列情形之一，确需征收房屋的，由市、县级人民政府作出房屋征收决定：①国防和外交的需要；②由政府组织实施的能源、交通、水利等基础设施建设的需要；③由政府组织实施的科技、教育、文化、卫生、体育、环境和资源保护、防灾减灾、文物保护、社会福利、市政公用等公共事业的需要；④由政府组织实施的保障性安居工程建设的需要；⑤由政府依照城乡规划法有关规定组织实施的对危房集中、基础设施落后等地段进行旧城区改建的需要；⑥法律、行政法规规定的其他公共利益的需要"。一方面，该条款明确公共利益应当符合"保障国家安全、促进国民经济和社会发展"的概括性要求；另一方面，该

---

①高飞，2020. 土地征收中公共利益条款适用的困境及其对策，学术月刊，4.
②王利明，2009. 论征收制度中的公共利益，政法论坛，2.

条款具体列举了 5 项属于公共利益的情形并作出兜底规定。

（三）征收与征用

1. 征收与征用的概念

征收是指国家为了公共利益的需要，依据法定权限和法定程序，将私人财产所有权强制性转为国家所有，并依法给予补偿的行为，是国家取得财产所有权的方式之一。根据我国《民法典》第一百一十七条规定，"为了公共利益的需要，依照法律规定的权限和程序征收、征用不动产或者动产的，应当给予公平、合理的补偿。"同时，第二百二十九条规定，"因人民法院、仲裁机构的法律文书或者人民政府的征收决定等，导致物权设立、变更、转让或者消灭的，自法律文书或者征收决定等生效时发生效力。"

征用是指国家在紧急需要下，为了公共利益的需要，依据法定权限和法定程序，限制私人财产所有权，将私人财产暂时为国家所用，并依法给予补偿的行为。征用相对于征收不发生财产所有权转移，被征用的私人财产在紧急需要条件消失或者使用完毕后，应当返还被征用人。《民法典》第二百四十五条规定，"因抢险救灾、疫情防控等紧急需要，依照法律规定的权限和程序可以征用组织、个人的不动产或者动产。被征用的不动产或者动产使用后，应当返还被征用人。组织、个人的不动产或者动产被征用或者征用后毁损、灭失的，应当给予补偿。"对于紧急需要中"等"的同类解释，《中华人民共和国突发事件应对法》第十二条、第五十二条规定，为应对突发事件可以征用单位和个人的财产；《中华人民共和国传染病防治法》第四十五条规定，传染病暴发、流行时可以征用单位和个人的财产[1]。例如，地方政府可以基于新冠疫情防控的需要向单位和个人征用应急救援所需的场地，包括体育馆、学校、酒店等。

2. 征收与征用的联系与区别

二者的联系在于：①均是行政权力对私人财产所有权的限制。②均应当遵守符合公共利益目的、程序正当合法和事先足额补偿的原则。③均只有"法律"明文规定[2]并且满足公共利益需要，国家才能对公民、法人和其他组织的私有财产进行征收、征用，体现出国家对财产征收、征用行为的审慎态度。

二者的区别在于：

（1）法律效果不同。征收是通过行政强制力转移私人财产所有权的行为，是国家取得物权所有权的方式之一。征收行为产生物权所有权变动的法律效果。征用是通过行政强制力使用私人财产，暂时获得私人财产的使用权的行为。在紧急需要条件消失或使用完毕后，应当将被征用的私人财产返还被征用人。

（2）前提条件不同。征收应当严格按照"公共利益"的标准，如军事和外交需要、基础设施建设需要、公共事业需要、扶贫搬迁、保障性安居工程建设需要和经批准的成片开发建设需要等[3]，但是不以紧急需要为适用的前提条件。征用是在抢险救灾、疫情防控等紧

---

① 参见《传染病防治法》第四十五条，"传染病暴发、流行时，根据传染病疫情控制的需要，国务院有权在全国范围或者跨省、自治区、直辖市范围内，县级以上地方人民政府有权在本行政区域内紧急调集人员或者调用储备物资，临时征用房屋、交通工具以及相关设施、设备。"

② 参见《立法法》第八条，"下列事项只能制定法律：（七）对非国有财产的征收、征用。"

③ 《土地管理法》第四十五条和《国有土地上房屋征收与补偿条例》第八条.

急需要的条件下，出于特殊的公共利益需要，是在紧急需要的情况下采取的特别措施。

（3）适用对象不同。征收的财产主要是不动产。我国法律对征收不动产的情形做了专门规定，《民法典》第一百一十七条"征收征用"条款规定的征收征用对象为"不动产或者动产"；第二百四十三条"征收"条款规定的征收对象为"集体所有的土地和组织、个人的房屋以及其他不动产"。而征用的财产既有不动产也有动产。

（4）补偿内容不同。征收会导致被征收人财产所有权的消灭，应当给予被征收人事先、公平、足额的补偿。征收集体所有土地时，还应当遵循"被征地农民原有生活水平不降低、长远生计有保障"①的补偿原则。征用是对被征用人财产使用权的暂时限制，在紧急情况消失后，如果被征用财产没有毁损、灭失的，国家应当返还被征用财产，并对被征用财产价值降低部分的损失给予适当补偿。

二、房地产征收概述

（一）房地产征收的概念

房地产征收是指国家为了公共利益的需要，依据法定权限和法定程序，对集体所有的土地、国有土地上单位和个人的房屋实行征收，并依法给予补偿的行为。房地产是我国征收法律制度中最重要、适用范围最广、与公众生活最为息息相关的对象。作为重要的生产资料、生活资料和物质性基础，房地产的征收行为必然会对被征收人的财产权益乃至生存权益造成极大影响。因此，为保障被征收人的合法权益，房地产征收的程序和补偿制度受到了法律的严格规范。

（二）房地产征收的类型

按照被征收的对象分类，我国房地产征收包括以下两类：

（1）土地征收。根据《土地管理法》第二条规定，"国家为了公共利益的需要，可以依法对土地实行征收或者征用并给予补偿。"我国土地征收的对象是集体所有的土地，具体包括农村土地、城市郊区土地、宅基地、自留地和自留山②，国家所有的土地不存在征收问题。土地征收是国家通过行政权力改变土地用途的方式之一。

（2）国有土地上的房屋征收。国家为了公共利益的需要，依据法定权限和法定程序，对国有土地上的房屋等建筑物及构筑物实行征收，并依法给予补偿。根据《城市房地产管理法》第六条和《国有土地上房屋征收与补偿条例》第二条规定，国有土地上的房屋是指国有土地上单位和个人的房屋。

（三）房地产征收的特征

（1）征收主体为国家，征收对象为集体所有的土地和国有土地上的房屋。国家是房地产征收的唯一主体，单位和个人使用土地的，需要依法定程序进行国家批准或登记③。

（2）征收行为的强制性。国家的房地产征收权由宪法和法律赋予，国家依据法定权限和法定程序，强制取得集体土地所有权和国有土地上的房屋所有权。国家强制力和国家公

---

① 《土地管理法》第四十八条.

② 《土地管理法》第九条："城市市区的土地属于国家所有。农村和城市郊区的土地，除由法律规定属于国家所有的以外，属于农民集体所有；宅基地和自留地、自留山，属于农民集体所有。"

③ 《土地管理法》第十条规定："国有土地和农民集体所有的土地，可以依法确定给单位或者个人使用。"

权力是征收行为有效实施的基础，国家具有征收房地产的法定权限和专有权力。

（3）征收程序的合法性。房地产征收是国家对土地资源和房产资源的权属调整和重新分配，对被征收人的财产利益、生活安全、生存保障影响巨大。作为一种具体行政行为，为避免滥用行政权力和保障被征收人的合法权益，房地产征收应当在法治的轨道上运行。

（4）征收目的的公益性。房地产征收是国家为了公共利益的需要而发生的一系列行政行为，公共利益是国家做出房地产征收决定的前提性条件。房地产征收强制性转移土地所有权、房屋所有权，对被征收人的生存权、财产权，对被征收地域范围内的农业、经济、社会产生重大影响，因此征收目的的公益性是征收决定的合法性来源之一。

（5）征收结果的有偿性。房地产征收的有偿性与其强制性、公益性紧密联系①。房地产征收为了公共利益需要而强制征收，是在公共利益和个人利益的协调中偏向了前者。为保障被征收人的财产权益、继续维持公益与私益的长期平衡、减少社会冲突和社会矛盾，应当对被征收人受损的财产权益进行公平补偿。

（四）房地产征收的基本原则

首先，房地产征收作为具体行政行为应当遵循行政法基本原则，包括合法行政原则、合理行政原则、程序正当原则、高效便民原则等。其次，还应当遵循以下基本原则：

（1）目的正当原则。国家为了公共利益的需要，对房地产进行合理规划和利用。在做出征收决定前，应当考虑相关因素，兼顾国家、集体和个人三者利益的协调统一，符合比例原则的内在要求，即合目的性、适当性和损害最小。

（2）程序合法原则。一是全过程公开。"阳光是最好的防腐剂。"除涉及国家秘密、商业秘密和个人隐私外，国家对于房地产征收中的行政管理内容应当做到信息公开，实现公民的知情权，做到阶段性成果公开和结果公开。二是民主决策。房屋征收补偿方案的拟定、征收决定的作出、补偿协议的签订等内容都需要通过房地产征收听证会或公告的形式，保证相关主体实质性参与和征收程序全过程民主。三是依法定程序行事。任何单位和个人不得采取暴力、威胁或者违反规定中断供水、供热、供气、供电和道路通行等非法方式迫使被征收人搬迁。禁止建设单位参与搬迁活动。

（3）公平补偿原则。房地产征收补偿的范围、方式和标准等内容应当公平合理，有利于保障被征收人的财产权益。保证房地产征收的补偿程序合法，补偿范围、补偿方式和补偿标准合理，进一步落实公共利益与私人利益的协调统一。

三、房地产征收补偿制度

（一）房地产征收补偿的概述

房地产征收补偿是指为了公共利益需要，国家依据法定权限和法定程序做出征收决定，为平衡社会公共利益和公民个人利益之间的冲突，依法给予被征收人补偿的行为。房地产作为重要的生产资料、生活资料和物质性基础，房地产征收行为必然会对被征收人的财产权益乃至生存权益造成极大影响。为弥补被征收人为公共利益做出的让步和牺牲，实现房地产征收行为的实质性正义，需要对被征收人进行公平、合理、足额的征收补偿。

---

①谭柏平，2019. 房地产法入门笔记，法律出版社.

(二)房地产征收补偿的原则

1. 公平补偿原则

公平补偿原则是指房地产征收补偿程序正当合法，补偿范围、补偿方式和补偿标准公平合理，有效保障被征收人的财产权益，落实公共利益与私人利益的协调统一。根据《国有土地上房屋征收与补偿条例》第二条规定："为了公共利益的需要，征收国有土地上单位、个人的房屋，应当对被征收房屋所有权人给予公平补偿。"有观点认为，"公平补偿"不等于公正补偿，公平市场交易是在双方有足够的认知能力、信息对称、可以自由决策的市场环境下进行的交易活动，而公平补偿是政府和财产权人在征收中博弈的结果[1]。要实现公平补偿原则，应当进一步对"公平补偿"的法律含义和落实程序进行细化。《国有土地上房屋征收与补偿条例》第十二条要求，"作出房屋征收决定前，征收补偿费用应当足额到位、专户存储、专款专用"，因此实现公平补偿原则还应当进一步符合事先补偿原则、足额补偿原则和按市场价格补偿原则。

2. 事先补偿原则

事先补偿原则是指为保障被征收人的合法财产权益，在房地产征收补偿的程序上强制要求"先补偿，后搬迁"的事先补偿模式。房地产是公民生活保障的基础，是单位最重要的生产资料。房地产征收行为必然对被征收人产生巨大影响，房地产征收法律规范应当在征收补偿方面设置一环程序性保障。国家应当在实际占有或转移被征收房地产所有权之前，预先支付征收补偿费用，否则属于违法征收行为。在对整个征收区域做出房地产征收决定时，国家应当将征收补偿费用提前"专户存储、专款专用"；在与具体被征收人签订房地产征收协议或者对具体被征收人做出房地产征收决定时，国家应当及时支付征收补偿费用。

3. 足额补偿原则

足额补偿原则是指为保障被征收人的合法财产权益，在补偿范围、补偿方式和补偿标准上，要求国家补偿的价值应当等同于被征收房地产的价值。《土地管理法》第四十七条规定："县级以上地方人民政府应当组织有关部门测算并落实有关费用，保证足额到位。"《国有土地上房屋征收与补偿条例》第十二条规定："作出房屋征收决定前，征收补偿费用应当足额到位、专户存储、专款专用。"

对于足额补偿中"足额"的认定标准，现有法条对足额补偿的范围和标准进行了客观、可计算的规范，补偿范围限于实际损失的财产性价值，而不包括主观的、带有个人情感和偏好的、预期可获得利益的补偿。有观点认为，要满足公平补偿的要求应当做到完全补偿，即对被征收人因房地产征收造成的主观价值损失和客观价值损失都予以补偿[2]。也有观点认为，补偿标准应当包括部分可以被客观化的主观价值[3]。

4. 按市场价格补偿原则

按市场价格补偿原则是指在房地产征收时，国家按照同类型、同地段、同条件的房地产市场价格对征收人予以补偿。按照市场价格补偿，将被征收财产的价值客观化，避免政府低价征收损害被征收人的合法财产权益，也避免被征收人"坐地起价"损害公共利益。按

---

①③刘连泰，2020. 征收补偿中的主观价值，法学家，2.

②房绍坤，2020. 房地产法，北京大学出版社.

照市场价格补偿标准是当前评估方式较客观、运用成本较低、运行难度较低的补偿标准，也是实践通行的做法。

第二节 土地征收法律制度

一、土地征收的概念

土地征收是指国家为了公共利益的需要，依据法定权限和法定程序，强制取得非国有土地的所有权，并依法给予补偿的行为。当前，我国土地所有权仅能通过征收方式，实现由农民集体向国家的单向转化。

二、土地征收的程序

（一）土地征收程序的前期工作

（1）土地征收需以"为了公共利益需要"为前提。《土地管理法》第四十五条对"为了公共利益的需要"的情形做了"概括加列举式"的规定，明确了农民集体所有土地征收的公共利益范围。并且，将"符合国民经济和社会发展规划、土地利用总体规划、城乡规划和专项规划"作为认定符合"为了公共利益需要"的前提性条件、程序性要求。

（2）开展现状调查和社会稳定风险评估。县级以上地方人民政府拟申请征收土地的，应当开展拟征收土地现状调查和社会稳定风险评估，并将征收范围、土地现状、征收目的、补偿标准、安置方式和社会保障等在拟征收土地所在的乡（镇）和村、村民小组范围内公告至少三十日，听取被征地的农村集体经济组织及其成员、村民委员会和其他利害关系人的意见。公告事项包括征收范围、土地现状、征收目的、补偿标准、安置方式和社会保障等。

（3）组织土地征收听证会。多数被征地的农村集体经济组织成员认为征地补偿安置方案不符合法律、法规规定的，县级以上地方人民政府应当组织召开听证会，并根据法律、法规的规定和听证会情况修改方案。

（4）办理土地征收补偿登记，组织征收土地的测算和价值评估。拟征收土地的所有权人、使用权人应当在公告规定期限内，持不动产权属证明材料办理补偿登记。县级以上地方人民政府应当组织有关部门测算并落实有关费用，保证足额到位。

（二）土地征收程序的审批工作

（1）县级以上地方人民政府申请征收土地。在完成上述前期工作后，县级以上地方人民政府可以将征收范围、土地现状、征收目的、补偿标准、安置方式和社会保障等征收事项向国务院或省、自治区、直辖市人民政府上报申请征收土地。

（2）对于永久基本农田征收的审批。国务院批准的土地征收事项包括：①永久基本农田；②永久基本农田以外的耕地超过 35hm²；③其他土地超过 70hm²。上述以外土地的，由省、自治区、直辖市人民政府批准。原则上永久基本农田经依法划定后，任何单位和个人不得擅自占用或者改变其用途。国家能源、交通、水利、军事设施等重点建设项目选址确实难以避让永久基本农田，涉及农用地转用或土地征收的，必须经国务院批准。

(3)对于农用地征收的审批。征收农用地应当先行办理农用地转用审批。①永久基本农田转为建设用地的，由国务院批准。②在土地利用总体规划确定的城市和村庄、集镇建设用地规模范围内，为实施该规划而将永久基本农田以外的农用地转为建设用地的，按土地利用年度计划分批次按照国务院规定由原批准土地利用总体规划的机关或者其授权的机关批准。在已批准的农用地转用范围内，具体建设项目用地可以由市、县人民政府批准。

(三)土地征收程序的补偿和实施程序

(1)签订补偿、安置协议。县级以上地方人民政府应当与拟征收土地的所有权人、使用权人就补偿、安置等签订协议；个别确实难以达成协议的，应当在申请征收土地时如实说明。

(2)支付土地补偿费、安置补助费等费用，并公布收支状况。实施"先搬迁，后补偿"，并对被征收人给予公平、合理、足额的补偿标准，保障被征地农民原有生活水平不降低、长远生计有保障。被征地的农村集体经济组织应当将征收土地的补偿费用的收支状况向本集体经济组织的成员公布，接受监督。

(3)组织实施土地征收。依照法定程序批准后，由县级以上地方人民政府予以公告并组织实施。

三、土地征收的补偿

(一)土地征收补偿的范围

根据《民法典》第二百四十三条和《土地管理法》第四十八条规定，征收土地应当依法及时足额支付土地补偿费、安置补助费以及农村村民住宅、其他地上附着物和青苗等的补偿费用，并安排被征地农民的社会保障费用。另外，为实施城市规划进行旧城区改建收回农民集体所有的土地的，应当对土地使用权人给予适当补偿。省、自治区、直辖市应当制定公布区片综合地价，确定征收农用地的土地补偿费、安置补助费标准，并制定土地补偿费、安置补助费分配办法。

(1)土地补偿费是指国家对被征收人因失去土地造成损失的补偿。我国的土地补偿费往往按照法定标准对被征收人给予补偿，实质上是对村民在土地上的投入的补偿，并非等同于土地价格。

(2)安置补助费是指为安置因土地征收而失去主要生产资料和生活来源的被征收人的补助性费用。为被征收人另觅住处、等待安置、重新就业或投资提供过渡性保障。

(3)地上附着物补偿费是指对被征收土地上建筑物和构筑物的补偿，包括房屋、水井、道路、管线、水渠等的拆迁和恢复费以及被征收土地上林木的补偿或者砍伐费等①。

(4)青苗补偿费是指国家征用土地时，农作物正处在生长阶段而未能收获，国家应给予土地承包者或土地使用者的经济补偿②。

(5)其他附着物的补偿费是指征收土地需要迁移铁路、公路、高压电线、通讯线、广

---

①②广西省桂林市临桂区自然资源局：关于《桂林市市辖区青苗和地上附着物补偿标准的通知》http：//lingui. dnr. gxzf. gov. cn/zdxx/zdzs/t6208592. shtml.

播线等，要编制投资概算，列入初步设计概算报批。拆迁农田水利设施及其他配套建筑物、水井、人工鱼塘、养殖场、坟墓、厕所、猪圈等的补偿，参照有关标准付给迁移费或补偿费。

（6）社会保障费用地方政府应当将被征地农民纳入相应的养老等社会保障体系，坚持"先保后征，应保必保"的原则。

在司法实践中，就农村集体土地征收补偿问题引发了一系列典型的纠纷。一是农房村民将宅基地上的房屋出卖给非农村集体经济组织成员后产生的房屋买卖合同是否有效的纠纷，这决定着征收补偿的对象和范围。山东省济南市中级人民法院认为，在权衡买卖合同无效、交易状态稳定与诚实信用原则等利益后，建议以深层诉求不具有正当性，以及拆迁补偿主体资格认定不属于民事案件受案范围为由裁定驳回诉讼请求①。二是房屋拆迁安置补偿合同纠纷。如村民将原有宅基地使用权证的房屋拆除新建住房，但新房未取得房屋产权证，在征收中对新建住房进行拆迁后，村民是否有权就新建住房的拆迁获得拆迁补偿款存在争议②。该问题各地法院暂未达成统一意见，主要是针对个案具体分析。

（二）土地征收补偿的方式

土地征收补偿的方式主要包括货币补偿、社会保障和安置补偿。

1. 货币补偿

补偿费用主要包括土地补偿费、安置补助费以及农村村民住宅、其他地上附着物和青苗等的补偿费用。

2. 社会保障

县级以上地方人民政府应当将被征地农民纳入相应的养老等社会保障体系，安排被征地农民的社会保障费用。被征地农民的社会保障费用主要用于符合条件的被征地农民的养老保险等社会保险缴费补贴。被征地农民社会保障费用的筹集、管理和使用办法，由省、自治区、直辖市制定。

3. 安置补偿

（1）住房安置。对其中的农村村民住宅，应当按照先补偿后搬迁、居住条件有改善的原则，尊重农村村民意愿，采取重新安排宅基地建房、提供安置房或者货币补偿等方式给予公平、合理的补偿，并对因征收造成的搬迁、临时安置等费用予以补偿，保障农村村民居住的权利和合法的住房财产权益。

（2）就业安置③。鼓励和要求区内劳动密集型企业优先安置本区劳动力；政府向失地农民提供园林绿化、市政维护等公益就业岗位；引导农民自主从事个体工商业经营；对高中以下学历的青年劳动力进行强制性技能培训，经费由开发区、村、个人按比例承担；通

---

① 山东省济南市中级人民法院课题组，2021. 关于审理涉房地产纠纷案件法律适用问题的调研报告，山东法官培训学院学报，4.

② 广州市中级人民法院房地产审判庭课题组，2020. 司法责任制背景下的房地产纠纷裁判尺度统一路径研究，法治论坛，1.

③ 刘乐，杨学成，2019. 开发区失地农民补偿安置及生存状况研究——以泰安市高新技术产业开发区为例，中国土地科学，4.

过各类中介机构，为失地农民提供职业介绍与就业指导服务。

(三) 土地征收补偿的标准

根据《土地管理法》第四十八条规定：①征收农用地的土地补偿费、安置补助费，由省、自治区、直辖市通过制定公布区片综合地价确定。②征收农用地以外的其他土地、地上附着物和青苗等费用，由省、自治区、直辖市制定。③农村村民住宅，应当按照先补偿后搬迁、居住条件有改善的原则，尊重农村村民意愿，采取重新安排宅基地建房、提供安置房或者货币补偿等方式给予公平、合理的补偿，并对因征收造成的搬迁、临时安置等费用予以补偿，保障农村村民居住的权利和合法的住房财产权益。④大中型水利、水电工程建设，其征收土地补偿费标准和移民安置办法，由国务院另行规定。在实践中，各地方政府根据本地的经济发展和土地征收实际情况，对具体补偿费用的数额存在差别。如《桂林市市辖区青苗和地上附着物补偿标准的通知》规定，"青苗补偿费的标准一般农作物最高按一季产值计算，如果是播种不久或投入较少，也可以按一季产值的一定比例计算"①。

值得一提的是，2019年新修订的《土地管理法》对于征收农用地的土地补偿费、安置补助费标准采取"区片综合地价"，综合考虑土地原用途、土地资源条件、土地产值、土地区位、土地供求关系、人口以及经济社会发展水平等因素，并至少每三年调整或者重新公布一次。相较于传统的"产值倍数法"，补偿标准更接近市场价值。但有学者在对"区片综合地价"实证检验后发现，区片综合地价本质上是不同于市场价值的政府指导价，其仅占土地出让价格的10%左右，与土地出让时的"市场价值"仍有较大差异②。虽然适当提高了征地补偿标准，但仍然践行的是非市场化的土地补偿观念，农民集体的土地补偿标准仍低于土地市场价格的实现③。就如何提高征收补偿标准，有学者认为，应当促使土地补偿观念转向市场化并引入税收制度进行二次分配④。也有学者认为，我国征收通行公平市场价值补偿标准，没有规定主观价值的补偿，但可以将主观价值通过社会稳定风险评估、补助和搬迁奖励部分进入补偿额⑤。

第三节　国有土地上房屋征收与补偿法律制度

一、国有土地上房屋征收的概念

国有土地上房屋征收是指国家为了公共利益的需要，依据法定权限和法定程序，对国有土地上的房屋等建筑物及构筑物实行征收，并依法给予补偿的行为。

《城市房地产管理法》第六条明确，为了公共利益的需要，国家可以征收国有土地上单位和个人的房屋，并依法给予拆迁补偿，维护被征收人的合法权益；征收个人住宅的，还

①广西省桂林市临桂区自然资源局：关于《桂林市市辖区青苗和地上附着物补偿标准的通知》http：//lingui. dnr. gxzf. gov. cn/zdxx/zdzs/t6208592. shtml.

②方涧，2019. 我国土地征收补偿标准实证差异与完善进路，中国法律评论，5.

③④高飞，2020. 土地征收中公共利益条款适用的困境及其对策，学术月刊，4.

⑤刘连泰，2020. 征收补偿中的主观价值，法学家，2.

应当保障被征收人的居住条件。具体办法由国务院规定。国务院于2011年发布的《国有土地上房屋征收与补偿条例》就国有土地上房屋征收与补偿事宜进行专门调整。需注意的是，该条例的适用范围仅为"国有土地上的房屋"，并不包括"集体土地上的房屋"。集体土地上房屋的征收问题一般由《土地管理法》进行调整，如《土地管理法》第四十八条规定："征收土地应当依法及时足额支付……农村村民住宅、其他地上附着物和青苗等的补偿费用"，以对被征收土地上的房屋等建筑物和构筑物进行补偿。

二、国有土地上房屋征收的流程

国有土地上房屋征收应当遵循决策民主、程序正当、结果公开的基本原则。因此，《条例》就征收和补偿的实施制定了一系列较为复杂的程序规则，以尽可能保障被征收人的知情权与参与权，充分彰显程序的合理正当，以实现信息公开，增强征收的公信力。

（1）为了公共利益的需要。《条例》第二条与第八条对公共利益进行了"概括加列举"式的规定。

（2）符合国民经济和社会发展规划、土地利用总体规划等规划。征收房屋的各项建设活动，应当符合国民经济和社会发展规划、土地利用总体规划、城乡规划和专项规划。保障性安居工程建设、旧城区改建，应当纳入市、县级国民经济和社会发展年度计划。

（3）上报征收补偿方案后公布。房屋征收部门拟定征收补偿方案，报市、县级人民政府。市、县级人民政府应当组织有关部门对征收补偿方案进行论证并予以公布，征求公众意见。征求意见期限不得少于30日。

（4）修改征收补偿方案。市、县级人民政府应当将征求意见情况和根据公众意见修改的情况及时公布。因旧城区改建需要征收房屋，多数被征收人认为征收补偿方案不符合本条例规定的，市、县级人民政府应当组织由被征收人和公众代表参加的听证会，并根据听证会情况修改方案。

（5）社会稳定风险评估。国有土地上房屋征收与土地征收相同，都需要以国民经济和社会发展规划和社会稳定风险评估作为程序上和实质上的前提性条件。并且，涉及人数较多、对社会稳定影响较大的征收决定，应当经政府常务会议讨论。

（6）征收补偿费用的留存。为在程序上保障房屋被征收人的合法权益，作出房屋征收决定前，征收补偿费用应当足额到位、专户存储、专款专用。

（7）调查登记房屋的征收范围。房屋征收部门应当对房屋的权属、区位、用途、建筑面积等情况组织调查登记，被征收人应当予以配合，调查结果应当在房屋征收范围内向被征收人公布。

（8）公告征收补偿方案。市、县级人民政府作出房屋征收决定后应当及时公告，并且应当载明征收补偿方案和行政复议、行政诉讼权利等事项。

（9）签订补偿协议或做出补偿决定。房屋征收部门与被征收人就补偿方式、补偿金额和支付期限、用于产权调换房屋的地点和面积、搬迁费、临时安置费或者周转用房、停产停业损失、搬迁期限、过渡方式和过渡期限等事项，订立补偿协议。在征收补偿方案确定的签约期限内达不成补偿协议，或者被征收房屋所有权人不明确的，由房屋征收部门报请作出房屋征收决定的市、县级人民政府，按照征收补偿方案作出补偿决定，并在房屋征收范围内予以公告。

（10）先补偿，后搬迁。被征收人有义务在获得补偿后，于征收协议约定或征收决定规定的时间内自行搬迁。任何单位和个人不得采取暴力、威胁或者违反规定中断供水、供热、供气、供电和道路通行等非法方式迫使被征收人搬迁。禁止建设单位参与搬迁活动。被征收人在法定期限内不申请行政复议或者不提起行政诉讼，在补偿决定规定的期限内又不搬迁的，由作出房屋征收决定的市、县级人民政府依法申请人民法院强制执行。强制执行申请书应当附具补偿金额和专户存储账号、产权调换房屋和周转用房的地点和面积等材料。

（11）建立房屋征收补偿档案，并公布补偿情况。房屋征收部门应当依法建立房屋征收补偿档案，并将分户补偿情况在房屋征收范围内向被征收人公布。

三、国有土地上房屋征收补偿

（一）国有土地上房屋征收补偿的范围

国有土地上房屋征收补偿的范围包括：①被征收房屋价值的补偿；②因征收房屋造成的搬迁、临时安置的补偿；③因征收房屋造成的停产停业损失的补偿。此外，市、县级人民政府应当制定补助和奖励办法，对被征收人给予补助和奖励。《条例》第二十四条重点列举了国有土地上房屋征收不予补偿的范围，主要包括违法建筑和超过批准期限的临时建筑。

（二）国有土地上房屋征收补偿的方式

根据《民法典》第二百四十三条和《条例》第二十一条规定，国有土地上房屋征收补偿的方式包括：

（1）货币补偿。被征收房屋的价值，由具有相应资质的房地产价格评估机构按照房屋征收评估办法评估确定。因征收房屋造成搬迁的，房屋征收部门应当向被征收人支付搬迁费。对因征收房屋造成停产停业损失的补偿，根据房屋被征收前的效益、停产停业期限等因素确定。具体办法由省、自治区、直辖市制定。

（2）房屋产权调换。被征收人选择房屋产权调换的，市、县级人民政府应当提供用于产权调换的房屋，并与被征收人计算、结清被征收房屋价值与用于产权调换房屋价值的差价。产权调换房屋交付前，房屋征收部门应当向被征收人支付临时安置费或者提供周转用房。因旧城区改建征收个人住宅，被征收人选择在改建地段进行房屋产权调换的，作出房屋征收决定的市、县级人民政府应当提供改建地段或者就近地段的房屋。

（3）住房保障。征收个人住宅，被征收人符合住房保障条件的，作出房屋征收决定的市、县级人民政府应当优先给予住房保障，具体办法由省、自治区、直辖市制定。

（三）国有土地上房屋征收补偿的标准

（1）被征收房屋价值的补偿标准。对被征收房屋价值的补偿，不得低于房屋征收决定公告之日被征收房屋类似房地产的市场价格。被征收房屋的价值，由具有相应资质的房地产价格评估机构按照房屋征收评估办法①评估确定。房地产价格评估机构应当独立、客

①参见《国有土地上房屋征收评估办法》.

73

观、公正地开展房屋征收评估工作，任何单位和个人不得干预。

（2）因征收房屋造成的搬迁、临时安置的补偿标准。因征收房屋造成搬迁的，房屋征收部门应当向被征收人支付搬迁费；选择房屋产权调换的，产权调换房屋交付前，房屋征收部门应当向被征收人支付临时安置费或者提供周转用房。

（3）因征收房屋造成的停产停业损失的补偿标准。对因征收房屋造成停产停业损失的补偿，根据房屋被征收前的效益、停产停业期限等因素确定。具体办法由省、自治区、直辖市制定，例如《北京市国有土地上房屋征收停产停业损失补偿暂行办法》《陕西省国有土地上房屋征收停产停业损失补偿办法》等。

延伸阅读

1. 土地征收中公共利益条款适用的困境及其对策，高飞，学术月刊，2020，4.
2. 我国土地征收补偿标准实证差异与完善进路，方涧，中国法律评论，2019，5.
3. 论征收制度中的公共利益，王利明，政法论坛，2009，2.
4. 公益征收法研究，房绍坤，中国人民大学出版社，2011.
5. 中国土地法制的现代化：以土地管理法的修改为中心，高圣平，法律出版社，2014.

思考题

1. 简述房地产征收与征用的联系与区别。
2. 简述公共利益对房地产征收的重要性。
3. 简述土地征收的补偿范围。
4. 简述国有土地上房屋征收的补偿范围和方式。
5. 试论国有土地上房屋征收中被征收人的权利和义务。

案例分析

案情： 2007年1月26日，A省人民政府以56号批复，同意将C区D村的集体农用地转为建设用地，同时批准将该集体农用地、集体建设用地及集体未利用地征收为国有，作为C区2006年度第三批次城镇建设用地。2014年4月29日，省住建厅向国家开发银行A省分行作出保函，证明D村棚户区改造项目已纳入2014年全国棚户区改造计划。2015年5月20日，C区政府向C区棚改办作出115号批复，同意将D村棚户区改造项目作为C区2015年度棚户区改造项目计划。

2017年4月28日，C区政府在D村村务财务公示栏、村民委员会发布9号通告：C区政府将组织相关单位对D村棚户区改造项目范围内房屋的建筑面积、权属状况、功能用途、二次装修、家庭人口、安置意向等进行调查登记，调查登记时间为2017年4月28日至2017年5月27日。同日，C区政府发布《D村棚户区改造项目房屋征收补偿方案（征求意见稿）》，并告知公示期为30日，即2017年4月28日至2017年5月27日，公示期内，如有反馈意见或建议提交至D村棚户区改造建设项目指挥部。同年7月30日，C区住建局制作了《D村棚户区改造项目社会稳定风险评估报告》，提交C区政府。同年8月8日，

C 区政府作出 1 号征收决定及《D 村棚户区改造项目房屋征收补偿安置方案》并予以公示。同年 8 月 9 日，D 村办事处公示了《关于推选房地产估价机构的通知》及附件《B 市房屋征收评估服务机构名录库》。同年 8 月 18 日，D 村办事处组织召开评估机构公司推选会议，通过抽签推选 E 房地产资产评估事务所作为评估机构，并对选定的评估机构予以公示。

甲认为，其房屋在 1 号征收决定的征收范围内，C 区政府作出的 1 号征收决定在实体和程序上违法，损害其合法权益，遂向 B 市中级人民法院起诉，请求确认 1 号征收决定违法①。

问题：1. 本案是否属于征收集体土地上的房屋问题？为什么？

2. 1 号征收决定是否符合公共利益？为什么？

3. 1 号征收决定是否符合法定程序？为什么？

分析：1. 不属于。A 省人民政府于 2007 年 1 月 26 日作出 56 号批复，将 1 号征收决定涉及的集体土地征收为国有，作为城镇建设使用土地。自该批复生效之日起，甲的被征收土地属于国家征收的原属于农民集体所有的国有土地，故 C 区政府征收甲的房屋属于对国有土地上房屋进行征收。

2. 符合。D 村棚户区改造项目已纳入 2014 年全国棚户区改造计划，并经 C 区政府研究同意列入 C 区 2015 年度棚户区改造项目计划，故 C 区政府作出的 19 号征收决定符合公共利益。

3. 不符合。涉案征收补偿费用没有实现足额到位、专户专储、专款专用。

---

①载于中国裁判文书网数据库.

第六章　房地产转让与租赁法律制度

内容提要：房地产转让与租赁是房地产交易的主要形式。本章重点介绍了商品房买卖合同，包括合同的主要内容、示范文本的运用，商品房的交付以及"预售"与"现售"制度等。就房地产租赁法律制度，主要介绍了房屋租赁合同的主要内容、双方的权利义务、特殊效力、登记备案以及建设用地使用权租赁的限制条件。

学习目标与要求：着重掌握房地产转让中的允许与限制条件、商品房买卖合同的主要内容、预售的条件、承租人与出租人的主要权利与义务、在房屋租赁中的特殊效力，了解房地产转让的基本原则、商品房销售广告的规范、房屋租赁备案程序、建设用地使用权租赁的有关制度。

第一节　房地产转让与租赁法律制度概述

一、房地产转让的概念与特征

依照我国《城市房地产管理法》第三十七条的规定，房地产转让是指房地产权利人通过买卖、赠与或者其他合法方式将其房地产转移给他人的行为。房地产转让是房地产交易的主要形式，其具有以下特征：

（一）房地产转让的当事人具有平等的法律地位

房地产转让的主体是房地产权利人和房地产受让人。房地产权利人包括房产所有权人和土地使用权人，非房地产权利人不能成为房地产转让法律关系的转让方。房地产受让人包括自然人、法人和非法人组织。房地产转让是平等主体之间进行的一种民事行为，双方处于平等的法律地位，任何一方不得将自己的意志强加给对方，并可以根据自己的意愿就房地产的质量、价格、履行期限、履行方式、履行地点等进行平等协商。

（二）房地产转让的客体具有特殊性

房地产是房产和地产的总称，主要包括土地使用权、地上建筑物或者其他附着物所有权等，这由房屋与土地在物质形态上的不可分割性所决定的。作为转让标的的房屋及其占用范围内的土地使用权，必须是现行法律允许转让的，并且没有权属争议，属于转让方有权处分的房地产；房地产转让标的不合法，转让行为即无效，不受法律保护。

（三）房地产转让是要式行为

房地产转让属于要式法律行为，转让、受让双方经协商达成协议后，应当签订书面合同，载明土地使用权取得的方式，双方确定的权利、义务及其他必要的条款。《城市房地产管理法》第四十一条规定："房地产转让，应当签订书面转让合同，合同中应当载明土地使用权取得的方式。"目前，很多地方的政府主管部门都提供房屋买卖的合同规范文本，供交易者使用或参考。合法有效的书面合同是房地产转让的双方当事人主张权利的重要保障，也是在发生纠纷时确定法律责任的重要依据。

（四）房地产转让形式具有多样性

依照《城市房地产管理法》第三十七条的规定，房地产转让的形式包括买卖、赠与以及其他合法形式。为适应社会发展，满足不断变化的社会需求，《城市房地产转让管理规定》对"其他合法形式"作出解释，即房地产转让的其他合法形式包括：以房地产作价入股、与他人成立企业法人或其他组织，房地产权属发生变更的；一方提供土地使用权，另一方提供资金，合资、合作开发经营房地产，而使房地产权属发生变更的；因企业被收购、兼并或合并，房地产权属随之转移的；以房地产抵债的；法律、法规规定的其他情形。

二、房地产转让的原则

房地产转让行为是平等民事主体之间的民事法律行为，当事人之间法律地位平等，房地产转让行为除了需遵循意思自治、诚实信用等基本民事法律原则外，还需遵循下列原则：

（一）房地一体原则

房产与地产分别属于独立的不动产（权利），但基于房产与地产的物理属性，在房地产转让时，应当实行房产与地产一体处分原则，具体表现为"房随地走"和"地随房走"两项规则。对此，《房地产管理法》第三十二条规定，房地产转让、抵押时，房屋的所有权和该房屋占用范围内的土地使用权同时转让、抵押。

（二）价格管理原则

房地产交易价格是房地产转让中的关键要素，因此，为加强宏观调控，国家对房地产转让实行价格管理原则[①]，主要有：

1. 房地产价格指导制度

《城市房地产管理法》第三十三条规定："基准地价、标定地价和各类房屋的重置价格应当定期确定并公布。具体办法由国务院规定。"其中基准地价是指在一定时期内按照不同的土地区域、土地级别、土地用途，经评定测算出来的建设用地使用权单位面积的平均价格，其可反映地价总体变化趋势，是一定区域的平均价格。标定地价是指为满足建设用地使用权出让、转让、抵押等房地产交易而确定的具体地价，根据市场行情、地块面积、地貌特征、容积率、微观区位、土地使用年限来综合评定。房屋重置价格即房屋时价，是指按照当前的建筑技术、建筑材料、人力费用等条件，重新建造同类结构、式样、质量标准的房屋的价格。

2. 房地产价格评估制度

《城市房地产管理法》第三十四条规定："国家实行房地产价格评估制度。房地产价格评估，应当遵循公正、公平、公开的原则，按照国家规定的技术标准和评估程序，以基准地价、标定地价和各类房屋的重置价格为基础，参照当地的市场价格进行评估。"

3. 房地产成交价格申报制度

《城市房地产管理法》第三十五条规定："国家实行房地产成交价格申报制度。房地产权利人转让房地产，应当向县级以上地方人民政府规定的部门如实申报成交价，不得瞒报

---

①袁家仪，杨守信，2001. 房地产法学，中国法制出版社.

或者作不实的申报。"

建立以上制度，可有效规范房地产市场交易秩序，发挥"有形的手"的作用，同时有利于政府加强税费管理与控制。

（三）公示原则

根据我国采取的物权变动模式，房地产物权的变动除要求具备债权合意之外，还需要进行登记，才产生物权变动的效力。我国实行土地使用权和房屋所有权登记发证制度，登记作为公示方法，是权利变动的生效要件。依照《城市房地产管理法》的规定，房地产转让或者变更时，应当向县级以上地方人民政府房产管理部门申请房产变更登记，并凭变更后的房屋所有权证书向同级人民政府土地管理部门申请土地使用权变更登记，经同级人民政府土地管理部门核实，由同级人民政府更换或者更改土地使用权证书。法律另有规定的，依照有关法律的规定办理。因此，在房地产转让中，不论是建设用地使用权的转让，还是房屋所有权转让，当事人签订书面合同后，需要依照法定程序登记，才能取得相应的房地产权。除此之外，房屋登记机构认为必要时，可以就登记事项进行公告。

三、房地产转让的条件

（一）土地使用权以出让方式取得

转让以出让方式取得土地使用权的，转让房地产时，应当符合下列条件：第一，按照出让合同约定已经支付全部土地使用权出让金，并取得土地使用权证书；第二，按照出让合同约定进行投资开发，属于房屋建设工程的，完成开发投资总额的25%以上，属于成片开发土地的，形成工业用地或者其他建设用地条件；第三，转让房地产时房屋已经建成的，还应当持有房屋所有权证书。

房地产转让时，土地使用权出让合同载明的权利、义务随之转移，土地使用权的使用年限为原土地使用权出让合同约定的使用年限减去原土地使用者已经使用年限后的剩余年限。受让人改变原土地使用权出让合同约定的土地用途的，必须取得原出让方和市、县人民政府城市规划行政主管部门的同意，签订土地使用权出让合同变更协议或者重新签订土地使用权出让合同，相应调整土地使用权出让金。

（二）土地使用权以划拨方式取得

以划拨方式取得土地使用权的，转让房地产时，应当按照国务院规定，报有批准权的人民政府审批。有批准权的人民政府准予转让的，应当由受让方办理土地使用权出让手续，并依照国家有关规定缴纳土地使用权出让金。转让房地产报批时，有批准权的人民政府按照国务院规定决定可以不办理土地使用权出让手续的，转让方应当按照国务院规定将转让房地产所获收益中的土地收益上缴国家或者作其他处理。

四、房地产转让的限制

在房地产转让环节中，容易出现投机行为和牟取暴利的现象。因此，《城市房地产管理法》和《城市房地产转让管理规定》禁止以下房地产转让：

(一)以出让方式取得土地使用权的, 不符合《城市房地产管理法》第三十九条规定的条件的

《城市房地产管理法》第三十九条规定, 以出让方式取得土地使用权的, 转让房地产时应当符合下列条件:(1)按照出让合同约定已经支付全部土地使用权出让金, 并取得土地使用权证书;(2)按照出让合同约定进行投资开发, 属于房屋建设工程的, 完成开发投资总额的25%以上, 属于成长开发土地, 形成工业用地或者其他建设用地条件;转让房地产时房屋已经建成的还应当持有房屋所有权证书。因此, 在以出让方式取得土地使用权时, 若不符合第三十九条规定的条件, 则禁止转让房地产。

(二)司法机关和行政机关依法裁定、决定查封或者以其他形式限制房地产权利的

如果司法机关或者行政机关在待转让的房地产上设置了权利限制条件, 那么在权利限制条件未消除前, 该房地产是禁止转让的。例如, 被司法机关采取诉讼保全的房地产、被税务机关采取税收保全措施的房地产, 在实施保全措施期间, 该房地产是不能转让的。

(三)依法收回土地使用权的

出现法定事由时, 国家可以依照法定程序收回建设用地使用权。例如, 当土地使用权出让合同约定的使用年限届满, 土地使用者未申请续期或者虽申请续期但未获批准的, 土地使用权由国家无偿收回;在特殊情况下, 国家根据社会公共利益的需要, 也可以依照法定程序提前收回土地使用权。在土地使用权被依法收回时, 土地使用者不再是该项房地产的权利主体, 当然无权利再转让该房地产。

(四)共有房地产, 未经其他共有人书面同意的

不论是共同共有还是按份共有, 全体共有人都是共有房地产的权利主体, 但各共有人享有的权利并不是独立存在的。对共有房地产的处置与全体共有人的利益密切关联, 其权利行使须由全体共有人共同行使。因此, 法律为稳定法律秩序, 保护其他共有人的权利, 维护经济活动的有序, 对此设置了严格条件, 即转让共有房地产时, 必须征得其他共有人的书面同意。

(五)权属有争议的

房地产权属存在争议, 意味着其权属尚未界定清楚。若允许其转让, 将会使权利争议进一步复杂化, 最终损害真正权利人或受让方的合法权益。因此, 法律禁止权属有争议的房地产转让。

(六)未依法登记领取权属证书的

登记和发证是确认房地产权属的法律依据, 未依法登记领取权属证书, 无法确认转让人是否为真正的房地产权利人。若以未依法登记的房地产为客体进行房地产转让, 难以保证交易安全, 不利于对当事人合法权益的保护和市场秩序的稳定。因此, 法律从保护善意相对人和稳定经济秩序的角度考量, 禁止该类情形的房地产转让。

(七)法律、行政法规规定禁止转让的其他情形

这是房地产转让的禁止条件中的一项兜底性条款。根据我国有关法律的规定, 某些具有特殊情况的房地产也是不能转让的, 例如, 已被国家列入文物保护范围的房产, 已被国家列入征收范围的房产等。

五、房地产租赁

房地产租赁也是房地产交易的常见形式，主要包括对建设用地使用权的租赁以及房屋的租赁。

(一)房屋租赁的分类

1. 根据租赁房屋的所有权性质，可以分为公房租赁与私房租赁

公房租赁是以国家所有或集体所有的房屋作为租赁物的租赁；私房租赁是以私有房屋作为租赁物的租赁。区分公房租赁与私房租赁的主要意义在于，在公房租赁中，除存在租赁这种民事关系外，还存在公房的行政管理与被管理关系，法律特别规定较多；而私房租赁则更能体现出当事人的意思自治。

2. 根据租赁房屋的使用性质，可以分为住宅用房租赁和非住宅用房租赁

住宅用房租赁是以生活居住为目的的房屋租赁。非住宅用房租赁主要是指住宅用房以外的房屋租赁，包括以营利为目的的生产用房租赁和经营用房租赁，以及其他非住宅性质的房屋租赁。

依照《城市房地产管理法》规定，住宅用房的租赁，执行国家和房屋所在城市人民政府规定的租赁政策。而租用房屋从事生产、经营活动的，由租赁双方协商议定租金和其他租赁条款。可见，对于不同适用性质的房屋租赁应采取不同的管理政策。

(二)房屋租赁的主要规范

房屋租赁的主要规范包括：①由全国人大常委会发布的《城市房地产管理法》；②我国《民法典》合同编关于租赁合同的规定；③住房和城乡建设部发布的《商品房屋租赁管理办法》；④最高人民法院制定的《关于审理城镇房屋租赁合同纠纷案件具体应用法律若干问题的解释》。

第二节　商品房买卖合同

一、商品房的概念及特点

买卖是人们日常生活中最常见的商品交换活动，也是我国房地产转让的主要方式。这里的房地产买卖是指房地产权利人将其房屋所有权连同其占用范围内的土地使用权，依法转移给受让人，由受让人向其支付价款的行为。

在现行的《民法典》《城市房地产管理法》《城市房地产开发经营管理条例》《城市商品房预售管理办法》《城市房地产转让管理规定》《商品房销售管理办法》《最高人民法院关于审理商品房买卖合同纠纷案件适用法律若干问题的解释》中均未对商品房买卖作出明确规定，但1987年原国家计划委员会、城乡建设环境保护部、国家统计局发布《关于加强商品房屋建设计划管理的暂行规定》(现已失效)第一条规定："商品房屋是指由开发公司综合开发，建成后出售的住宅、商业用房以及其他建筑物。凡是自建或委托施工单位建设或者参加统建；又是自己使用的住宅和其他建筑物，不属于商品房屋范围。"商品房具有以下特征：

（一）由特定建设主体建造

商品房的建设主体是房地产开发企业，即依法设立，以营利为目的，具有企业法人资格的从事房地产开发和经营的经济实体。

（二）以营利目的而建造

商品房是为进入商品流通领域获取利润而开发建设的房屋，非此目的而建造的房屋不属于商品房。例如，政府向低收入的城镇常住居民户口的家庭提供的廉租住房；政府提供政策优惠，限定建设标准、供应对象和销售价格，具有保障性质的经济适用房。

（三）取得预售许可的期房

根据我国相关法律法规，能够进入预售阶段的房屋必须是已取得预售许可的尚在建设中的房屋。商品房预售就是在整体竣工前，预售人即将房屋出售给预购人，由预购人支付价款；待房屋竣工后，预售人依据预售合同的约定交付房屋并办理房屋产权的交付。

（四）买受人能够取得完全的产权，房屋可以自由流通

买受人可以取得完全的产权、并能够自由转让的房屋才是商品房的最本质的特性。房屋只有通过自由流通才可以回归它作为商品的本性。

二、商品房买卖合同

（一）商品房买卖合同概念

房地产转让的要式性决定了在商品房销售过程中出卖人与买受人需要签订商品房买卖合同。商品房买卖合同是指房地产开发企业（即出卖人）将尚未建成或者已竣工的房屋向社会销售并转移房屋所有权于买受人，买受人支付价款的合同。

（二）商品房买卖合同的主要内容

依照《商品房销售管理办法》第十六条的规定，商品房买卖合同主要内容包括：①当事人名称或者姓名和住所；②商品房的基本状况；③商品房的销售方式；④商品房价款的确定方式及总价款、付款方式、付款时间；⑤交付使用条件及日期；⑥装饰、设备标准承诺；⑦供水、供电、供热、燃气、通信、道路、绿化等配套基础设施和公共设施的交付承诺和有关权益、责任；⑧公共配套建筑的产权归属；⑨面积差异的处理方式；⑩办理产权登记有关事宜；⑪解决争议的方法；⑫违约责任；⑬双方约定的其他事项。

（三）商品房买卖合同的示范文本

为了进一步规范商品房交易行为，保障交易当事人的合法权益，住房和城乡建设部、工商总局于 2014 年印发了《商品房买卖合同示范文本》，使用示范文本，可以减少双方当事人为协商而花费的时间和精力。商品房买卖合同示范文本对于不具有专业知识，处于弱势地位的购房人来说是有利的，所以《商品房销售管理办法》第二十三条规定，房地产开发企业应当在订立商品房买卖合同之前向买受人明示《商品房买卖合同示范文本》。

（四）商品房销售广告

销售广告不仅能够激发消费，而且能够指导消费。但在商品房的销售中，出卖人为了提高销售价格和数量，会通过夸张或虚假的广告宣传推销商品房，很多买受人在签订商品房买卖合同后才发现所购商品房的真实情况与广告明显不符。故而，《房地产广告

发布规定》第三条明确要求房地产广告必须真实、合法、科学、准确，不得欺骗、误导消费者。

1. 商品房销售广告的法律性质

《民法典》第四百七十三条第一款规定："要约邀请是希望他人向自己发出要约的表示。拍卖公告、招标公告、招股说明书、债券募集办法、基金招募说明书、商业广告和宣传、寄送的价目表等为要约邀请。"可见商业广告和宣传一般被认为属于要约邀请。但是其第二款补充到若商业广告和宣传的内容符合要约条件的，构成要约。最高人民法院《关于审理商品房买卖合同纠纷案件适用法律若干问题的解释》第三条规定："商品房的销售广告和宣传资料为要约邀请，但是出卖人就商品房开发规划范围内的房屋及相关设施所作的说明和允诺具体确定，并对商品房买卖合同的订立以及房屋价格的确定有重大影响的，应当视为要约。该说明和允诺即使未载入商品房买卖合同，亦应当视为合同内容，当事人违反的，应当承担违约责任。"

可见，商品房销售广告一般应定性为要约邀请。但是，如果商品房销售广告内容符合要约的条件，即内容具体确定（如在广告中说明了商品房销售许可证号、商品房的地理位置、环境、面积、质量、物业管理情况，此说明对买受人订立买卖合同等具有重大影响），并且表明经受要约人承诺，要约人即受该意思表示约束，那么该销售广告构成要约，买受人因之而做出购买之意思表示构成承诺，达成意思合意，合同成立生效，广告内容即成为合同内容。

2. 虚假广告引起的法律责任

在商品房销售广告构成要约时，买受人的购买意思表示构成承诺，合同成立生效。如果商品房实际情况与广告不符，则出卖人应向买受人承担违约责任，买受人可以请求更换商品房、减少价款等，甚至可以解除合同。

在商品房销售广告仅为要约邀请时，买受人因信赖广告的真实性而发出要约，与出卖人订立买卖合同，但又发现真实情况与广告不符的，由于广告内容并不能成为合同内容，导致买受人无法追究出卖人的违约责任。但是，这并不意味着出卖人可以随意发布虚假广告。《商品房销售管理办法》第十四条规定："房地产开发企业、房地产中介服务机构发布商品房销售宣传广告，应当执行《中华人民共和国广告法》《房地产广告发布规定》等有关规定，广告内容必须真实、合法、科学、准确。"依照《中华人民共和国广告法》（以下简称《广告法》）第五十六条，违反本法规定，发布虚假广告，欺骗、误导消费者，使购买商品或者接受服务的消费者的合法权益受到损害的，由广告主依法承担民事责任。广告经营者、广告发布者不能提供广告主的真实名称、地址和有效联系方式的，消费者可以要求广告经营者、广告发布者先行赔偿。因此，房地产开发企业等作为广告主发布虚假的商品房销售广告，除应依《广告法》《房地产广告发布规定》等承担行政责任外，还须向受损害的买受人承担民事责任。

（五）商品房买卖的交付义务

1. 交付的商品房的质量

房地产开发商应当保证交付的商品房质量合格，交付的商品房质量不合格的，应承担保修责任。此外，如果因房屋主体结构质量不合格不能交付使用，或者房屋交付使用后，房屋主体结构质量经核验确属不合格，或因房屋质量问题严重影响正常居住使用，买受人有权要求解除合同并赔偿损失。

2. 商品房的风险负担

当事人可以约定商品房的风险负担，如果没有约定，依照如下规则处理：房屋毁损、灭失的风险，在交付使用前由出卖人承担，交付使用后由买受人承担；买受人接到出卖人的书面交房通知，无正当理由拒绝接收的，房屋毁损、灭失的风险自书面交房通知确定的交付使用之日起由买受人承担。当事人如果没有特别约定，对房屋的转移占有，视为房屋的交付使用。

3. 销售方逾期交付商品房及办理房屋权属证书的违约责任

依照最高人民法院《关于审理商品房买卖合同纠纷案件适用法律若干问题的解释》的相关规定，在下列情况下，销售方应当承担逾期交付商品房及办理房屋权属证书的违约责任：

(1)销售方逾期交付使用房屋的，应当按照商品房买卖合同约定的违约金数额或者损害赔偿计算方法，支付违约金或损失赔偿额。如果合同没有约定的，应当按照逾期交付使用房屋期间，有关主管部门公布或者有资格的房地产评估机构评定的同地段同类房屋租金标准确定。

(2)由于出卖人的原因，买受人在下列期限届满未能取得房屋权属证书的，除当事人有特殊约定外，出卖人应当按照合同约定承担支付违约金或赔偿损失的违约责任：①商品房买卖合同约定的办理房屋所有权登记的期限；②商品房买卖合同的标的物为尚未建成房屋的，自房屋交付使用之日起 90 日；③商品房买卖合同的标的为已竣工房屋的，自合同订立之日起 90 日。如果合同没有约定违约金或者损失赔偿额计算方法，可以按照已付房款总额，参照中国人民银行规定的金融机构计收逾期贷款利息的标准计算。

(六) 商品房的保修责任

房地产开发企业应当对所售商品房承担质量保修责任，当事人应当就保修范围、保修期限、保修责任等作出约定。

1. 住宅质量保证书

《商品房销售管理办法》第三十二条规定，销售商品住宅时，房地产开发企业应当向买受人提供《住宅质量保证书》。《住宅质量保证书》是房地产开发企业对销售的商品住宅承担质量责任的法律文件，是对购房人最低限度的保障。在当事人没有特别约定时，房地产开发企业应当根据质量保证书承担保修责任。

依照《商品住宅实行住宅质量保证书和住宅使用说明书制度的规定》《住宅质量保证书》应当包括以下内容：工程质量监督部门核验的质量等级；地基基础和主体结构在合理使用寿命年限内承担保修；正常使用情况下各部位、部件保修内容与保修期；用户报修的单位，答复和处理的时限；商品住宅售出后，房地产开发企业委托物业服务企业等单位维修的，所委托的单位的名称等具体情况。

2. 保修期限

保修期限应当由当事人在合同中约定。为防止房地产开发企业利用优势地位约定较短的保修期限，法律规定了商品房的最低保修期限。商品住宅不得低于以下最低的保修期限：屋面防水 3 年；墙面、厨房和卫生间地面、地下室、管道渗漏 1 年；墙面、顶棚抹灰层脱落 1 年；地面空鼓开裂、大面积起砂 1 年；门窗翘裂、五金件损坏 1 年；管道堵塞 2 个月；供热、供冷系统和设备 1 个采暖期或供冷期；卫生洁具 1 年；灯具、电器开关 6 个月；其他部位、部件的保修期限，由房地产开发企业与用户自行约定。如果建设工程承包单位出具的质量保修书约定保修的存续期高于上述期限，以其出具的质量保修书的存续期为最低保修期限。非住宅商品房的保修期限不得低于建设工程承包单位向建设单位出具的质量保修书约定保修期的存续期。当事人可以约定高于上述最低期限的保修期，如果约定的保修期低于最低期限的，以法律规定的最低期限为准。保修期从交付之日起计算。

3. 保修义务的履行及保修责任的免除

在保修期限内发生的属于保修范围的质量问题，房地产开发企业应当履行保修义务。因房地产开发企业对商品房进行维修，致使房屋原使用功能受到影响，给购买人造成损失的，应当依法承担赔偿责任。出卖人拒绝修复或者在合理期限内拖延修复的，买受人可以自行或者委托他人修复。修复费用及修复期间造成的其他损失由出卖人承担。

在以下情形，房地产开发企业免除保修责任：因用户使用不当或擅自改动结构、设备位置和不当装修等造成质量问题；因不可抗力造成损坏。

第三节　商品房现售与预售

一、商品房现售的概念与特征

商品房现售是指房地产开发企业将竣工验收合格的商品房出售给买受人，并由买受人支付房价款的行为。具有以下特征：

(一)商品房现售的主体资格合法

商品房现售合同的一方主体是具有企业法人营业执照和房地产开发企业资质证书的房地产开发企业，另一方主体可以是自然人、法人或社会组织。

(二)商品房现售合同的标的是"现房"

在商品房现售形式中，该商品房已经竣工经验收合格，买受人可以直观地考量商品房的配套设施是否成熟，房屋结构是否合理，以作出是否购买的决定。

(三)现售商品房买受人的风险指数低

与预售商品房预购人相比，现售商品房买受人的风险指数更低，不必承担开发商资金链条断裂无力开发、房屋质量无法保障、公共服务设施不完善、延期交房等风险。

二、商品房现售的条件

(一)现售商品房的房地产开发企业应当具有企业法人营业执照和房地产开发企业资质证书

为了确保交易安全，没有营业执照和资质证书的企业不能从事商品房销售业务，现售商品房的房地产开发企业应当具备合法的主体资格。

(二)取得土地使用权证书或者使用土地的批准文件

这一条件是为确保现售商品房用地合法，避免买受人受领商品房之后不能办理建设用地使用权证。所谓"使用土地的批准文件"是指已经交付全部建设用地使用权出让金的证明文件或划拨土地的批准文件。

(三)持有建设工程规划许可证和施工许可证

采取现售商品房形式，房地产开发企业必须保证开发商品房的项目符合土地规划要求，买受人所购的商品房是合法建筑物。

(四)已通过竣工验收

是否通过竣工验收也是区别现售与预售的主要条件，符合工程建设质量标准，经验收合格的现售商品房方可交付使用。

(五)拆迁安置已经落实

实践中，某些房地产开发项目竣工销售后，仍然存在被拆迁人未得到妥善安置的现象，这一条件是为充分保障被拆迁人的合法权益而设置的。

(六)供水、供电、供热、燃气、通讯等配套基础设施具备交付使用条件，其他配套基础设施和公共设施具备交付使用条件或者已确定施工进度和交付日期

现售商品房是"成品"，购房人可以直接入住，现售商品房必须达到基本的使用条件以实现购房人的购房目的。然而，对于按照国家及地方的有关规定，没有或不需要配备供热、燃气、通讯等配套基础设施和公共设施的，则不在此限。

(七)物业管理方案已经落实

物业管理是购房人选择商品房的重要因素之一，这可以有效避免各购房人因选择物业管理模式产生不必要的纠纷。物业管理方案，主要包括物业管理的区域范围、物业服务企业的选聘等。

三、商品房预售的概念与特点

商品房预售，是房地产开发企业将正在建设中的房屋预先出售给承购人，由承购人支付定金或房价款的行为。商品房预售被称为"卖楼花""期房买卖"，是房地产开发企业筹措开发资金的有效途径之一，也是房地产开发企业分散和转移开发经营风险的重要手段。实践中，绝大部分商品房买卖是通过预售的方式进行的，其具有以下特点：

(一)商品房预售的主体特定

商品房预售法律关系中的预售方，必须是具备房地产开发经营资格，并符合法定条件的房地产开发企业，而商品房预售的预购方则是社会不特定的主体。

(二)商品房预售合同的标的是尚在建设中的房屋

预售的商品房是已经开工建设，处于正常施工建设状态，但尚未竣工的商品房。实质上，商品房预售是以将来的房屋所有权为标的的特殊买卖，在合同约定的期限届满、房屋建成后，预购人有权要求预售方依约交付所预购的房屋，并签订正式房屋买卖合同向其转让房屋的所有权。至此，这种期待的房产权才能变为现实的房产权。

(三)商品房预售的目的具有复合性

从预购人的角度来看，其购买预售房具有用于将来居住、保值或者投资等多重目的。

从房地产开发企业的角度看，其预售未建成之商品房，可以获得预购人的资金以兴建房屋，解决资金不足的困窘，加快开发建设速度，规避市场价格波动造成的风险。

(四)商品房预售领域具有较强的国家干预性

在"预售"这种交易方式中，预购人交付购房款项所得到的只是一种"权利"，而非现实的房屋。期房变成现房的过程中，预购人承担着很大的风险，如房屋质量达不到合同约定要求的风险、"楼房烂尾"的风险、房屋延期支付的风险及标的物毁损灭失的风险等。为降低预购人的风险，国家对商品房预售采取了一些特殊的监管措施，如交易价格申报制度、商品房预售登记备案制度、商品房预售许可制度等。此外，国家还对商品房预售法律关系的产生、变更和消灭，予以严格的管理和监督；对商品房预售的条件、程序，以及预售款的用途等都作了专门规定。

四、商品房预售的条件

房地产开发所需资金大，开发周期长，商品房预售作为房地产开发企业的一种销售方式，隐含着交易的信息不对称性和风险性。一般来说，房地产开发商在技术、信息和经济实力方面都要强于购房者，购房者在商品房预售的交易形式中承担着很大的风险，其合法权益需要相关法律制度予以保障。根据我国《城市房地产管理法》和《城市商品房预售管理办法》，商品房预售应当符合以下条件：

(一)已交付全部土地使用权出让金，取得土地使用权证书

以出让等有偿使用方式取得国有土地使用权的房地产开发企业，按照国务院规定的标准和办法，缴纳土地使用权出让金等土地有偿使用费和其他费用后，方可使用土地。而交付土地使用权出让金是取得土地使用权的前提，取得土地使用权证书是合法使用土地的标志和保证。只有具备此条件的房地产开发企业的商品预售房，才能进入市场流通。

(二)持有建设工程规划许可证

任何土地的开发、利用都须符合土地利用规划的要求。房地产开发企业在取得土地使用权后，必须按有关规定申请并领取建设工程规划许可证和施工许可证，否则，不能开工建设。

(三)按提供预售的商品房计算，投入开发建设的资金达到工程建设总投资的25%以上，并已经确定施工进度和竣工交付日期

为解决房地产转让中存在的"炒地皮"、投机牟取暴利的问题，维护国家利益、社会公共利益和当事人的合法权益，国家规定了严格的法定投资要求。房地产开发企业对土地开发建设达不到投资要求的，不得进行商品房预售。

(四)向县级以上人民政府房产管理部门办理预售登记，取得商品房预售许可证明

房地产开发企业进行商品房预售，应当向房地产管理部门申请预售许可，取得商品房预售许可证，并且按照国家有关规定将预售合同报县级以上人民政府房产管理部门和土地管理部门登记备案。同时，预售商品房款项必须用于有关的工程建设。

五、对商品房预售合同预购人的利益保护

由于商品房预售形式对预购人的风险较大，通常采取以下两种方式使预购人的利益获

得最大限度地保护。

（一）商品房预售合同登记备案

在商品房预售中，开发企业与预购人签订商品房预售合同后，应当自签约之日起30日内，向房地产管理部门和市、县人民政府土地管理部门办理商品房预售合同登记备案手续。这是为了防止房地产开发企业"一房二卖"，保障预购人的权益，维护房地产市场秩序。近年来，正在逐步推行商品房预售合同网上登记备案的方式，推行网签有以下几个好处：①房源信息公开透明。买卖双方登录网签系统即可查看所有的未售房源，基本上解决了"捂盘""惜售"的问题；②买卖双方一旦在网签系统中录入合同并提交备案后，该套房源信息即变为已售状态，无法另行网签，从而保障了购房人的权益，高效便捷；③买卖双方一经网上签约，合同提交后即时予以备案，购房人在网上能够即时查看到该套房屋已备案，节省购房人和开发企业的时间成本等。

（二）预告登记

预告登记是当事人所期待的不动产物权变动所需要的条件缺乏或者尚未成就时，法律为保护这一债权请求权而进行的登记。预购人对尚在建设的商品房虽然不享有物权，但享有债权请求权，即在请求开发商将竣工验收合格的商品房的所有权移转于自己名下的权利。因此，为保障预购人将来实现物权，开发商或者预购人可以按照约定向登记机构申请预告登记。预告登记后，未经预告登记的权利人同意，处分该不动产的，不发生物权效力，这可以在源头上防止开发商将在建商品房进行抵押等处分行为而使预购人权利落空的现象发生。

六、商品房预售中的特殊问题及处理

在长周期的房地产开发过程中，难免会出现一些不可控因素，本书就以下两类特殊问题进行阐述：

（一）项目规划、设计改变后的处理

根据《商品房销售管理办法》的规定，房地产开发企业应当按照批准的规划、设计建设商品房。商品房销售后，房地产开发企业不得擅自变更规划、设计。

如果经规划部门批准的规划变更、设计单位同意的设计变更导致商品房的结构型式、户型、空间尺寸、朝向变化，以及出现合同当事人约定的其他影响商品房质量或者使用功能情形的，房地产开发企业应当在变更确立之日起10日内，书面通知买受人。

买受人有权在通知到达之日起15日内作出是否退房的书面答复。买受人在通知到达之日起15日内未作书面答复的，视同接受规划、设计变更以及由此引起的房价款的变更。房地产开发企业未在规定时限内通知买受人的，买受人有权退房；买受人退房的，由房地产开发企业承担违约责任。

（二）预售商品房的再行转让

预售商品房的转让也被称为"楼花转让"，或"期房转让"，是指商品房预售法律关系中的预购人将所购买的尚未竣工的商品房再转让给他人的行为。《城市房地产管理法》第四十六条规定："商品房预售的，商品房预购人将购买的未竣工的预售商品房再行转让的问题，由国务院规定"。对于法律是否认可转让预售商品房的行为，存在不同的观点。

1. 禁止预售商品房再行转让的规定为效力性强制规定

法律明确规定，违反法律、行政法规的效力性强制性规定的民事法律行为无效。《全国法院民商事审判工作会议纪要》明确列举了5类强制性规定应当认定为"效力性强制性规定"，例如涉及金融安全、市场秩序、国家宏观政策等公序良俗的强制性规定。还指出，对一项强制性规定是属于"效力性强制性规定"还是"管理性强制性规定"的认定，要综合考量强制性规定所保护的法益类型、违法行为的法律后果以及交易安全保护等因素。

根据《城市房地产管理法》的规定，未依法登记领取权属证书的房地产不得转让。国务院下发的《关于做好稳定住房价格意见的通知》中明确，禁止商品房预购人将购买的未竣工的预售商品房再行转让，以防范私下交易行为。司法实践中，路振尧与孙红霞等房屋买卖合同纠纷上诉案①、陈芹诉张建胜等确认合同无效纠纷案②认为预售商品房再行转让的规定为效力性强制性规定，其转让行为无效。

2. 禁止预售商品房再行转让的规定是管理性强制规定

禁止预售商品房转让的规范的设立目的是稳定住房价格，规范房地产市场管理，所规制的对象不是转让预售商品房行为，而是行为本身之外的其他事项，即特定的管理秩序，不涉及国家利益或社会公共利益。

《城市房地产管理法》"未依法登记领取权属证书"的房屋不得转让的规定，在性质上不属于"效力性强制性规定"，不应作为认定预售商品房转让行为无效的法律依据。我国房地产有关特定房产禁止转让的行政法规和政策的规定，是管理性的禁止性规定，违反此规定，未必导致转让行为无效③。根据诚实信用原则，对没有产权证的预售商品房，只要双方意思表示真实，具备民事行为的有效要件，应认定行为有效④。

第四节 房地产租赁

一、房屋租赁

(一)房屋租赁的概念与特点

房屋租赁是指出租人将作为租赁物的房屋交付承租人使用、收益，承租人支付租金的行为。房屋租赁具有如下特点：

1. 房屋租赁的标的物为房屋

租赁可分为动产租赁与不动产租赁，房屋租赁属于不动产租赁的主要类型之一。房屋租赁以特定的房屋作为租赁物，但在出租房屋时，房屋使用范围内的土地使用权(如建设用地使用权、宅基地使用权)也应随之一并出租，并且该房屋应是法律允许出租的。依据

---

①案例源于北大法宝数据库，参见(2015)沧民终字第1744号判决书，"路振尧与孙红霞等房屋买卖合同纠纷案".
②案例源于北大法宝数据库，参见(2015)连东民初字第01538号判决书，"陈芹诉张建胜等确认合同无效纠纷案".
③北京市高级人民法院关于印发《北京市高级人民法院关于审理房屋买卖合同纠纷案件适用法律若干问题的指导意见(试行)》的通知，第三条.
④案例源于北大法宝数据库，参见(2012)豫法立二民申字第00755号裁定书，"李月英、李舢与罗利房屋买卖合同纠纷案".

我国《商品房屋租赁管理办法》的规定，有下列情形之一的房屋不得出租：属于违法建筑的；不符合安全、防灾等工程建设强制性标准的；违反规定改变房屋使用性质的；法律、法规规定禁止出租的其他情形。

2. 房屋租赁只是转移对房屋一定期限内的占有、使用、收益权

房屋租赁不同于房屋买卖，后者转移的是房屋所有权，而前者则只是转移房屋的占有、使用、收益权。依照《民法典》第七百零五条的规定，租赁期限不得超过 20 年，续订的租赁合同期限也不得超过 20 年，超过的部分无效。在房屋租赁关系存续期限届满后，承租人应返还房屋。

3. 房屋租赁为诺成、双务、有偿民事行为

在房屋租赁中，租赁关系自出租人与承租人双方意思表示一致时成立，而不以租赁房屋的实际交付为成立条件，因此，房屋租赁为诺成民事行为。在房屋租赁关系成立后，出租人与承租人均须向对方承担义务，任何一方当事人取得收益须以向对方支付对价为条件。因此，房屋租赁属于双务、有偿民事行为。

4. 房屋租赁具有继续性

在房屋租赁关系中，承租人要实现对房屋的使用收益的目的，有赖于出租人在租赁期间内持续不断地履行义务，因此，房屋租赁具有继续性。

5. 房屋租赁法律关系的建立要进行登记备案

我国对房屋租赁实行登记备案制度。因此，房屋租赁合同签订后，当事人应到房屋所在地市、县人民政府房地产管理部门登记备案。房屋出租人出租房屋时，应向房屋所在地的房地产管理部门提出申请，房屋租赁申请经市、县人民政府房地产管理部门审查合格后，开具房屋租赁登记备案证明。

(二)房屋租赁合同的主要内容及形式

房租租赁双方当事人应当签订房屋租赁合同，以明确双方权利义务。主要包括以下内容：

(1)房屋租赁当事人的姓名(名称)和住所。

(2)房屋的坐落、面积、结构、附属设施，家具和家电等室内设施状况。

(3)租金和押金数额、支付方式。

(4)租赁用途和房屋使用要求。

(5)房屋和室内设施的安全性能。

(6)租赁期限。

(7)房屋维修责任。

(8)物业服务、水、电、燃气等相关费用的缴纳。

(9)争议解决办法和违约责任。

(10)其他约定。

依照《城市房地产管理法》第五十三条、《商品房屋租赁管理办法》第七条的规定，房屋租赁，出租人和承租人应当签订书面租赁合同。可见，依上述法律规定，房屋租赁合同应为要式合同。但是，依照《民法典》第七百零七条规定，租赁期限 6 个月以上的，应当采用书面形式；当事人未采用书面形式的，视为不定期租赁。可见，依照《民法典》的规定，

租期在 6 个月以内可以不签订租赁合同。

(三)房屋租赁当事人的权利和义务

1. **出租人的权利**

出租人享有的权利主要包括：

(1)依照合同约定向承租人收取租金。

(2)在租赁合同有效期间，有权对承租人使用房屋的情况进行监督和检查。

(3)在租赁合同期满时收回出租的房屋。

2. **出租人的义务**

在出租人享有诸多权利的同时，依法应当承担相应的义务。

(1)交付房屋并在租赁期间保持房屋符合约定的用途。房屋租赁合同生效后，出租人应当按照合同约定，将房屋交付于承租人占有，并且在租赁关系存续期间应保持房屋符合合同约定的用途。

(2)维修租赁物。除法律另有规定或当事人另有约定外，出租人应承担租赁关系存续期间对租赁物进行维修的义务。

(3)瑕疵担保义务。如果房屋存在瑕疵，则出租人应当对承租人承担物的瑕疵担保责任，承租人可以要求出租人对房屋进行修理、更换，或者请求减少租金、解除合同。

3. **承租人的权利**

(1)在合同约定的期限内占有、使用房屋的权利。

(2)在租赁合同有效期内，房屋发生自然损坏时，有要求出租人及时修复的权利。

(3)在租赁合同有效期内，出租人将出租房屋转让时，承租人在同等条件下有优先购买权。

(4)在租赁合同期限届满时，出租人继续出租房屋的，承租人在同等条件下有优先承租权。

4. **承租人的义务**

(1)按房屋租赁合同约定的方式和时间交付租金，违反约定的，应承担违约责任。

(2)爱护并合理使用所承租的房屋及附属设施，不得擅自拆扩建或增添。确需对承租房屋进行改动或增添的，必须征得出租人的同意，并签订书面合同。

(3)因承租人的过错造成房屋损坏的，承租人负有修复或赔偿的义务。

(4)承租人在使用房屋期间，不得将承租的房屋擅自转租、转让、转借他人或擅自调换使用。

(5)返还租赁的房屋，在房屋租赁合同终止之后，承租人应向出租人返还租赁的房屋。并且承租人所返还房屋的状态应符合按照约定或者房屋的性质使用后的状态。

(四)房屋租赁中的特殊规定

1. **买卖不破租赁规则**

在房屋租赁合同中，出租人将租赁房屋交付承租人使用，仅仅移交的是房屋的使用权，出租人仍然享有房屋的所有权。因此，在租赁期间，出租人仍有权处分租赁房屋，将租赁房屋的所有权转移于第三人。那么，当租赁房屋的所有权发生变动后，房屋租赁合同是否受到影响呢？对此，《民法典》第七百二十五条规定："租赁物在租赁期间发生所有权变动的，不影响租赁合同的效力。"即租赁房屋所有权在租赁期间内发生转移的，不影响承租人的权利，原房屋租赁合同对新的房屋所有权人仍然有效，租赁房屋的新的所有人不得解除租赁合同。这就是所谓的"买卖不破租赁"原则，又可称为"租赁权的物权化"。这一原则突破了合同相对性原理，使租赁权具有对抗第三人的效力。

2. 承租人优先购买权

承租人的优先购买权是指在房屋租赁合同存续期间，于出租人出卖租赁房屋时，承租人在同等条件下所享有的优先购买租赁房屋的权利。《民法典》第七百二十六条第一款规定："出租人出卖租赁房屋的，应当在出卖之前的合理期限内通知承租人，承租人享有以同等条件优先购买的权利；但是，房屋按份共有人行使优先购买权或者出租人将房屋出卖给近亲属的除外。"

承租人行使优先购买权，须具备如下条件：①出租人在租赁期间内出卖租赁房屋。出租人不出卖租赁房屋，承租人无所谓的优先购买权；承租人只能在租赁合同存续期间主张优先购买权。若租赁合同已经终止，则承租人不再享有优先购买权。②在同等条件下行使。所谓"同等条件"，是指承租人与其他购买人在购买租赁房屋的价格、付款期限和方式等方面的条件相同。③在合理期间内行使。承租人优先购买权只能在合理期限内行使，超合理期限，则承租人优先购买权消灭。

(五)房屋租赁登记备案

依照我国现行法的规定，房屋租赁实行登记备案制度。签订、变更、终止租赁合同的，当事人应当向房屋所在地市、县人民政府建设(房地产)主管部门登记备案。房地产管理部门审核当事人的申请时，主要审核如下内容：合同主体是否适格，出租人与承租人是否具备相应的条件；租赁的房屋是否是法律、法规允许租赁的房屋；房屋租赁合同的内容是否完备、合法；房屋租赁手续是否完善。

依照《商品房屋租赁管理办法》第十四条的规定，房屋租赁当事人应当在租赁合同签订后30日内，持相关文件到直辖市、市、县人民政府建设(房地产)主管部门办理登记备案手续，并提交下列文件：①房屋租赁合同；②房屋租赁当事人身份证明；③房屋所有权证书或者其他合法权属证明；④直辖市、市、县人民政府建设(房地产)主管部门规定的其他材料。

二、建设用地使用权租赁

(一)建设用地使用权租赁的概念和特点

建设用地使用权租赁是指建设用地使用权人作为出租人将建设用地使用权随同地上建筑物、构筑物及其他附属设施租赁给承租人使用，由承租人向出租人支付租金的行为。建设用地使用权租赁具有如下特点：

1. 建设用地使用权租赁的标的是建设用地使用权

建设用地使用权租赁的标的是建设用地使用权，而不是土地。在建设用地使用权租赁中，承租人所取得的是建设用地使用权的使用权，即通过租赁关系，建设用地使用权人将建设用地使用权中对土地的占有、使用、收益的权能移转给承租人使用。当然，如果建设用地使用权出租时，该土地上存在建筑物、构筑物以及其他附属设施的，应与建设用地使用权一并出租。

2. 建设用地使用权租赁并不发生建设用地使用权的主体变更

建设用地使用权租赁与建设用地使用权转让、互换、赠与不同，后者发生建设用地使用权的主体变更，而前者并不发生建设用地使用权的主体变更。在建设用地使用权租赁中，出租人将建设用地使用权出租给承租人使用，承租人并没有取得建设用地使用权，而只是取得了建设用地使用权的使用权。

3. 建设用地使用权租赁受出让合同的影响

建设用地使用权人将建设用地使用权出租后，出租人仍享有建设用地使用权。因此，建设用地使用权出租后，建设用地使用权出让合同的主体并没有变化，出租人仍为出让合同的受让人。因此，建设用地使用权出租不得违反出让合同的规定，出租人必须继续履行建设用地使用权出让合同。

4. 建设用地使用权租赁是一种诺成、双务、有偿、要式民事行为

建设用地使用权租赁自出租人和承租人双方的意思表示一致时成立，不以实际交付标的物为成立条件，故建设用地使用权租赁是诺成民事行为。在建设用地使用权租赁关系成立后，双方负有对待给付义务，任何一方取得权利均须支付对价，因此，建设用地使用权租赁是双务、有偿民事行为。《城镇国有土地使用出让和转让暂行条例》第二十九条规定："土地使用权出租，出租人与承租人应当签订租赁合同。"可见，建设用地使用权租赁是一种要式行为。

(二) 建设用地使用权租赁的条件

依照我国现行法的相关规定，出让建设用地使用权原则上允许出租，而划拨建设用地使用权原则上不得出租。

关于出让建设用地使用权出租的条件，法律没有具体规定，但《城镇国有土地使用权出让和转让暂行条例》第二十八条第二款规定："未按土地使用权出让合同规定的期限和条件投资开发、利用土地的，建设用地使用权不得出租。"例如，依照《城市房地产管理法》第三十九条的规定，建设用地使用权人只有在符合下列条件时才能将建设用地使用权出租：①按照出让合同已经支付全部土地使用权出让金，并取得土地使用权证书；②按照出让合同约定进行投资开发，属于房屋建设工程的，完成开发投资总额的25%以上，属于成片开发的，形成工业用地或者其他建设用地条件。当然，如果法律禁止建设用地使用权转让的，也就不得出租。

关于划拨建设用地使用权出租问题，法律原则上是禁止的，根据《城镇国有土地使用权出让和转让暂行条例》的规定，只有在符合下列条件时，经市、县人民政府国土资源管理部门批准，才能出租：①建设用地使用权人为公司、企业、其他经济组织和个人；②领有建设用地使用证；③具有地上建筑物、其他附着物合法的产权证明；④依照法律规定签订建设用地使用权出让合同，向当地市、县人民政府补交建设用地使用权出让金或者以出租所获收益抵交出让金。可见，划拨建设用地使用权只有在转换为出让建设用地使用权之后才能设立出租，这一点与建设用地使用权抵押的要求是一致的。

(三)建设用地使用权的登记

依照我国现行法的规定,建设用地使用权租赁应当办理登记手续。《城镇国有土地使用权出让和转让暂行条例》第三十一条规定:"土地使用权和地上建筑物、其他附着物出租,出租人应当依照规定办理登记。"那么,建设用地使用权租赁登记具有何种法律效力呢?对此,法律上没有规定,理论上主要有登记生效主义和登记对抗主义两种不同的看法。登记生效主义认为,登记是建设用地使用权租赁的生效要件,未经登记的,建设用地使用权租赁不发生效力[①];登记对抗主义认为,登记只是建设用地使用权租赁的对抗要件,未经登记的,建设用地使用权租赁仅在当事人之间发生效力,不能对抗第三人[②]。

延伸阅读

1. 中华人民共和国民法典合同编释义,黄薇,法律出版社,2020.
2. 美国住房租赁法的转型,周珺,中国法制出版社,2011.
3. 住宅立法研究,周珂,法律出版社,2008.

思考题

1. 简述商品房预售与现售的区别。
2. 简述以划拨方式取得建设用地使用权,在租赁中的限制条件。
3. 简述房屋租赁备案的意义。

案例分析

案情[③]:2003 年 8 月 17 日,黄某与北京某房地产开发有限公司(以下简称房地产公司)签订了一份商品房预售合同。合同签订时,房地产公司尚未取得商品房预售许可证,黄某作为普通买受人,也未仔细核实相关材料。房屋建成后,黄某在办理入住手续时发现,该房屋客厅窗外有一根钢梁,不仅影响采光,而且有泄露黄某隐私的潜在危险性,要求房地产公司承担违约责任。在合同签订过程中,房地产公司没有以展示的样板间或其他任何宣传资料的方式向黄某明示窗外有钢梁,更没有在购房合同中约定窗外有钢梁。房地产公司表示,钢梁设计是为了小区整体美观,且经过了政府相关部门批准,符合建筑规范,不应当承担违约责任。

问题:1. 黄某是否可以诉请法院认定商品房预售合同无效?

2. 若房地产公司签订合同时具有商品房预售许可证,是否应当承担违约责任?

分析:1. 合同是否有效,需要区别不同情形进行分析。取得商品房预售许可证是房地产公司进行商品房预售的一个强制条件,本案中,黄某是否尽核查义务,不影响合同效力的认定。因此,房地产公司未取得商品房预售许可证明,与黄某订立的商品房预售合同

---

① 关涛,2004. 我国不动产法律问题专论(修订版),人民法院出版社.
② 王卫国,王广华,2002. 中国土地权利的法制建设,中国政法大学出版社.
③ 源自中华人民共和国最高人民法院公报网.

无效。但是，在黄某起诉前，房地产公司取得商品房销售许可证的，可以认定有效。

2. 房地产公司应当承担违约责任。房地产向黄某展示的沙盘和房屋模型，以及签订的商品房预售合同中均没有表明房屋外有装饰钢梁，而房地产公司实际交付给黄某的房屋却有钢梁遮挡，使黄某的权利受损。商品房预售合同基于双方意思表示订立，合法有效，房地产公司履行义务不符合约定，依法应当承担违约责任。安装钢梁是否经过行政审批与是否符合建筑规范，不能成为房地产公司构成违约的免责事由。

案情①：2020 年 3 月 17 日，赵某某与某租房公司签订房屋租赁合同，合同约定赵某某的承租期限为 10 年，从 2020 年 3 月 17 日起至 2030 年 3 月 17 日止，且一次性付清了 10 年租赁费用，赵某某于当日搬进该房屋。租房公司隐瞒了赵某某所承租房屋于 2019 年 6 月 5 日已经抵押给银行的事实，2021 年 4 月 1 日，为实现银行的抵押权，租房公司将该房屋售卖给张某某并办理转移登记。现张某某要求赵某某搬离房屋，赵某某要求继续履行合同。

问题：1. 赵某某与租房公司签订的房屋租赁合同未办理备案登记，该份合同是否有效？

2. 张某某是否有权要求赵某某搬离房屋？

3. 若租房公司在该房屋上设立抵押权的时间是 2020 年 9 月 3 日，张某某是否有权要求赵某某搬离房屋？

分析：1. 有效。房屋租赁合同为诺成合同，当满足民法典规定的有效要件时，合同成立生效，对租赁双方产生效力。设立备案登记制度是为了便于行政管理，房屋租赁备案登记是一项管理性规定，并不是效力性强制规定。即使该份房屋租赁合同没有办理备案登记，也不会影响合同效力。

2. 张某某有权要求赵某某搬离房屋。张某某享有该房屋的所有权，赵某某享有该房屋的债权，基于"物权优先于债权"的原则，张某某为恢复房屋所有权的圆满状态，有权要求赵某某搬离房屋，但需要给对方合理期限。对于租赁费用，在扣除赵某某实际租赁期限费用的剩余部分后，赵某某有权要求租房公司返还，并可以按照合同约定要求其承担违约责任。

3. 无权。根据《民法典》第七百二十五条规定，租赁物在租赁期间发生所有权变动的，不影响租赁合同的效力。张某某是在赵某某租赁期间取得房屋所有权，原有的租赁合同对张某某仍然有效，这是"物权优先于债权""合同相对性"原则的例外情形。对于租赁费用，张某某无权要求赵某某给付，但可以要求租房公司返还剩余租金，并可以按照合同约定要求租房公司承担瑕疵担保责任。

---

①源自法信数据库.

第七章　房地产抵押法律制度

内容提要：随着我国市场经济的发展，房地产抵押作为债权担保的形式已为越来越多的债权人所运用。房地产抵押权是房地产法中的一项重要内容，我国《城市房地产管理法》《民法典》及相关司法解释均对房地产抵押权作出了明确规定。本章对房地产抵押权的概念及特点作出阐述，并重点对房地产抵押权的设立、效力、实现和消灭进行分析，全面展示我国房地产抵押权的现状。

学习目标与要求：通过本章学习，重点掌握房地产抵押的概念和特点、房地产抵押权的设立、效力、实现和消灭。了解房地产抵押权的现状和发展，系统把握房地产抵押权制度。

第一节　房地产抵押概述

抵押是债的担保的一种方式，债务人或者第三人不转移财产的占有，将该财产抵押给债权人的，债务人不履行到期债务或者发生当事人约定的实现抵押权的情形，债权人有权就该财产优先受偿。抵押的目的是担保债的履行，在实践中被广泛采用，而房地产又以其现实性、稳定性、保值性、安全性等特性成为普遍采用的抵押物。

为了规范房地产抵押行为，保证房地产市场的健康发展，我国1990年制定的《城镇国有土地使用权出让和转让暂行条例》对土地使用权抵押问题作出了原则性规定；1994年颁布的《城市房地产管理法》对房地产抵押问题作了进一步规定；1995年实施的《中华人民共和国担保法》（现已废止），又对房地产抵押的一些具体的问题作了更加全面的规定；1997年建设部根据实践发展的需要，发布了专门调整房地产抵押关系的《城市房地产抵押管理办法》，使我国的房地产抵押法律制度逐步得到完善。

随着我国各项经济建设的发展，尤其是房地产业的发展，房地产抵押已成为银行贷款最主要的担保方式，极大地推动了融资担保业务，它在社会经济中发挥着十分重要的作用。抵押的意义在于所有权人既能保留财产的使用价值，又能将其交换价值提供给抵押权人，使财产发挥二重效用[1]。在房地产中，抵押的意义体现在房地产开发企业以其土地使用权及地上建筑物或建设工程进行抵押融资，既不影响其对土地的开发利用，又能为资金融通提供担保，获得开发资金。而对债权人来讲，房地产抵押为其债权的实现提供了更为可靠的保障。所以，房地产抵押在实践中得到了迅速的发展，并在社会经济生活中发挥了巨大作用。

---

[1]史尚宽，2000. 物权法论，中国政法大学出版社.

一、房地产抵押的概念和特点

（一）房地产抵押的概念

我国《城市房地产管理法》第四十七条、《城市房地产抵押管理办法》第三条均规定，房地产抵押是指抵押人以其合法的房地产以不转移占有的方式向抵押权人提供债务履行担保的行为。债务人不履行债务时，抵押权人有权依法就抵押的房地产拍卖所得的价款优先受偿。

房地产抵押关系是抵押人与抵押权人因抵押行为而形成的权利义务关系，在房地产抵押法律关系中，提供房地产作担保的债务人或第三人为抵押人，接受房地产抵押以担保自己债权实现的债权人为抵押权人。房地产抵押法律关系成立后，债务人到期不能清偿债务时，债权人依法有权以抵押的房地产折价或拍卖所得的价款优先受偿。债权人依法享有的这种权利即房地产抵押权。

（二）房地产抵押的特征

房地产抵押属于担保物权的范畴，因此，房地产抵押具有如下特点：

1. 房地产抵押不转移抵押财产的占有

在房地产抵押中，抵押人是以房地产设定抵押。根据抵押的性质，在抵押权设立后，抵押人不需要转移房地产的占有。因此，抵押权不以转移占有的方式进行公示，而是以登记方式进行公示。

2. 房地产抵押具有从属性

房地产抵押与其所担保的债权形成主从关系，受抵押权担保的债权为主权利，房地产抵押权为从权利，房地产抵押权从属于其所担保的债权。房地产抵押权的从属性表现在以下几个方面：①存在上的从属性。房地产抵押权是从属于主债权而存在的，因而，必须有主债权存在，才能有房地产抵押权的存在，房地产抵押权不能独立存在。②转移上的从属性。《民法典》第四百零七条规定："抵押权不得与债权分离而单独转让或者作为其他债权的担保。债权转让的，担保该债权的抵押权一并转让，但法律另有规定或者当事人另有约定的除外。"③消灭上的从属性。抵押权所担保之债权，如因清偿、提存、免除、混同等原因全部消灭时房地产抵押权也归于消灭。《民法典》第三百九十三条规定："有下列情形之一的，担保物权消灭：（一）主债权消灭……"，由此可见，房地产抵押权具有消灭上的从属性。

3. 房地产抵押具有不可分性

房地产抵押权的不可分性包括主债权的不可分性和担保财产的不可分性，即主债权被分割、部分灭失或转让、未被完全清偿的，或者抵押房地产被分割或部分转让，均不影响房地产抵押权的完整性，房地产抵押权人仍然有权完整地行使其抵押权。房地产抵押权的不可分性①表现在以下几个方面：①主债权被分割转让或部分转让给多人时，各个债权受

---

①《最高人民法院关于适用〈中华人民共和国民法典〉有关担保制度的解释》第三十九条："主债权被分割或者部分转让，各债权人主张就其享有的债权份额行使担保物权的，人民法院应予支持，但是法律另有规定或者当事人另有约定的除外.主债务被分割或者部分转移，债务人自己提供物的担保，债权人请求以该担保财产担保全部债务履行的，人民法院应予支持；第三人提供物的担保，主张对未经其书面同意转移的债务不再承担担保责任的，人民法院应予支持。"

让人均有权就房地产整体行使抵押权；②主债权被部分清偿时，抵押权人有权对房地产之全部行使抵押权；③主债权未受全部清偿的，抵押权人可以就房地产的全部行使其抵押权；④房地产被分割或部分转让，抵押权人有权就分割或部分转让后的房地产行使抵押权。

4. 房地产抵押具有物上代位性

房地产抵押的物上代位性是指在抵押房地产发生毁损、灭失或者被征收时，房地产抵押权的效力及于该抵押房地产的代位物。房地产抵押的代位物表现为因房地产毁损、灭失或者被征收，房地产权利人由此获得的保险金、赔偿金、补偿金等。对此，《民法典》第三百九十条对担保物权的物上代位性作了统一规定："担保期间，担保财产毁损、灭失或者被征收等，担保物权人可以就获得的保险金、赔偿金或者补偿金等优先受偿。被担保债权的履行期限未届满的，也可以提存该保险金、赔偿金或者补偿金等。"《最高人民法院关于适用〈中华人民共和国民法典〉有关担保制度的解释》（以下简称《民法典担保制度解释》）第四十二条对物上代位效力的实现程序作出了一些规定，具体分析如下：第一，抵押权依法设立后，抵押财产毁损、灭失或者被征收等，抵押权人请求按照原抵押权的顺位就保证金、赔偿金或者补偿金等优先受偿的，人民法院应予支持。即如果同一财产上有多个抵押权，则各个抵押权的物上代位效力，仍然应当按照该等抵押权原有的顺位加以实现，在先的抵押权人就代位物在担保范围优先受偿后，有剩余的，再由后顺位抵押权人在担保范围内依次优先受偿。第二，给付义务人已经向抵押人给付了保险金、赔偿金或者补偿金，抵押权人请求给付义务人向其给付保险金、赔偿金或者补偿金的，人民法院不予支持，但是给付义务人接到抵押权人要求向其给付的通知后仍然向抵押人给付的除外。该规定认可抵押权的物上代位效力的客体是保险金、赔偿金或者补偿金等代位物的给付请求权，而非保险金、赔偿金或者补偿金。因此，在抵押权人通知给付义务人向其给付后，给付义务人就不得未经抵押权人的同意而向抵押人进行给付，否则，此种给付对于抵押权人不发生效力。在抵押权人实现物上代位效力时，仍然有权要求给付义务人给付相应的保险金、赔偿金或者补偿金。至于给付义务人此前已经给付给抵押人的保险金、赔偿金或者补偿金，其有权基于不当得利而请求返还。第三，抵押权人请求给付义务人向其给付保险金、赔偿金或者补偿金的，人民法院可以通知抵押人作为第三人参加诉讼，抵押人在诉讼中属于无独立请求权第三人。

5. 房地产抵押具有优先受偿性

在债务人不履行到期债务时，抵押权人有权依照法律的规定，以用作抵押的房地产，按照法定程序进行拍卖，抵押权人可以就拍卖所得价款优先获得清偿。

6. 房地产抵押具有期限性

依照《民法典》第四百一十九条规定："抵押权人应当在主债权诉讼时效期间行使抵押权；未行使的，人民法院不予保护。"值得注意的是，抵押权的存续期间届满后，抵押权本身并不消灭，抵押权人丧失的只是受人民法院保护的权利。如果抵押人自愿履行担保义务的，抵押权人仍可以行使抵押权。

二、房地产抵押权的标的

用以设定抵押权的房地产必须是符合法定要求的，不属于法律禁止抵押之列的房地产。房地产抵押根据标的可分为房屋所有权抵押、土地使用权抵押、在建工程抵押、预购商品房贷款抵押等类型。

(一)房屋所有权是指权利人取得对房屋占有、使用、收益、处分的权利

用依法取得的房屋所有权抵押时，房屋及占用范围内的土地使用权必须同时抵押，即要遵循房产地产一体处分原则。根据《城市房地产抵押管理办法》第八条规定，下列房地产不得设定抵押：①权属有争议的房地产；②用于教育、医疗、市政等公共福利事业的房地产；③列入文物保护的建筑物和有重要纪念意义的其他建筑物；④已依法公告列入拆迁范围的房地产；⑤被依法查封、扣押、监管或者以其他形式限制的房地产；⑥依法不得抵押的其他房地产。抵押已出租的房屋时，抵押人应当将房屋出租的事实告知抵押权人，同时还应当书面告知承租人。抵押合同生效后，原租赁合同继续有效。

(二)土地使用权抵押包括出让土地使用权、划拨土地使用权以及集体土地使用权抵押

出让土地使用权是指国家以土地所有者的身份将土地使用权在一定年限内让与土地使用者，并由土地使用者向国家支付土地使用权出让金的行为，土地使用权出让应当签订出让合同。依据《城镇国有土地使用权出让和转让暂行条例》，以出让方式取得的土地使用权可以转让、出租和抵押。我国《城市房地产管理法》也明确规定，以出让的方式取得的土地使用权，可设定抵押权。出让方式取得的国有土地使用权抵押的，应当将抵押时该国有土地上的房屋同时抵押。

划拨土地使用权是指土地使用者依法通过各种方式无偿取得的土地使用权。划拨土地使用权原则上不得抵押，仅在特殊情形下可以抵押。根据《城镇国有土地使用权出让和转让暂行条例》第四十五条规定，符合下列条件，经市、县人民政府土地管理部门和房产管理部门批准，其划拨土地使用权和地上建筑物、其他附着物所有权可以转让、出租、抵押：①土地使用者为公司、企业、其他经济组织和个人；②领有国有土地使用证；③具有地上建筑物、其他附着物合法的产权证明；④依照本条例第二章的规定签订土地使用权出让合同，向当地市、县人民政府补交土地使用权出让金或者以转让、出租、抵押所获收益抵交土地使用权出让金。此外，《城市房地产管理法》规定："设定房地产抵押权的土地使用权是以划拨方式取得的，依法拍卖该房地产后，应当从拍卖所得的价款中缴纳相当于应缴纳的土地使用权出让金的款额后，抵押权人方可优先受偿。"可见，以划拨土地使用权设定抵押权是例外且附严格条件的，对未经批准擅自抵押划拨土地使用权的单位和个人，市、县人民政府土地管理部门应当没收其非法收入，并根据情节处以罚款。

依据我国《民法典》的规定，乡(镇)村企业的厂房等建筑物可以设定抵押权。以乡(镇)村企业的厂房等建筑物抵押的，占用范围内的建设用地使用权一并抵押。据此，集体土地使用权也可以成为抵押财产。

(三)在建工程抵押

随着我国房地产业的迅速发展，在建工程抵押已成为房地产开发企业贷款担保的重要形式。实践中，以在建工程作为抵押财产向银行融通资金是房地产开发经营活动中的常见现象。所谓在建工程抵押即抵押人为取得在建工程继续建造资金的贷款，以其合法取得的土地使用权连同在建工程投入的资产，以不转移占有的方式抵押给银行作为偿还贷款履行担保的行为。我国《民法典》第三百九十五条规定的 7 类可以抵押的财产中，包括了正在建造的建筑物。以在建工程设定抵押的，其担保的债务以该房地产项目已完工部分的价值为限，但应扣除依法已预售部分和已设定抵押部分的价值。

（四）预购商品房抵押

随着社会的发展，商品房预售已成为房地产开发企业销售商品房的主要形式。为适应广大城市居民融资购房的要求，不少金融机构开展了住房担保贷款业务，接受购房人以预购的商品房抵押贷款。在现实社会生活中，预购商品房抵押已很普遍。依据《城市房地产抵押管理办法》的规定，预购商品房贷款抵押是指购房人在支付首期房款后，由贷款银行代其支付其余购房款，将所购商品房抵押给贷款银行作为偿还贷款履行担保的行为。因此，预购商品房抵押可以作为房地产抵押的一种特殊类型。

第二节　房地产抵押权的设立

一、房地产抵押合同

房地产抵押合同是指债务人或者第三人不转移对房地产的占有，将房地产作为债权担保而与债权人达成的明确相互权利义务关系的协议。我国《民法典》第四百条规定，设立抵押权，当事人应当采用书面形式订立抵押合同。《城市房地产抵押管理办法》第三十条规定，房地产抵押合同自签订之日起 30 日内，抵押当事人应当到房地产所在地的房地产管理部门办理房地产抵押登记。

依据《城市房地产抵押管理办法》规定，房地产抵押合同应当载明下列主要内容：①抵押人、抵押权人的名称或者个人姓名、住所；②主债权的种类、数额；③抵押房地产的处所、名称、状况、建筑面积、用地面积以及四至等；④抵押房地产的价值；⑤抵押房地产的占用管理人、占用管理方式、占用管理责任以及意外损毁、灭失的责任；⑥债务人履行债务的期限；⑦抵押权灭失的条件；⑧违约责任；⑨争议解决方式；⑩抵押合同订立的时间与地点；⑪双方约定的其他事项。

以预购商品房贷款抵押的，须提交生效的预购房屋合同；以在建工程抵押的，抵押合同还应当载明以下内容：①《国有土地使用权证》《建设用地规划许可证》和《建设工程规划许可证》编号；②已交纳的土地使用权出让金或需交纳的相当于土地使用权出让金的款额；③已投入在建工程的工程款；④施工进度及工程竣工日期；⑤已完成的工作量和工程量。

二、房地产抵押登记

房地产抵押属于要式法律行为，抵押双方当事人经协商确定的权利义务关系，应该形成书面合同，并依法进行抵押登记。我国《民法典》第四百零二条规定："正在建造的建筑物抵押的，应当办理抵押登记。抵押权自登记时设立。"《城镇国有土地使用权出让和转让暂行条例》第三十五条规定："土地使用权和地上建筑物、其他附着物抵押，应当依照规定办理抵押登记。"《城市房地产管理法》第六十二条第一款规定："房地产抵押时，应当向县级以上地方人民政府规定的部门办理抵押登记。"

当事人办理抵押登记应共同向房地产登记部门提供以下材料：①抵押当事人的身份证明或法人资格证明；②抵押登记申请书；③抵押合同；④《国有土地使用权证》《房屋所有权证》或《房地产权证》，共有的房屋还必须提交《房屋共有权证》和其他共有人同意抵押的证明；⑤可以证明抵押人有权设定抵押权的文件与证明材料；⑥可以证明抵押房地产价值的资料；⑦登记机关认为必要的其他文件。登记机关应当对申请人的申请进行审核。凡权属清楚、证明材料齐全的，应当在受理登记之日起 7 日内决定是否予以登记，对不予登记的，应当书面通知申请人。实践中，房地产抵押权登记主要有两种，即现有房地产抵押登记和在建建筑物的抵押登记。

（一）现有房地产抵押登记

现有房地产是指已经过依法登记取得房地产权利证书或不动产证书的房地产。以其为抵押标的申请不动产抵押登记，应提供的材料主要是不动产权属证书、抵押合同与主债权合同等，抵押合同可以是单独订立的书面合同，也可以是主债权合同中的抵押条款。同一不动产上设立多个抵押权的，不动产登记机构应当按照受理时间的先后顺序依次办理登记，并记载于不动产登记簿。当事人对抵押权顺位另有约定的，从其约定办理登记。

（二）在建建筑物抵押登记

在建建筑物是指正在建造、尚未办理所有权首次登记的房屋等建筑物。《不动产登记暂行条例实施细则》第七十五条规定："以建设用地使用权以及全部或者部分在建建筑物设定抵押的，应当一并申请建设用地使用权以及在建建筑物抵押权的首次登记。"此种登记的申请人多为房地产开发企业和接受抵押贷款的银行。当事人申请在建建筑物抵押权首次登记时，抵押财产不包括已经办理预告登记的预购商品房和已经办理预售备案的商品房。申请在建建筑物抵押权首次登记的，当事人应当提交下列材料：①抵押合同与主债权合同；②享有建设用地使用权的不动产权属证书；③建设工程规划许可证；④其他必要材料。这里应注意的是在建建筑物设定抵押权后，工程建设还在不断进行中，其最终会形成所设计的建筑物；在建建筑物竣工的，办理建筑物所有权首次登记时，当事人应当申请将在建建筑物抵押权登记转为建筑物抵押权登记。

第三节　房地产抵押权的效力

一、房地产抵押权担保的债权范围

《民法典》第三百八十九条规定："担保物权的担保范围包括主债权及其利息、违约金、损害赔偿金、保管担保财产和实现担保物权的费用。当事人另有约定的，按照其约定。"主债权是指于房地产抵押权设定时当事人决定为之担保的债权；利息包括法定利息、约定利息和迟延利息；违约金是指合同一方因不履行或不适当履行合同时，为违约行为支付的带有惩罚性或者补偿性的金钱；损害赔偿金是指债务人因不履行债务或不适当履行债务给债权人造成损害而支付的赔偿费用；实现抵押权的费用是指为依法实现抵押权所支出的费用，如拍卖费、变卖费、诉讼费等。

二、房地产抵押权的效力范围

房地产抵押权效力所及的标的物范围是指于抵押权依法实现时抵押权人得以变价的标的物的范围。在房地产抵押权成立后，抵押权的效力不仅用于设定抵押权的物即抵押原物，而且还可及于抵押物的从物、从权利、附合物以及孳息等。

(一)房地产原物

在房地产抵押权中，抵押原物是设定抵押时抵押人供为抵押担保的房地产。抵押原物须为符合法律规定可用于抵押的房地产，具体范围应以抵押登记为准。

(二)房地产的从物

从物是指非主物的构成部分且从属于主物，并对主物发挥辅助效用之物。由于房地产抵押权为就抵押物拍卖价金优先受偿的价值权，基于主物之处分及于从物的原则，实行房地产抵押权拍卖房地产时，其效力自应及于房地产的从物。主物与从物的关系构成，以主物与从物同归属于一人为前提。

(三)房地产的从权利

从权利是指为助主权利之效力而存在的权利。从权利与主权利的关系，一如主物与从物的关系，以主权利及其所属的标的物设定房地产抵押权时，房地产抵押权之效力及于从权利。

(四)抵押物的附合物

在房地产抵押权中，抵押物的附合物一般只能是因不动产与动产的附合而产生的添附物，不包括因混合、加工而形成的添附物。因此，房地产抵押权的效力只能及于抵押房地产的附合物。

(五)抵押物的孳息

根据《民法典》第四百一十二条规定，债务人不履行到期债务或者发生当事人约定的实现抵押权的情形，致使抵押财产被人民法院依法扣押的，自扣押之日起抵押权人有权收取该抵押财产的天然孳息或者法定孳息，但是抵押权人未通知应当清偿法定孳息的义务人的除外。抵押权人收取的孳息，应当先充抵收取孳息的费用。房地产抵押权的效力及于抵押权开始实行后到抵押标的物的处分为止房地产所产生的孳息。

(六)抵押物的代位物

如前所述，抵押权具有物上代位性。因此，房地产抵押权的效力应当及于抵押物的代位物。抵押权人可就抵押物代位物主张权利。

三、房地产抵押人的权利

(一)占有、使用、收益的权利

抵押物的占有权是指抵押人于抵押权设定后仍占有抵押物的权利。房地产抵押权是不转移房地产占有的担保物权，因此，抵押人于抵押权设定后，有权对抵押物继续占有、使用、收益。已作抵押的房地产，由抵押人占用与管理。抵押人在抵押房地产占用与管理期间应当维护抵押房地产的安全与完好。

（二）抵押物的处分权

房地产抵押权成立后，抵押人并没有丧失对房地产的所有权，其仍为抵押房地产的所有人。因此，抵押人享有对抵押物的处分权，但这里的处分只能是法律上的处分，而不能是事实上的处分，因为事实上的处分会导致抵押物价值的灭失。《民法典》第四百零六条规定："抵押期间，抵押人可以转让抵押财产。当事人另有约定的，按照其约定。抵押财产转让的，抵押权不受影响。抵押人转让抵押财产的，应当及时通知抵押权人。抵押权人能够证明抵押财产转让可能损害抵押权的，可以请求抵押人将转让所得的价款向抵押权人提前清偿债务或者提存。转让的价款超过债权数额的部分归抵押人所有，不足部分由债务人清偿。"

（三）抵押物上设定担保物权的权利

抵押人有权在抵押权设定后就同一财产再设定担保物权。在房地产抵押权设立后，抵押人有权就同一房地产再设立抵押权。抵押人在同一房地产上设立两个以上抵押权时，应当按照抵押登记的先后顺序确定各抵押权的清偿顺位。

（四）抵押物的出租权

抵押物的出租权是指抵押人于设定抵押权后将抵押物出租的权利。同一房地产上存在着抵押权和租赁权两种权利。原则上，抵押权设立后抵押财产出租的，该租赁关系不得对抗已登记的抵押权。但是，抵押权设立前抵押财产已出租并转移占有的，原租赁关系不受该抵押权的影响。

四、房地产抵押权人的权利

（一）抵押权人的保全权

抵押权人的保全权是指在抵押期间于抵押物的价值受到侵害时，抵押权人享有的保全其抵押权的权利，亦即抵押权受到侵害时抵押权人得以采取的救济措施。《民法典》第四百零八条规定："抵押人的行为足以使抵押财产价值减少的，抵押权人有权要求抵押人停止其行为。抵押财产价值减少的，抵押权人有权请求恢复抵押财产的价值，或者提供与减少的价值相应的担保。抵押人不恢复抵押财产的价值也不提供担保的，抵押权人有权请求债务人提前清偿债务。"

（二）抵押权人的处分权

抵押权人可以让与、放弃其抵押权，或就抵押权为他人提供担保。

1. 抵押权、抵押权顺位的放弃

在房地产抵押权中，抵押权人抛弃抵押权的，应向抵押人表示放弃的意思，并应办理注销登记。抵押权顺位的抛弃就是指抵押权人放弃其顺序利益。与抵押权抛弃不同的是，抵押权顺位抛弃后，抵押权人仍享有抵押权，其抵押权位于抛弃前已有的各抵押权的最后顺序。如果债务人以自己的房地产设定抵押，抵押权人放弃抵押权或抵押权顺位的，则其他担保人在抵押权人丧失优先受偿权益的范围内免除担保责任，但其他担保人承诺仍然提供担保的除外。

2. 抵押权的转让

抵押权具有从属性，因此，抵押权不能与主债权分离而转让。《民法典》第四百零七条规定："抵押权不得与债权分离而单独转让或者作为其他债权的担保。债权转让的，担保该债权的抵押权一并转让，但法律另有规定或者当事人另有约定的除外。"依照这一规定，抵押权可以与债权一同转让或者作为其他债权的担保。但是，在法律另有规定或者当事人另有约定时，抵押权并不随债权一并转让。

（三）优先受偿权

抵押权人的优先受偿权是指于债务人不履行债务时，抵押权人得以抵押物的变价优先受清偿。抵押权人的优先受偿权主要表现为以下几个方面：

（1）有抵押权的债权优先于无担保的普通债权，即抵押权人优先于一般债权人受清偿。

（2）抵押权优先于执行权。已经设定抵押权的财产被采取查封、扣押等保全或者执行措施的，不影响抵押权的效力，这是抵押权作为物权具有优先效力的体现。

（3）抵押权人享有别除权。在抵押人被宣告破产时，抵押财产不列入破产财产，抵押权人有别除权，就抵押物的变价于其受担保的债权额内受偿，不是与其他债权人按比例受偿。

（4）先顺位抵押权优先于后顺位抵押权。在同一房地产上设定有数个抵押权的，各个抵押权之间有顺序性，即顺位在先的抵押权人得就抵押物的变价优先于顺位在后的抵押权人受偿，后顺位抵押权人只能就前一顺位的抵押权人就担保债权额受偿后的余额受偿。根据《民法典》第四百一十四条第一款规定："同一财产向两个以上债权人抵押的，拍卖、变卖抵押财产所得的价款依照下列规定清偿：（一）抵押权已登记的，按照登记的时间先后确定清偿顺序；（二）抵押权已登记的先于未登记的受偿；（三）抵押权未登记的，按照债权比例清偿。"

第四节 房地产抵押权的实现

房地产抵押权的实现是指当债务人不履行到期债务或当事人约定实现抵押权的情形发生时，房地产抵押权人依法直接处分抵押的房地产，并对抵押的房地产变价后的所得优先受偿。这是特定条件下债权实现的一种方式，房地产抵押权也因为抵押权的实现而归于消灭。

一、房地产抵押权的实现条件

《民法典》第四百一十条第一款规定："债务人不履行到期债务或者发生当事人约定的实现抵押权的情形，抵押权人可以与抵押人协议以抵押财产折价或者以拍卖、变卖该抵押财产所得的价款优先受偿。"因此房地产抵押权实现的条件主要为两种：一是债务人不履行到期债务；二是发生了当事人约定的实现抵押权的情形。

我国《城市房地产抵押管理办法》第四十条规定："有下列情况之一的，抵押权人有权要求处分抵押的房地产：（一）债务履行期满，抵押权人未受清偿，债务人又未能与抵押权人达成延期履行协议的；（二）抵押人死亡或者被宣告死亡而无人代为履行到期债务的，或者抵押人的合法继承人、受遗赠人拒绝履行到期债务的；（三）抵押人被依法宣告解散或者破产的；（四）抵押人违反本办法的有关规定，擅自处分抵押房地产的；（五）抵押合同约定的其他情况。"此外，《城镇国有土地使用权出让和转让暂行条例》第三十六条规定："抵押人到期未能履行债务或者在抵押合同期间宣告解散、破产的，抵押权人有权依照国家法律、法规和抵押合同的规定处分抵押财产。"

二、房地产抵押权的实现方式

根据《民法典》第四百一十条规定，一般财产抵押的实现方式主要包括 3 种：折价、拍卖和变卖。而在房地产抵押权实现时，抵押权人和抵押人可以协商采取折价、拍卖和变卖中的具体方式，抵押权人与抵押人未就抵押权实现方式达成协议的，抵押权人可以请求人民法院拍卖、变卖抵押财产。抵押财产折价或者变卖的，应当参照市场价格。抵押物的折价是抵押权人与抵押人协商由抵押权人以确定的价格取得抵押房地产的所有权。抵押物的拍卖是指以公开竞价的形式，将抵押物转让给最高应价者的买卖方式。抵押物的变卖是以拍卖以外的方式出卖抵押物。

根据我国房地产法的有关规定，拍卖是房地产抵押权的主要实现方式。《城市房地产管理法》第四十七条规定："债务人不履行债务时，抵押人有权依法以抵押的房地产拍卖所得的价款优先受偿。"对于拍卖的具体程序，我国设有专门的《中华人民共和国拍卖法》进行规定，有利于保护抵押人的合法权益，公平公正，透明合规。

三、房地产抵押权实现的中止

依照《城市房地产抵押管理办法》第四十六条的规定："抵押权人实现抵押权时，出现下列情况的，抵押权的实现应当中止：（一）抵押权人请求中止的；（二）抵押人申请愿意并证明能够及时履行债务，并经抵押权人同意的；（三）发现被拍卖抵押物有权属争议的；（四）诉讼或仲裁中的抵押房地产；（五）其他应当中止的情况。在中止情况消除以后，抵押权人可以继续实现抵押权。"

四、房地产抵押权实现的清偿顺序

依照《城市房地产抵押管理办法》第四十七条规定："处分抵押房地产所得金额，依下列顺序分配：（一）支付处分抵押房地产的费用；（二）扣除抵押房地产应缴纳的税款；（三）偿还抵押权人债权本息及支付的违约金；（四）赔偿由债务人违反合同而对抵押权人造成的损害；（五）剩余金额交还抵押人。处分抵押房地产所得金额不足以支付债务和违约金、赔偿金时，抵押权人有权向债务人追索不足部分。"此外，《民法典》第四百一十三条规定："抵押财产折价或者拍卖、变卖后，其价款超过债权数额的部分归抵押人所有，不足部分由债务人清偿。"

五、房地产抵押权实现的特殊要求

由于我国土地使用制度和土地资源的特殊性，房地产抵押权的实现，势必存在一些特殊要求。根据相关的规定，房地产抵押权的实现应符合下列要求。

（一）房地产抵押权实现时，抵押房地产上设有租赁权

《民法典》第四百零五条规定："抵押权设立前，抵押财产已经出租并转移占有的，原租赁关系不受该抵押权的影响。"也就是通过拍卖方式取得抵押房地产的产权人，要继续维持与原承租人的租赁关系。

（二）以建设用地使用权设立抵押权的，抵押权设立后，该土地上新增建筑物

《民法典》第三百九十七条规定："以建筑物抵押的，该建筑物占用范围内的建设用地使用权一并抵押。以建设用地使用权抵押的，该土地上的建筑物一并抵押。抵押人未依据前款规定一并抵押的，未抵押的财产视为一并抵押。"《民法典》第四百一十七条规定："建设用地使用权抵押后，该土地上新增的建筑物不属于抵押财产。该建设用地使用权实现抵押权时，应当将该土地上新增的建筑物与建设用地使用权一并处分。但是，新增建筑物所得的价款，抵押权人无权优先受偿。"

（三）集体土地使用权抵押后，在实现抵押权时不得改变土地所有权的性质和用途

《民法典》第四百一十八条规定："以集体所有土地的使用权依法抵押的，实现抵押权后，未经法定程序，不得改变土地所有权的性质和土地用途。"以乡（镇）、村企业的厂房等建筑物及其占用范围内的土地使用权抵押的，在实现抵押权后，未经法定程序不得改变土地集体所有的性质和土地用途。

第五节　房地产抵押权的消灭

房地产抵押权的消灭是指抵押权的完全消灭，原抵押权人的抵押权不复存在，其他人同样也没有通过其他程序取得抵押权。《民法典》第三百九十三条规定："有下列情形之一的，担保物权消灭：（一）主债权消灭；（二）担保物权实现；（三）债权人放弃担保物权；（四）法律规定担保物权消灭的其他情形。"据此，房地产抵押权的消灭主要基于以下情形：

一、主债权消灭

抵押权是从属于主债权存在的，基于抵押权的从属性，因此抵押权消灭的情形之一就是主债权消灭。当主债权消灭时，抵押权自然而然就不复存在。此外，抵押权基于主债权的消灭而不复存在的情形，并不需要关注主债权是因为什么原因而消灭的。应当注意，主债权需要完全消灭，即使主债权是部分消灭，基于抵押权的不可分性，抵押权仍然存在。

二、抵押权实现

当债务人不履行到期债务或当事人约定实现抵押权的情形发生，抵押权得到实现，抵押权人也因此得到了享有的权利，其担保目的得到实现，抵押权自然归于消灭。

三、债权人放弃抵押权

基于抵押权的性质，抵押权属于财产权，抵押权人有权对抵押权进行处分。当抵押权人放弃抵押权时，抵押权归于消灭。

四、法律规定抵押权消灭的其他情形

除法定的 3 种抵押权消灭情形外，其他情形也不乏其例。例如，若因抵押人的行为导致抵押物灭失，抵押人应当提供与抵押物价值相应的担保；若因非抵押人的行为导致抵押物灭失，抵押权人可以就代位物(拆迁补偿款、赔偿金等)行使抵押权；若因非抵押人的行为导致抵押物灭失，又没有相应代位物的，抵押权消灭。

延伸阅读

1. 房地产抵押融资实务：风险防范与案例解析，江丁库，金永熙，中国法制出版社，2016.
2. 房地产抵押贷款证券化，郑毅，中国社会出版社，2008.
3. 房地产抵押价值、高管公职经历与资源重配——基于公司层面的经验证据，钟腾，汪昌云，祝继高，经济学(季刊)，2020，3.
4. 房地产市场的金融摩擦作用——基于抵押品视角的研究，陈名银，林勇，上海金融，2016，1.

思考题

1. 房地产抵押的优先受偿性中，同一财产向两个以上债权人抵押的，拍卖、变卖抵押财产所得的价款按何种顺序清偿？
2. 抵押人将土地、地上建筑物或者正在建造的建筑物分别抵押给不同债权人的，该如何确定清偿顺序？

案例分析

案情①：2012 年 11 月 7 日，某银行与周某及 A 房地产发展有限公司签订《个人住房借款合同》，约定周某向银行借款 51 万元，用于购置××国际 2#楼 18 层 03 房产；借款人以所购房产为抵押物担保还款；贷款发放后贷款人将合同项下权利义务一并转让给某银行；A 房地产公司对借款提供阶段性保证，保证期间至抵押登记已办妥且抵押财产的他项权利证书、抵押登记证明文件正本及其他权利证书交由某银行核对无误、收执之日止；合同还对借款期限、利息、还款方式等作出约定。上述合同签订后，双方对案涉房产办理了预购商品房抵押权预告登记手续，但至今未办理抵押登记。系争房产已于 2013 年 7 月 30 日完成了初始登记，房屋亦已交付购房人周某。

某银行依约向周某发放了贷款，并将贷款债权转让给某银行。A 房地产公司分别于 2014 年 9 月 25 日、12 月 26 日应某银行要求为周某分别偿还某银行人民币 18 136.05 元、18 195.24 元。周某未按约还款。

问题：商品房已办理预购商品房抵押权预告登记，且已具备办理物权登记条件，因购

---

①案例源于北大法宝数据库.

房人怠于办理抵押登记，预告登记权利人能否对商品房处置价款行使优先受偿权？

分析： 由《民法典》第二百二十一条第一款关于"当事人签订买卖房屋的协议或者签订其他不动产物权的协议，为保障将来实现物权，按照约定可以向登记机构申请预告登记。预告登记后，未经预告登记的权利人同意，处分该不动产的，不发生物权效力"的规定可知，预告登记制度旨在保障将来物权的实现，预告登记权利人享有当不动产物权登记条件成就时对不动产优先办理物权登记的请求权，并可排他性地对抗他人针对不动产的处分。故预告登记属于债权保全措施，并具有排除他人处分标的的物的物权效力。基于预告登记并非正式物权登记，故在仅办理预购商品房抵押权预告登记情况下，抵押权并未依登记而设立。

商品房按揭贷款往往涉及贷款银行、开发商、购房人三方利益，商品房担保贷款合同与商品房买卖合同亦相互牵连，若在商品房已经具备抵押登记条件而因购房人原因未能完成正式登记，将导致银行对商品房的抵押权未能依登记而及时设立，开发商提供阶段性担保(通常约定保证期间至抵押权设立之时)的保证期间被不当延长，购房人亦将面临开发商以购房人违约为由解除商品房买卖合同而导致其无法获取商品房溢价收益的不利局面，影响到交易安全和合同稳定。因此，在具备物权登记条件情况下，购房人有义务协助贷款银行办理商品房抵押登记，开发商亦应督促购房人办理抵押登记。在商品房抵押登记完成后，抵押权方依法设立，银行才能作为抵押权人对商品房行使优先受偿权，开发商因保证期间届满而免除保证责任。本案中，案涉××国际2#楼1803室房屋已完成初始登记并已具备办理登记至购房人名下以及抵押登记等物权登记条件，但购房人周某怠于办理以致抵押登记未完成，故购房人周某负有协助办理抵押登记的义务，A房地产公司应督促其办理。

购房人周某若逾期仍未协助办理抵押登记，基于其尚未办理商品房的不动产所有权登记，故法院无法径行判决由债权人某银行自行办理抵押登记手续。在抵押登记因购房人拒不配合而客观上无法完成的情况下，亦应赋予债权人对不动产优先受偿权。理由如下：其一，根据《最高人民法院关于人民法院办理执行异议和复议案件若干问题的规定》第三十条关于"金钱债权执行中，对被查封的办理了受让物权预告登记的不动产，受让人提出停止处分异议的，人民法院应予支持；符合物权登记条件，受让人提出排除执行异议的，应予支持"的规定，周某虽尚未办理案涉商品房产权证，但该商品房已具备物权登记条件且已交付其使用，应认定为属于周某财产，客观上应作为周某责任财产进行处置。其二，案涉商品房已具备不动产抵押登记条件，但购房人却拒不办理，已违反抵押合同约定，违背了诚实信用原则，赋予债权人对案涉房产优先权，有利于遏制违约失信行为，维护交易安全。其三，当商品房具备办理抵押登记条件时，购房人怠于办理登记，本质上属于购房人为自己的利益而不正当地阻止条件成就，应参照附条件民事法律行为的相关法律规定，而视为条件已成就，即债权人行使优先权的条件因义务人恶意阻却而依法视为已成就。其四，抵押权预告登记虽非正式抵押登记而不产生设立抵押权的法律效果，但第三人可通过抵押权预告登记情况知悉不动产将来可能设立抵押权，故其亦已具备一定的公示外观，在满足特定条件下，赋予债权人对不动产优先权，并不违反物权公示要求。最后，赋予债权人优先权，亦符合法律及司法解释规定。根据《最高人民法院关于审理商品房买卖合同纠纷案件适用法律若干问题的解释》第二十六条关于"买受人未按照商品房担保贷款合同的约定偿还贷款，亦未与担保权人办理商品房抵押登记手续，担保权人起诉买受人，请求处分商品房买卖合同项下买受人合同权利的，应当通知出卖人参加诉讼；担保权人同时起诉出卖人时，如果出卖人为商品房担保贷款合同提供保证的，应当列为共同被告"的规定，债权人某银行有权处分购房人周某于商品房买卖合同项下的合同权利，而周某取得商品房所有权亦属于该权利范畴，故某银行有权处置案涉商品房。综上，案涉商品房已具备物权登记条件，但因购房人原因导致抵押权客观上无法依登记而设立，在此特定情况下赋予债权人对商品房处置价款优先受偿权，有利于平衡各方当事人利益，保障交易安全和稳定。故根据《民法典》第二百二十九条关于"因人民法院、仲裁委员会的法律文书或者人民政府的征收决定等，导致物权设立、变更、转让或者消灭的，自法律文书或者人民政府的征收决定等生效时发生效力"的规定，法院依法确认债权人某银行对案涉不动产拍卖、变卖所得价款享有优先受偿权。

因某银行与保证人 A 房地产公司约定的保证期间为"合同保证条款生效之日起至抵押登记已办妥且抵押财产的他项权利证书、抵押登记证明文件正本及其他权利证书交由某银行核对无误、收执之日止"，在抵押权未能依登记而设立的情况下，A 房地产公司的保证期间延续。根据《民法典》第七百条关于"保证人承担保证责任后，除当事人另有约定外，有权在其承担保证责任的范围内向债务人追偿，享有债权人对债务人的权利，但是不得损害债权人的利益"的规定，保证人 A 房地产公司在承担保证责任后，有权向债务人周某追偿。在追偿过程中，若债权人某银行对案涉房产拍卖、变卖所得价款优先受偿后尚有余款的，应优先用于偿还 A 房地产公司垫付之款项及按银行贷款利率计算所产生的利息，仍有余款的应退还周某。

案情①：A 的朋友 B 因做生意资金周转不灵而向 A 借钱，并答应以 B 名下的一套 80m² 的房子作为抵押，该房子市值约 50 万元。于是 A 与 B 签订借款协议，并订立抵押协议，借给 B 30 万元，并约定年利率 20%，一年后归还本息，并以 B 的房产作为抵押。B 将其房产证拿来交给 A 保管。A 和 B 共同到某公证处办理房产抵押公证，但未到房管局办理抵押登记。借款到期后 A 要求 B 还钱，但 B 未能还钱，后该房屋被他人依法保全查封。

问题：借款时 B 以其房屋作抵押并办理了公证，A 对该抵押房屋享有优先受偿权吗？

分析：A 对 B 的房屋所享有的抵押权虽办理公证，但未到房管局办理抵押登记，没有取得他项权证，所以抵押合同尚未生效。A 对该抵押房屋不能享有优先受偿权。

案情②：A 银行与 B 公司签订《授信额度协议》，约定 A 银行向 B 公司提供授信额度人民币 5000 万元整。经发公司等人提供最高额保证担保，并约定若 B 公司未能按时还款导致经发公司承担保证责任，经发公司有权向 B 公司在一定范围内追偿。

同日，A 银行与 C 公司签订《最高额保证合同》，约定 C 公司为全部债权在最高债权余额 1000 万元内提供连带责任保证担保。

C 公司又与 D 公司签订《反担保抵押合同》，约定 D 公司在 1000 万元内提供抵押反担保，并将 D 公司所有的 27 幢不动产办理抵押登记。

---

①案例源于中国裁判文书网.
②案例源于北大法宝数据库.

经查，该抵押房产所涉的土地在 D 公司为 A 公司办理抵押前已作了抵押登记，抵押权人为 E 银行。

问题：房地产与土地分别抵押，抵押权冲突时清偿顺序是什么？

分析：根据《民法典》第三百九十七条的规定，"以建筑物抵押的，该建筑物占用范围内的建设用地使用权一并抵押。以建设用地使用权抵押的，该土地上的建筑物一并抵押。抵押人未依照前款规定一并抵押的，未抵押的财产视为一并抵押"，A 公司享有案涉土地使用权的抵押权。

按照《民法典》第四百一十四条的规定，"同一财产向两个以上债权人抵押的，拍卖、变卖抵押财产所得的价款依照下列规定清偿：（一）抵押权已登记的，按照登记的先后顺序清偿；顺序相同的，按照债权比例清偿；（二）抵押权已登记的先于未登记的受偿；（三）抵押权未登记的，按照债权比例清偿"，上诉人 A 公司的抵押权登记晚于 E 银行，故清偿顺序在 E 银行之后。

第八章 房地产中介服务与税费

内容提要：本章阐述房地产中介服务和房地产税费法律制度。房地产中介服务部分介绍了房地产中介服务的概念、特征、主要类别、房地产中介服务机构的设立条件。房地产税费法律制度部分介绍了两方面内容：一是房地产税的概念和主要税种；二是房地产费的概念及分类。

学习目标与要求：通过本章学习，应当着重掌握耕地占用税、城镇土地使用税、土地增值税、房产税、契税、印花税、房地产登记费、房地产经纪费等内容。了解房地产中介服务的主要类型、房产税的实施现状及发展。

第一节 房地产中介服务与税费概述

一、房地产中介服务概述

房地产中介服务是随着房地产业迅猛发展而产生的一种媒介性服务，旨在应对房地产开发和交易过程的高技术性和复杂性。房地产中介服务包括房地产咨询、房地产价格评估、房地产经纪等形式。具有专门知识的中介机构和中介人员介入房地产开发和交易过程，能够提升交易效率，促进房地产业的发展。但是，也出现了诸多问题，如中介机构和中介人员在数量上盲目扩张、服务质量良莠不齐。房地产中介服务乱象丛生，出现了违背经营宗旨、牟取暴利等一系列混乱局面。

为清理整顿与培育发展中介服务市场，国家相继出台了一系列行业规范文件，使得房地产中介服务逐步回归市场管理的轨道。1996年1月原建设部发布了《城市房地产中介服务管理规定》（现已失效），加强了对房地产中介服务的监督管理。而后《房地产经纪人员职业资格制度暂行规定》《经纪人管理办法》（现已失效）等诸多行业规范文件出台。目前，除住房和城乡建设部、国家发展和改革委员会、人力资源和社会保障部联合发布的《房地产经纪管理办法》（2016年修正）对房地产经纪进行专门规范外，对房地产中介服务的监管还体现在《城市房地产管理法》《房地产估价规范》等规范性文件中。房地产中介服务法律法规体系的不断完善，使房地产中介服务行业的管理走上了规范化的道路。这对于进一步规范房地产中介服务行为、保护委托人合法权益、促进房地产中介服务行业健康发展、优化营商环境等都具有十分重要的意义。

二、房地产税费制度概述

房地产税费制度是房地产税收制度和房地产收费制度的总称。

房地产税是直接或间接以房屋、土地为对象进行征收的税种，由此可将房地产税分为房产税和土地税两大类。征收房地产税可以对房地产市场进行宏观调控，促进房产资源的优化配置和土地资源的合理利用，均衡财富水平。尤其是土地税，可以促进土地级差收益的合理分配，抑制土地投机行为①。2022 年 10 月 16 日，习近平总书记在中国共产党第二十次全国代表大会上指出，要加大税收、社会保障、转移支付等的调节力度。房地产税作为社会收入分配的重要杠杆，其理论研究和制度完善对我国经济调控具有重要意义。

房地产费是法定税收以外的一些费用，其旨在对相关单位或人员的服务成本进行补足。房地产费名目较多，如城市基础设施配套费、房地产登记费、房地产中介服务费等。房地产费的费用收取规范散见于各类法律法规、部门规章之中。值得注意的是，房地产费与房地产税虽然都表现为缴纳一定金钱，但二者在目的、主体、法律依据等方面均有所不同。第一，目的上，房地产税的征收目的在于增加财政收入，同时通过税收调整收入分配；房地产费的收取目的在于填补经费支出。第二，收取主体上，房地产税由国家征收，具体表现为税务机关及其委托的机关；而房地产费由对应的行政机关或事业单位收取。第三，法律依据上，房地产税依据相关国家税收法律法规，如《中华人民共和国契税法》(以下简称《契税法》)《中华人民共和国城镇土地使用税暂行条例》(以下简称《城镇土地使用税暂行条例》)等；而房地产费除了依据法律法规外，还有部分房地产费是依据政策、地方性规章，甚至由收缴主体自行规定而收取的②。

第二节　房地产中介服务制度

一、房地产中介服务的概念和特点

(一)房地产中介服务的概念

房地产中介服务是指具有专业资质的人员在房地产开发和交易活动中为委托人提供的各种媒介性服务的总称。委托人基于房地产中介服务需求而与中介方所签订的合同即为房地产中介服务合同，这是一种有偿劳务合同。由于房地产行业相关事务的专业化和技术性，房地产中介服务成为房地产发展的必然产物。其解决了委托人具有房地产交易需求与不具备相关领域知识技能、时间精力之间的矛盾，有助于房地产交易行为的规范化，提高房地产交易效率，促进房地产资源的有效配置。

(二)房地产中介服务的特征

房地产中介服务具有投资少且风险小、专业性和技术性强、独立性和附属性并存的一般特征③。此外，房地产中介服务还具有以下法律特征：

(1)房地产中介服务往往以合同的形式展开，是有偿、双务合同。在房地产中介服务合同法律关系中，中介人向委托人提供房地产咨询、评估或经纪等媒介服务，委托人向中介人支付劳务费、中介费、佣金、咨询服务费等。

(2)房地产中介服务是一种民事法律关系。中介人和委托人是平等主体，二者基于自

①李延荣，周珂，于鲁平，2021. 房地产法(第六版)，中国人民大学出版社.
②符启林，2009. 房地产法(第四版)，法律出版社.
③王克强，王洪卫，刘红梅，等，2015. 房地产法，复旦大学出版社.

愿、平等、公正、诚信原则进行民事活动。

(3)房地产中介服务合同在性质上为居间合同、委托代理合同及委托合同构成的混合契约。其可能同时具备居间、委托代理、委托等内容，且其作为一个契约整体而非契约联立①。

二、房地产中介服务的种类

(一)房地产咨询

房地产咨询是指为房地产活动当事人提供法律法规、政策、信息、技术等方面服务的经营活动。房地产咨询的主要内容包括提供房地产的专业信息、解答法律政策问题、提供技术信息和相关服务等。

(二)房地产价格评估

房地产价格评估是指对房地产进行测算，评定其经济价值和价格的经营活动。《城市房地产管理法》第三十四条规定，国家实行房地产价格评估制度。实践中，房地产价格评估在房地产抵押、房屋征收等方面具有重要意义。《城市房地产抵押管理办法》第二十二条规定，设定房地产抵押时，抵押房地产的价值可以由抵押当事人协商议定，也可以由房地产价格评估机构评估确定。《国有土地上房屋征收与补偿条例》第十九条规定，被征收房屋的价值由房地产价格评估机构确定。此外，我国实行房地产价格评估人员资格认证制度。

房地产价格评估，应当遵循公正、公平、公开的原则，按照国家规定的技术标准和评估程序，以基准地价、标定地价和各类房屋的重置价格为基础，参照当地的市场价格进行评估。此外，为规范房地产估价活动，统一房地产估价程序和方法，保证房地产估价质量，我国住房和城乡建设部于2015年发布《房地产估价规范》国家标准。依据该标准，房地产的市场价值评估，应遵循独立、客观、公正原则，合法原则，价值时点原则，替代原则，最高最佳利用原则。房地产的抵押价值和抵押净值评估，除应遵循市场价值评估的原则外，还应遵循谨慎原则。除估价原则外，该标准还细化规定了估价程序、估价方法、不同估价目的下的估价、估价结果、估价报告、估价职业道德等内容。其中，估价方法的选用应根据估价对象及其所在地的房地产市场状况等客观条件，用比较法、收益法、成本法、假设开发法等估价方法进行适用性分析。此外，当估价对象仅适用一种估价方法进行估价时，可只选用一种估价方法进行估价。当估价对象适用两种或两种以上估价方法进行估价时，宜同时选用所有适用的估价方法进行估价，不得随意取舍；当必须取舍时，应在估价报告中说明并陈述理由。

(三)房地产经纪

房地产经纪是指房地产经纪机构和房地产经纪人员为促成房地产交易，向委托人提供房地产居间、代理等服务并收取佣金的行为。2011年1月，国家发展和改革委员会、住房和城乡建设部、人力资源和社会保障部联合发布《房地产经纪管理办法》，并于2016年对之进行了修正，这是我国第一个专门规范房地产经纪行为的部门规章。该部门规章对房地产经纪机构和人员、房地产经纪活动的原则及具体规则、监督管理、法律责任等做了较为

---

①卓洁辉，2010. 论房地产中介服务合同的性质与法律适用，特区经济，8.

细致的规定。

根据《房地产经纪管理办法》规定，从事房地产经纪活动应当遵循自愿、平等、公平和诚实信用的原则，遵守职业规范，恪守职业道德。县级以上人民政府建设(房地产)主管部门、价格主管部门、人力资源和社会保障主管部门应当按照职责分工，分别负责房地产经纪活动的监督和管理。房地产经纪行业组织应当按照章程实行自律管理，向有关部门反映行业发展的意见和建议，促进房地产经纪行业发展和人员素质提高。

此外，在具体的房地产经纪活动中尤应注意以下内容：

(1)房地产经纪机构及其分支机构应当在其经营场所醒目位置公示下列内容：①营业执照和备案证明文件；②服务项目、内容、标准；③业务流程；④收费项目、依据、标准；⑤交易资金监管方式；⑥信用档案查询方式、投诉电话及12358价格举报电话；⑦政府主管部门或者行业组织制定的房地产经纪服务合同、房屋买卖合同、房屋租赁合同示范文本；⑧法律、法规、规章规定的其他事项。分支机构还应当公示设立该分支机构的房地产经纪机构的经营地址及联系方式。房地产经纪机构代理销售商品房项目的，还应当在销售现场明显位置明示商品房销售委托书和批准销售商品房的有关证明文件。

(2)房地产经纪机构签订的房地产经纪服务合同，应当加盖房地产经纪机构印章，并由从事该业务的一名房地产经纪人或者两名房地产经纪人协理签名。

(3)房地产经纪机构与委托人签订房屋出售、出租经纪服务合同，应当查看委托出售、出租的房屋及房屋权属证书，委托人的身份证明等有关资料，并应当编制房屋状况说明书。经委托人书面同意后，方可以对外发布相应的房源信息。房地产经纪机构与委托人签订房屋承购、承租经纪服务合同的应当查看核实委托人身份证明等有关资料。

(4)委托人与房地产经纪机构签订房地产经纪服务合同，应当向房地产经纪机构提供真实有效的身份证明。委托出售、出租房屋的，还应当向房地产经纪机构提供真实有效的房屋权属证书。委托人未提供规定资料或者提供资料与实际不符的，房地产经纪机构应当拒绝接受委托。

(5)房地产经纪行业组织应当制定房地产经纪从业规程，逐步建立并完善资信评价体系和房地产经纪房源、客源信息共享系统。此外，房地产经纪机构不得收取任何未予标明的费用；不得利用虚假或者使人误解的标价内容和标价方式进行价格欺诈；一项服务可以分解为多个项目和标准的，应当明确标示每一个项目和标准，不得混合标价、捆绑标价。

三、房地产中介服务机构

根据《城市房地产管理法》第五十七条至第五十九条的规定，房地产中介服务机构包括房地产咨询机构、房地产价格评估机构、房地产经纪机构等。房地产中介服务机构应当具备下列条件：①有自己的名称和组织机构；②有固定的服务场所；③有必要的财产和经费；④有足够数量的专业人员；⑤法律、行政法规规定的其他条件。设立房地产中介服务机构，应当向市场监管部门申请设立登记，领取营业执照后，方可开业。国家实行房地产价格评估人员资格认证制度。

《房地产经纪管理办法》对房地产经纪机构做了具体规定。依据该办法，房地产经纪机构是指依法设立，从事房地产经纪活动的中介服务机构。房地产经纪机构可以设立分支机构。设立房地产经纪机构和分支机构，应当具有足够数量的房地产经纪人员。其中，房地产经纪人员是指从事房地产经纪活动的房地产经纪人和房地产经纪人协理。房地产经纪机构和分支机构与其招用的房地产经纪人员，应当按照《中华人民共和国劳动合同法》的规定签订劳动合同。此外，就房地产经纪人员的具体管理方面，《房地产经纪管理办法》规定，国家对房地产经纪人员实行职业资格制度，纳入全国专业技术人员职业资格制度统一规划和管理。房地产经纪人协理和房地产经纪人职业资格实行全国统一大纲、统一命题、统一组织的考试制度，由房地产经纪行业组织负责管理和实施考试工作，原则上每年举行一次考试。国务院住房城乡建设主管部门、人力资源社会保障部门负责对房地产经纪人协理和房地产经纪人职业资格考试进行指导、监督和检查。房地产经纪机构及其分支机构应当自领取营业执照之日起 30 日内，到所在直辖市、市、县人民政府建设（房地产）主管部门备案。直辖市、市、县人民政府建设（房地产）主管部门应当将房地产经纪机构及其分支机构的名称、住所、法定代表人（执行合伙人）或者负责人、注册资本、房地产经纪人员等备案信息向社会公示。房地产经纪机构及其分支机构变更或者终止的，应当自变更或者终止之日起 30 日内，办理备案变更或者注销手续。

此外，实践中容易产生的疑问是在房地产中介公司的房屋租赁合同纠纷中，诉讼主体如何确定？北京市高级人民法院对此问题进行了解答。根据《北京市高级人民法院关于审理房屋租赁合同纠纷案件若干疑难问题的解答》规定，实践中应区分以下情形处理：①房地产中介公司提供订立合同的居间服务，促成租赁合同成立，收取居间费用的，房屋出租委托合同性质上属于居间合同，租赁双方仅就租赁合同发生纠纷的，一般不需要追加中介公司参加诉讼。②房地产中介公司依约定向出租人缴纳固定租金，并以自己名义对外签订租赁合同出租管理房屋、收取租金的，当事人应分别依据各自合同主张权利。

第三节　房地产税收制度

一、房地产税的概念

房地产税是指以房屋、土地为对象所征收的税，包括房产税和土地税。国家机关通过税务机关或税务机关委托的房地产行政管理部门向房地产纳税义务人征收有关房地产税[1]。

二、主要税种

（一）耕地占用税

耕地占用税是指对在中华人民共和国境内占用耕地建设建筑物、构筑物或者从事非农业建设的单位和个人征收的一种税。耕地是指用于种植农作物的土地。耕地占用税的直接目的是保护耕地，规范耕地占用行为，促进农业发展，以期在房地产经济发展和耕地保护间指导平衡。

为了合理利用土地资源，切实加强土地管理，实现耕地的有效保护，全国人大常委会

---

①潘安平，2013. 房地产法规，北京大学出版社.

于 2018 年 12 月通过《中华人民共和国耕地占用税法》（以下简称《耕地占用税法》），该法于 2019 年 9 月 1 日起施行，2007 年国务院发布的《耕地占用税暂行条例》同时废止。此外，为了贯彻实施《耕地占用税法》，财政部、税务总局、自然资源部、农业农村部、生态环境部联合制定了《耕地占用税法实施办法》。

根据《耕地占用税法》规定，耕地占用税纳税人为在中华人民共和国境内占用耕地建设建筑物、构筑物或者从事非农业建设的单位和个人。占用耕地建设农田水利设施的，不缴纳耕地占用税。耕地占用税的计税依据为纳税人实际占用的耕地面积，耕地占用税按照规定的适用税额一次性征收，应纳税额为纳税人实际占用的耕地面积（m^2）乘以适用税额。《耕地占用税法》对耕地占用税的免征减征也做出了详细规定。该法第七条规定，军事设施、学校、幼儿园、社会福利机构、医疗机构占用耕地，免征耕地占用税。铁路线路、公路线路、飞机场跑道、停机坪、港口、航道、水利工程占用耕地，减按 2 元/m^2 的税额征收耕地占用税。农村居民在规定用地标准以内占用耕地新建自用住宅，按照当地适用税额减半征收耕地占用税；其中农村居民经批准搬迁，新建自用住宅占用耕地不超过原宅基地面积的部分，免征耕地占用税。农村烈士遗属、因公牺牲军人遗属、残疾军人以及符合农村最低生活保障条件的农村居民，在规定用地标准以内新建自用住宅，免征耕地占用税。根据国民经济和社会发展的需要，国务院可以规定免征或者减征耕地占用税的其他情形，报全国人民代表大会常务委员会备案。第八条规定，依照本法第七条第一款、第二款规定免征或者减征耕地占用税后，纳税人改变原占地用途，不再属于免征或者减征耕地占用税情形的，应当按照当地适用税额补缴耕地占用税。

此外，耕地占用税由税务机关负责征收。耕地占用税的纳税义务发生时间为纳税人收到自然资源主管部门办理占用耕地手续的书面通知的当日。纳税人应当自纳税义务发生之日起 30 日内申报缴纳耕地占用税。自然资源主管部门凭耕地占用税完税凭证或者免税凭证和其他有关文件发放建设用地批准书。纳税人因建设项目施工或者地质勘查临时占用耕地，应当依照本法的规定缴纳耕地占用税。纳税人在批准临时占用耕地期满之日起一年内依法复垦，恢复种植条件的，全额退还已经缴纳的耕地占用税。同时，《耕地占用税法》还规定，税务机关应当与相关部门建立耕地占用税涉税信息共享机制和工作配合机制。县级以上地方人民政府自然资源、农业农村、水利等相关部门应当定期向税务机关提供农用地转用、临时占地等信息，协助税务机关加强耕地占用税征收管理。税务机关发现纳税人的纳税申报数据资料异常或者纳税人未按照规定期限申报纳税的，可以提请相关部门进行复核，相关部门应当自收到税务机关复核申请之日起 30 日内向税务机关出具复核意见。

（二）城镇土地使用税

城镇土地使用税是指按使用土地的等级或面积，对在城市、县城、建制镇、工矿区范围内使用土地的单位和个人征收的一种税。为了合理利用城镇土地，调节土地级差收入，提高土地使用效益，加强土地管理，国务院制定了《城镇土地使用税暂行条例》，并经 2006 年、2011 年、2013 年和 2019 年 4 次修订。

根据《城镇土地使用税暂行条例》规定，城镇土地使用税的纳税人为在城市、县城、建制镇、工矿区范围内使用土地的单位和个人。其中，单位包括国有企业、集体企业、私营企业、股份制企业、外商投资企业、外国企业以及其他企业和事业单位、社会团体、国家机关、军队以及其他单位；个人包括个体工商户以及其他个人。该条例还规定，土地使用税以纳税人实际占用的土地面积为计税依据，依照规定税额计算征收。土地占用面积的组织测量工作，由省、自治区、直辖市人民政府根据实际情况确定。城镇土地使用税的免缴情形包括：国家机关、人民团体、军队自用的土地；由国家财政部门拨付事业经费的单位自用的土地；宗教寺庙、公园、名胜古迹自用的土地；市政街道、广场、绿化地带等公共用地；直接用于农、林、牧、渔业的生产用地；经批准开山填海整治的土地和改造的废弃土地，从使用的月份起免缴土地使用税 5 年至 10 年；由财政部另行规定免税的能源、交通、水利设施用地和其他用地。此外，纳税人缴纳土地使用税确有困难需要定期减免的，由县级以上税务机关批准。土地使用税按年计算、分期缴纳。缴纳期限由省、自治区、直辖市人民政府确定。

城镇土地使用税在增加地方财政收入、调节经济收入方面具有重要作用，甚而可以说，地方财政在一定程度上依赖城镇土地使用税[1]。目前，对于城镇土地使用税的征收管理仍存在比如政策制度规定冲突、纳税人主动申报意识不强、土地利用效率不高等问题[2]，还需要对城镇房地产使用税的规范和征管进行完善。

(三)土地增值税

土地增值税是指对转让国有土地使用权、地上的建筑物及其附着物并取得收入的单位和个人征收的一种税。应当注意的是，"转让"是指以出售或者其他方式有偿转让房地产的行为，而不包括以继承、赠与方式无偿转让房地产的行为。土地增值税由税务机关征收。土地管理部门、房产管理部门应当向税务机关提供有关资料，并协助税务机关依法征收土地增值税。

为了规范土地、房地产市场交易秩序，合理调节土地增值收益，维护国家权益，国务院于 1993 年制定了《中华人民共和国土地增值税暂行条例》(以下简称《土地增值税暂行条例》)并于 2011 年对之进行了修订。此外，为了增强《土地增值税暂行条例》的可操作性，财政部办公厅于 1995 年制定了《中华人民共和国土地增值税暂行条例实施细则》(以下简称《土地增值税暂行条例实施细则》)。

根据《土地增值税暂行条例》规定，土地增值税的纳税人为转让国有土地使用权、地上的建筑物及其附着物(即转让房地产)并取得收入的单位和个人。土地增值税的计算依据是纳税人转让房地产所取得的增值额和税率。其中，增值额是纳税人转让房地产所取得的收入减除法定扣除项目金额后的余额。土地增值税实行四级超率累进税率：增值额未超过扣除项目金额 50% 的部分，税率为 30%；增值额超过扣除项目金额 50%、未超过扣除项目额 100% 的部分，税率为 40%；增值额超过扣除项目金额 100%、未超过扣除项目金额 200% 的部分，税率为 50%；增值额超过扣除项目金额 200% 的部分，税率为 60%。此外，有下列情形之一的，按照房地产评估价格计算征收：隐瞒、虚报房地产成交价格的；提供扣除项目金额不实的；转让房地产的成交价格低于房地产评估价格，又无正当理由的。该

---

[1]肖尧，陈奕宇，2012. 城镇土地使用税收对地方政府债务杠杆的边际动态影响，财会月刊，24.

[2]王理生，2020. 强化城镇土地使用税征管的建议，税收征纳，10.

条例还规定了土地增值税的免征情形，包括纳税人建造普通标准住宅出售，增值额未超过扣除项目金额20%的；因国家建设需要依法征收、收回的房地产。就纳税申报程序和权属变更手续，《土地增值税暂行条例》规定，纳税人应当自转让房地产合同签订之日起7日内向房地产所在地主管税务机关办理纳税申报，并在税务机关核定的期限内缴纳土地增值税。纳税人未按照本条例缴纳土地增值税的，土地管理部门、房产管理部门不得办理有关的权属变更手续。

土地增值税对基于"房地产热"造成的土地资源严重浪费具有一定的调控作用，也对收入分配均衡具有重要意义。但是，其相关制度和规范的不完善，使得其自身价值未得以充分发挥，比如税收法定主义贯彻不足、实际税率与名义税率背离、税收收入和征税成本不相匹配等①。对此，应构建并优化土地增值税的长效机制，完善土地增值税相关配套制度和设施。为了贯彻落实税收法定原则，财政部、国家税务总局于2019年7月公布《中华人民共和国土地增值税法（征求意见稿）》（以下简称《土地增值税法（征求意见稿）》），标志着土地增值税立法工作取得较大进展。在《关于〈土地增值税法（征求意见稿）〉的说明》中，财政部、国家税务总局指出，土地增值税立法是贯彻落实税收法定原则的重要步骤，也是健全地方税体系改革的重要内容，有利于完善土地增值税制度，增强权威性和执法刚性，发挥土地增值税筹集财政收入、调节土地增值收益分配、促进房地产市场健康稳定发展的作用，有利于健全我国的房地产税收体系、推进国家治理体系和治理能力现代化。随着土地增值税立法不断完善，上述问题也将逐渐得以解决。

（四）契税

契税是指在中华人民共和国境内转移土地、房屋权属时，对承受的单位和个人征收的一种税。"转移土地、房屋权属"是指下列行为：①土地使用权出让；②土地使用权转让，包括出售、赠与、互换，但不包括土地承包经营权和土地经营权的转移；③房屋买卖、赠与、互换。以作价投资（入股）、偿还债务、划转、奖励等方式转移土地、房屋权属的，应当依照本法规定征收契税。

为推动完善税收法律制度，1997年7月，国务院发布了《中华人民共和国契税暂行条例》（现已失效）。在此基础上，2020年8月全国人大常委会公布了《契税法》，并于2021年9月1日施行。随着契税法律制度的不断完善，契税运行平稳，为地方经济社会发展提供了重要的财力保障。

根据《契税法》规定，契税纳税人为在中华人民共和国境内转移土地、房屋权属，承受的单位和个人。契税税率为3%～5%。税的具体适用税率，由省、自治区、直辖市人民政府在前款规定的税率幅度内提出，报同级人民代表大会常务委员会决定，并报全国人民代表大会常务委员会和国务院备案。省、自治区、直辖市可以依照前款规定的程序对不同主体、不同地区、不同类型住房的权属转移确定差别税率。契税的计税依据为：土地使用权出让、出售，房屋买卖，为土地、房屋权属转移合同确定的成交价格，包括应交付的货币以及实物、其他经济利益对应的价款；土地使用权互换、房屋互换，为所互换的土地使用权、房屋价格的差额；土地使用权赠与、房屋赠与以及其他没有价格的转移土地、房屋权

①杨硕，陈旭东，2022.土地增值税税制存在的问题及改革思路研究，税收经济研究，4.

属行为，为税务机关参照土地使用权出售、房屋买卖的市场价格依法核定的价格。契税的应纳税额按照计税依据乘以具体适用税率计算。

《契税法》还规定了免征契税的情形，包括国家机关、事业单位、社会团体、军事单位承受土地、房屋权属用于办公、教学、医疗、科研、军事设施；非营利性的学校、医疗机构、社会福利机构承受土地、房屋权属用于办公、教学、医疗、科研、养老、救助；承受荒山、荒地、荒滩土地使用权用于农、林、牧、渔业生产；婚姻关系存续期间夫妻之间变更土地、房屋权属；法定继承人通过继承承受土地、房屋权属；依照法律规定应当予以免税的外国驻华使馆、领事馆和国际组织驻华代表机构承受土地、房屋权属。根据国民经济和社会发展的需要，国务院对居民住房需求保障、企业改制重组、灾后重建等情形可以规定免征或者减征契税，报全国人民代表大会常务委员会备案。

此外，契税的纳税义务发生时间，为纳税人签订土地、房屋权属转移合同的当日，或者纳税人取得其他具有土地、房屋权属转移合同性质凭证的当日。纳税人应当在依法办理土地、房屋权属登记手续前申报缴纳契税。纳税人办理纳税事宜后，税务机关应当开具契税完税凭证。纳税人办理土地、房屋权属登记，不动产登记机构应当查验契税完税、减免税凭证或者有关信息。未按照规定缴纳契税的，不动产登记机构不予办理土地、房屋权属登记。在依法办理土地、房屋权属登记前，权属转移合同、权属转移合同性质凭证不生效、无效、被撤销或者被解除的，纳税人可以向税务机关申请退还已缴纳的税款，税务机关应当依法办理。

（五）房产税

房产税是以房屋的价值为征税对象，按房产余值或租金向房屋所有权人征收的一种税。房产税是在房地产投机现象日趋严重，中央政府频繁以财政、货币和行政措施对房地产市场加以调控的大背景下所孕育的产物①。

房产税的落实是采取"先试点，后立法"的方式，2011年在上海市、重庆市开展了个人住房房产税改革试点。但由于全国房地产市场差异很大，实际情况十分复杂，房地产税立法工作需要循序渐进、稳妥推进。目前，由国务院2011年修订的《中华人民共和国房产税暂行条例》（以下简称《房产税暂行条例》）对房产税的征税对象、纳税人、税率、免征范围等进行规定。此外，全国人大常委会于2021年10月公布《全国人民代表大会常务委员会关于授权国务院在部分地区开展房地产税改革试点工作的决定》。该决定指出，将通过授权国务院在部分地区开展房地产税改革试点工作，进一步积极稳妥推进房地产税立法与改革，引导住房合理消费和土地资源节约集约利用，促进房地产市场平稳健康发展。

根据《房产税暂行条例》规定，房产税的征收范围是城市、县城、建制镇和工矿区。房产税由产权所有人缴纳。产权属于全民所有的，由经营管理的单位缴纳。产权出典的，由承典人缴纳。产权所有人、承典人不在房产所在地的，或者产权未确定及租典纠纷未解决的，由房产代管人或者使用人缴纳。此外，房产税的税率，依照房产余值计算缴纳的，税率为1.2%；依照房产租金收入计算缴纳的，税率为12%。同时该条例也规定了免纳房产税的情形，包括国家机关、人民团体、军队自用的房产；由国家财政部门拨付事业经费的

---

①张平，任强，侯一麟，2016. 中国房地产税与地方公共财政转型，公共管理学报，4.

单位自用的房产；宗教寺庙、公园、名胜古迹自用的房产；个人所有非营业用的房产；经财政部批准免税的其他房产。除免纳情形外，也规定了减征情形，即纳税人纳税确有困难的，可由省、自治区、直辖市人民政府确定，定期减征或者免征房产税。就纳税期限，该条例规定房产税按年征收、分期缴纳。纳税期限由省、自治区、直辖市人民政府规定。

（六）印花税

印花税是指对在中华人民共和国境内书立，或在中华人民共和国境外书立在境内使用的应税凭证、进行证券交易的单位和个人征收的一种税。应税凭证，是指《中华人民共和国印花税法》（以下简称《印花税法》）所附《印花税税目税率表》列明的合同、产权转移书据和营业账簿。

为增强印花税法律制度的科学性、稳定性和权威性，为市场主体良性发展提供稳定的法律制度保障，全国人民代表大会常务委员会于 2021 年 6 月公布《印花税法》，并于 2022 年 7 月 1 日起施行，同时《中华人民共和国印花税暂行条例》废止。

根据《印花税法》第五条规定，印花税的计税依据如下：①应税合同的计税依据，为合同所列的金额，不包括列明的增值税税款；②应税产权转移书据的计税依据，为产权转移书据所列的金额，不包括列明的增值税税款；③应税营业账簿的计税依据，为账簿记载的实收资本（股本）、资本公积合计金额；④证券交易的计税依据，为成交金额。第六条规定，应税合同、产权转移书据未列明金额的，印花税的计税依据按照实际结算的金额确定；计税依据按照前款规定仍不能确定的，按照书立合同、产权转移书据时的市场价格确定；依法应当执行政府定价或者政府指导价的，按照国家有关规定确定。第十三条第二款规定，不动产产权发生转移的，纳税人应当向不动产所在地的主管税务机关申报缴纳印花税。

产权转移书是印花税的计税依据，而法院裁定的抵债房地产过户也会产生产权转移书据，此时应否缴纳印花税呢？对此，存在不同观点。一种观点认为，法院裁定的抵债房地产过户也应当缴纳印花税，这符合税务部门的实践。该观点认为，法院裁判以房地产抵债，由此产生的裁判文书也是《印花税法》第五条第二款规定的"产权转移书据"，因此应当缴纳印花税。另一种观点与此相反，认为法院裁定抵债的房地产过户登记不应当缴纳印花税。理由是，以"产权转移书据"税目缴纳印花税的前提是单位和个人产权的买卖、继承、赠与、交换、分割等所立的书据。这里的书据是前后产权人之间的合意行为所致的结果。而法院裁定抵押房地产抵债，不以诉讼中债权人和抵押人的合意为前提，是法院单方面依据案件事实和法律的规定进行司法裁判的结果，两者性质完全不同，法院裁定抵债的房地产过户登记不属于印花税纳税范围[1]。

（七）城市维护建设税

城市维护建设税是为了充实城市维护建设资金而设立的一种税。2020 年 8 月，全国人大常委会公布《中华人民共和国城市维护建设税法》（以下简称《城市维护建设税法》），该法于 2021 年 9 月 1 日生效。

根据《城市维护建设税法》规定，城市维护建设税的纳税人为在中华人民共和国境内缴纳增值税、消费税的单位和个人。扣缴义务人为负有增值税、消费税扣缴义务的单位和个人，

---

[1]高宝科，2021. 法院裁定的抵债房地产过户应否缴纳印花税，中国注册会计师，2.

扣缴义务人在扣缴增值税、消费税的同时扣缴城市维护建设税。城市维护建设税的纳税义务发生时间与增值税、消费税的纳税义务发生时间一致，分别与增值税、消费税同时缴纳。

此外，该法规定，城市维护建设税的应纳税额按照计税依据乘以具体适用税率计算。其中，城市维护建设税计税依据为纳税人依法实际缴纳的增值税、消费税税额，且应当按照规定扣除期末留抵退税退还的增值税税额。城市维护建设税计税依据的具体确定办法，由国务院依据该法和有关税收法律、行政法规规定，报全国人民代表大会常务委员会备案。城市维护建设税税率为：①纳税人所在地在市区的，税率为7%；②纳税人所在地在县城、镇的，税率为5%；③纳税人所在地不在市区、县城或者镇的，税率为1%。其中纳税人所在地是指纳税人住所地或者与纳税人生产经营活动相关的其他地点，具体地点由省、自治区、直辖市确定。

对于城市维护建设税的减免情形，《城市维护建设税法》规定，对进口货物或者境外单位和个人向境内销售劳务、服务、无形资产缴纳的增值税、消费税税额，不征收城市维护建设税。根据国民经济和社会发展的需要，国务院对重大公共基础设施建设、特殊产业和群体以及重大突发事件应对等情形可以规定减征或者免征城市维护建设税，报全国人民代表大会常务委员会备案。

(八) 增值税

增值税由"营改增"改革而来，经历了适用范围由小变大的过程。增值税最初并不适用于房地产领域，直到2016年5月，我国才将房地产业纳入增值税适用范围。房地产增值税指的是以房地产流转过程中产生的增值额为计税依据的一种流转税。

根据《中华人民共和国增值税暂行条例》规定，不动产增值税的纳税人为在中华人民共和国境内销售不动产的单位和个人。纳税人销售不动产租赁服务，销售不动产，转让土地使用权情形下，增值税税率为17%。

除小规模纳税人的法定应纳税额外，纳税人销售不动产，应纳税额为当期销项税额抵扣当期进项税额后的余额。应纳税额计算公式：应纳税额＝当期销项税额－当期进项税额，当期销项税额小于当期进项税额不足抵扣时，其不足部分可以结转下期继续抵扣。其中，进项税额为纳税人购进不动产支付或者负担的增值税额，且自境外单位或者个人购进的劳务、服务、无形资产或者境内的不动产，以及从税务机关或者扣缴义务人取得的代扣代缴税款的完税凭证上注明的增值税额，应准予从销项税额中抵扣。此外，纳税人购进不动产，取得的增值税扣税凭证不符合法律、行政法规或者国务院税务主管部门有关规定的，其进项税额不得从销项税额中抵扣。用于简易计税方法计税项目、免征增值税项目、集体福利或者个人消费的购进不动产，其进项税额不得从销项税额中抵扣。

第四节　房地产收费制度

一、房地产费的概念

房地产费是指有关的行政机关、事业单位或中介人等在房地产的开发、经营活动中收取的，除法定税收之外的费用。房地产费是为了补充行政机关、事业单位的开支，或者作为相关服务行为的成本和代价①。

二、房地产费的主要类别

(一)城市基础设施配套费

城市基础设施配套费是指由政府及其所属部门依照国家有关规定强制征收,用于城市供水、排水、污水处理、道路、桥梁、燃气、公共交通、供热、园林绿化、路灯、环境卫生、公共消防、交通标志、地铁等市政公用设施建设和维护的专项资金。应注意的是,配套费征收主体与征收对象之间不存在直接的服务与被服务关系。

我国对于城市基础设施配套费的收取并无统一立法,而是各省市为了促进城市基础设施建设,规范城市基础设施配套费的征收管理,根据当地实际情况而制定地方政府规章,如《长春市城市基础设施配套费征收管理暂行办法》《贵州省城市基础设施配套费征收使用管理办法》等。当然,也存在各省市根据省市实际情况取消城市基础设施配套费的收取的情况,如天津。也正是基于城市基础设施配套费的收取无立法上的宏观设计,所以在实践中常存在征收项目多、征收标准不同、征收方法不严谨等问题,这些问题亟待解决。此外,基于城市基础设施配套费对土地交易价格有显著正的影响这一规律②,以及城市基础设施配套费对财政收入的影响,城市基础设施配套费的立废问题有待进一步讨论。

(二)房地产登记费

房地产登记费是指自然资源部和县级及以上地方不动产登记机构依申请对不动产权利进行首次登记、变更登记、转移登记、更正登记、异议登记时向申请人收取的费用。

为规范不动产登记收费管理,保护不动产权利人合法权益,财政部、国家发展改革委于2016年发布《关于不动产登记收费有关政策问题的通知》。根据该通知,自然资源部和县级及以上地方不动产登记机构办理下列不动产权利的首次登记、变更登记、转移登记、更正登记、异议登记时,收取不动产登记费:①房屋等建筑物、构筑物所有权及其建设用地使用权、宅基地使用权或海域使用权;②无建筑物、构筑物的建设用地使用权或宅基地使用权;③森林、林木所有权及其占用的林地承包经营权或国有林地的使用权;④耕地、草地、水域、滩涂等土地承包经营权;⑤地役权;⑥抵押权。上述不动产权利登记中,申请国务院确定的重点国有林区的森林、林木和林地,中央国家机关使用的国有土地及地上建筑物、构筑物等不动产登记,由自然资源部办理并收取不动产登记费;申请其他不动产登记,由县级及以上地方不动产登记机构办理并收取不动产登记费。上述规定以外的不动产权利登记,以及因不动产登记机构错误导致的更正登记不收取不动产登记费。

《关于不动产登记收费有关政策问题的通知》第五条还对免收、减收不动产登记费进行了详细规定。此外,第七条规定,各地在完成不动产登记机构和职责整合、实施统一登记颁发新证书前,已依法核发的各类不动产权属证书和登记证明继续有效。不动产登记机构应当遵循"权利不变动、证书不更换"原则,不得强制要求不动产权利人换领新版不动产权属证书和登记证明。今后,在依法办理变更登记、转移登记等不动产权利登记时,逐步更

---

①何培华,2003. 房地产法,法律出版社.

②王军辉,邓博文,2015. 城市基础设施配套费与土地价格——基于宗地交易数据的实证研究,世界经济文汇,3.

换为新版不动产权属证书和登记证明。在权利不变动、未产生新的登记类型的情况下，不动产权利人自愿申请换领新版不动产权属证书和登记证明的，不动产登记机构不得向相关不动产权利人收取相关费用。

关于不动产登记费的缴纳主体，不动产登记费由不动产登记申请人缴纳。按规定需由当事人各方共同申请不动产登记的，不动产登记费由登记为不动产权利人的一方缴纳；不动产为多个权利人共有(用)的，不动产登记费由共有(用)人共同缴纳，具体分摊份额由共有(用)人自行协商；不动产抵押权登记费由登记为抵押权人的一方缴纳。

此外，《民法典》第二百二十三条规定，不动产登记费按件收取，不得按照不动产的面积、体积或者价款的比例收取。此规定与《关于不动产登记收费有关政策问题的通知》第三条吻合，即不动产登记费按件定额收取。不动产登记申请人以一个不动产单元提出《关于不动产登记收费有关政策问题的通知》第一条所列一个不动产权利事项的登记申请，并完成一次登记的为一件。不动产登记申请人以同一宗土地上多个抵押物办理一笔贷款申请办理抵押权登记的，视为一件。

(三) 房地产中介服务费

房地产中介服务费是指在房地产交易活动中，中介人因其服务成本而向委托人收取的费用。与房地产中介服务的 3 种主要类别相对应，房地产中介服务费主要包括房地产咨询费、房地产价格评估费、房地产经纪费。为了规范房地产中介服务收费行为，国家明确规定房地产中介服务收费实行明码标价制度。

1. 房地产咨询费

房地产咨询费是指提供房地产咨询服务的中介机构基于其向委托人提供房地产相关咨询服务而向委托人收取的费用。房地产咨询依据咨询方式不同可分为口头咨询和书面咨询，由此收费标准也有所不同。口头咨询主要是根据咨询时间、中介人员专业性强度等决定具体的收费；书面咨询则是根据技术难度、情况复杂程度等决定房地产咨询费的具体数额。

2. 房地产价格评估费

房地产价格评估费是指房地产中介服务机构因其向委托人提供房地产经济价值评估的有偿服务，而得以向委托人请求的费用。房地产价格评估费又可以根据评估对象的不同而分为土地价格评估费、房产价格评估费。其中，土地价格评估收费是房地产市场重要的经营性中介服务收费行为，评估机构要按照"自愿委托、有偿服务"的原则与委托方签订合同，开展评估服务工作，收取合理费用。土地价格评估费曾由原国家计委、原土地管理局公布的《关于土地价格评估收费的通知》进行规范，但该规范目前已失效。

3. 房地产经纪费

房地产经纪费是指为促成房地产交易，房地产中介服务机构基于其向委托人提供房地产居间、代理等有偿服务，而得以向委托人收取的相应费用。根据《房地产经纪管理办法》规定，房地产经纪费的收取，应由房地产经纪机构统一收取。房地产经纪人员不得以个人名义承接房地产经纪业务和收取费用。否则，由县级以上地方人民政府建设(房地产)主管部门责令限期改正，记入信用档案；对房地产经纪人员处以 1 万元罚款；对房地产经纪机构处以 1 万元以上 3 万元以下罚款。

房地产经纪费的收费项目、依据和标准应当在房地产经纪机构及其分支机构的经营场所醒目位置加以公示。同时，房地产经纪的服务费用及支付方式也应当包含在房地产经纪服务合同中。房地产经纪机构提供代办贷款、代办房地产登记等其他服务的，应当向委托人说明服务内容、收费标准等情况，经委托人同意后，另行签订合同。房地产经纪机构签订房地产经纪服务合同前，应当向委托人说明房地产经纪服务合同和房屋买卖合同或者房屋租赁合同的相关内容，并书面告知经纪服务收费标准和支付时间。

此外，房地产经纪服务实行明码标价制度。房地产经纪机构应当遵守价格法律、法规和规章规定，在经营场所醒目位置标明房地产经纪服务项目、服务内容、收费标准以及相关房地产价格和信息。房地产经纪机构不得收取任何未予标明的费用；不得利用虚假或者使人误解的标价内容和标价方式进行价格欺诈；一项服务可以分解为多个项目和标准的，应当明确标示每一个项目和标准，不得混合标价、捆绑标价。

《房地产经纪管理办法》也明确禁止不当增加、收取房地产经纪费。该办法规定，房地产经纪机构未完成房地产经纪服务合同约定事项，或者服务未达到房地产经纪服务合同约定标准的，不得收取佣金。两家或者两家以上房地产经纪机构合作开展同一宗房地产经纪业务的，只能按照一宗业务收取佣金，不得向委托人增加收费。

房地产费名目较多，除以上提到的外，还有市政公用设施建设费、公证费、城建综合开发项目管理费等。

4."跳单"问题

对于房地产中介服务费，实践中易出现的问题是"跳单"问题。"跳单"指的是房地产中介机构与委托人就相关中介服务达成合意后，委托人为了规避或减少中介服务费而跳过房地产中介服务机构而自行完成相关房地产交易活动的情形，换言之，即委托人接受中介服务之后又绕开中介服务机构而进行房地产交易活动。

"跳单"问题的产生是中介服务机构或委托人不依约履行房地产中介服务合同的结果。一方面，房地产中介服务结构的中介服务费用收取过高、中介服务水平水准不高、服务不到位等，都可能加剧委托人的"跳单"心理；另一方面，针对委托人群体，契约精神的弘扬和诚信原则的贯彻仍有待加强。

针对"跳单"行为，《民法典》第九百六十五条规定，委托人在接受中介人的服务后，利用中介人提供的交易机会或者媒介服务，绕开中介人直接订立合同的，应当向中介人支付报酬。由此，对"跳单"行为的规制被上升至法律层面。"跳单"行为有多种表现方式，一是委托人利用中介人提供的信息机会或者媒介服务，直接与合同相对方订立合同；二是委托人利用中介人提供的信息机会或者媒介服务，通过其他中介人与合同相对方订立合同；三是委托人将中介人提供的信息透露给亲朋好友，以亲朋好友的名义与合同相对方订立合同，以达到绕开中介人的目的[1]。

尤其应当注意"跳单"行为的判断。首先，房地产中介服务合同是否已经生效，房地产中介服务合同是判断委托人行为是否构成"跳单"行为的前提，只有在房地产中介服务合同成立生效后，才对委托人和房地产中介机构构成约束，此时才有进一步讨论是否构成"跳单"的必

---

[1]北京法院网，民法典新规："跳单"也要"买单". https://bjgy.bjcourt.gov.cn/article/detail/2021/02/id/5811177.shtml.

要。其次，需要判定房地产中介机构是否按照合同约定履行了提供中介服务的义务。在实践中常常出现委托人委托多个房地产中介服务机构的情形，在此情况下，就应当更加谨慎地判断房地产中介服务的提供者。最后，在前两个条件满足的情况下，还需判断委托人是否利用中介人提供的交易机会或者媒介服务而订立房地产交易合同，这是判断是否构成"跳单"行为的关键。也就是说，倘若委托人虽然绕开了中介人直接订立合同，但是其并没有利用中介人提供的交易机会或者媒介服务，那么此时也不能认定其行为是"跳单"行为。

（四）公证费

房地产作为不动产，具有较高的财产价值，由此也决定了房地产交易的复杂性和特殊性。在房地产交易过程中，常常涉及房地产公证。公证指的是公证机构根据自然人、法人或者其他组织的申请，依照法定程序对民事法律行为、有法律意义的事实和文书的真实性、合法性予以证明的活动。公证费则是基于公证机构提供公证服务而收取的费用，其收费标准由省、自治区、直辖市人民政府价格主管部门会同同级司法行政部门制定。

对于不动产公证，《中华人民共和国公证法》第二十五条规定，自然人、法人或者其他组织申请办理公证，可以向住所地、经常居住地、行为地或者事实发生地的公证机构提出。申请办理涉及不动产的公证，应当向不动产所在地的公证机构提出；申请办理涉及不动产的委托、声明、赠与、遗嘱的公证，也可以由自然人、法人或者其他组织向住所地、经常居住地、行为地或者事实发生地的公证机构提出申请。

此外，就公证机构、公证人员、当事人的行为规范而言，第一，公证机构和公证人员不得违反规定的收费标准收取公证费，否则由省、自治区、直辖市或者设区的市人民政府司法行政部门给予警告；情节严重的，对公证机构处1万元以上5万元以下罚款，对公证员处1000元以上5000元以下罚款，并可以给予3个月以上6个月以下停止执业的处罚；有违法所得的，没收违法所得。第二，公证机构和公证人员不得侵占、挪用公证费，否则，由省、自治区、直辖市或者设区的市人民政府司法行政部门对公证机构给予警告，并处2万元以上10万元以下罚款，并可以给予1个月以上3个月以下停业整顿的处罚；对公证员给予警告，并处2000元以上1万元以下罚款，并可以给予3个月以上12个月以下停止执业的处罚；有违法所得的，没收违法所得；情节严重的，由省、自治区、直辖市人民政府司法行政部门吊销公证员执业证书；构成犯罪的，依法追究刑事责任。第三，当事人拒绝按照规定支付公证费的，公证机构不予办理公证。当事人应当按照规定支付公证费。对符合法律援助条件的当事人，公证机构应当按照规定减免公证费。

延伸阅读

1. 房地产经纪合同佣金支付条件规则重构，陈爱碧，湖南大学学报（社会科学版），2015，2.

2. 土地金融、房地产税与去杠杆，刘建建，王忻，龚六堂，经济科学，2023，1.

3. 论房产税改革路径的法治化建构，刘剑文，陈立诚，法学杂志，2014，2.

思考题

1. 简述房地产中介服务的种类。

2. 普遍征收房地产税能否有效缩小日益拉大的收入分配差距?

3. 房地产费与房地产税的区别有哪些?

🎋 案例分析 --

案情①：2022 年 9 月，甲、乙签订《公有承租权转让定金合同协议书》。合同约定，甲以 130 万元购买 A 房屋的承租权，乙承诺该房屋交易前因房屋使用产生的一切费用由出售方丙支付；合同签订后由乙陪同，甲乙丙三方到物业公司征询；在进交易中心前，甲将全部房款给乙进行资金监管，通过交易中心审核后，丙将房屋移交给甲，乙而后取出房款交付给丙；交易成功后甲支付乙 2% 的费用。合同签订后，甲依约支付了 125 万元，之后，甲与丙签订《公有住房承租权转让合同》时，发现转让价格为 86 万元。

问题：甲是否有权请求乙返还房屋差价款 39 万元?

分析：有权。甲乙虽签订定金合同，但之后未签订《公有住房承租权转让合同》，且根据定金合同的内容可以判断，乙为系争房屋承租权转让的居间人，而非承租权的出卖人。即甲乙间属于中介服务关系而非买卖关系。此外，根据《房地产经纪管理办法》第二十五条，房地产经纪机构和房地产经纪人员不得对交易当事人隐瞒真实的房屋交易信息，低价收进高价卖(租)出房屋赚取差价。本案中，乙在房地产居间服务过程中未如实向甲报告系争房屋承租权转让价格，有意向甲隐瞒真实的房屋交易信息，意图赚取差价，侵害了委托人甲的合法权益，甲可要求乙返还差价。

---

①源于中国裁判文书网数据库.

第九章　物业管理服务法律制度

内容提要：物业是指已经建成并投入使用的各类房屋及与之相配套的设备、设施和场地。物业管理是由业主和物业服务企业按照物业服务合同约定，对房屋及配套的设施设备和相关场地进行维修、养护、管理，维护物业管理区域内的环境卫生和相关秩序的活动。本章通过对物业管理服务的概述，介绍业主的建筑物区分所有权以及业主大会与业主委员会的相关知识，并对物业服务合同的概念、特征、内容及终止进行分析，较为详细地阐述了我国物业管理服务法律制度。

学习目标与要求：通过本章学习，应当掌握物业管理服务的概念，了解业主的建筑物区分所有权的具体内容，了解业主大会与业主委员会的相关知识，掌握物业服务合同的概念、特征及内容。

第一节　物业管理服务概述

一、物业与物业管理

(一)物业

物业是指已经建成并投入使用的各类房屋及与之相配套的设备、设施和场地。"物业"一词译自英语 property 或 estate，自 20 世纪 80 年代传入我国，现已形成了一个完整的概念。根据使用功能的不同，物业可分为居住物业、商业物业、工业物业、政府类物业和其他用途物业。

(二)物业管理

根据我国《物业管理条例》第二条的规定，物业管理是指业主通过选聘物业服务企业，由业主和物业服务企业按照物业服务合同约定，对房屋及配套的设施设备和相关场地进行维修、养护、管理，维护物业管理区域内的环境卫生和相关秩序的活动。

《民法典》第二百八十四条规定，业主可以自行管理建筑物及其附属设施，也可以委托物业服务企业或者其他管理人管理。据此，物业管理可以分为自主型物业管理和委托型物业管理两种类型。自主型物业管理是指业主不委托专业管理机构而是自己直接对物业实施管理。这种管理体制中，业主即为物业管理人，一般适用于规模较小的物业管理。而委托型物业管理是指业主委托专业管理机构对物业进行管理。在现代物业管理实践中，委托型物业管理占据着十分重要的地位，是最为常见的一种物业管理方式。在该模式中，业主与物业服务企业签订的物业服务合同明确约定双方权利义务，实现了所有权和管理权的分离，促进了物业管理行业的发展。

物业管理的基本内容按其服务性质和提供方式可分为常规性的公共服务、针对性的专项服务以及委托性的特约服务[①]。

---

①周运清，向静林，2009. 中国物业管理的理论与实践，中南民族大学学报(人文社会科学版)，3.

1. 常规性的公共服务

常规性公共服务是物业服务的基本内容，是物业服务企业向全体业主提供的，保障物业管理服务活动正常进行的必不可少的基本服务，包括：

(1)房屋建筑主体的管理及住宅装修的日常监督。

(2)房屋设备、设施的管理。

(3)环境卫生的管理。

(4)绿化管理。

(5)配合公安和消防部门做好住宅区内公共秩序维护和安全防范工作。

(6)车辆道路管理。

(7)其他公众代办性质的服务。

2. 针对性的专项服务

针对性专项服务是由物业服务企业提供的，业主可自主选择的物业管理服务项目，一般包括：

(1)日常生活类。

(2)商业服务类。

(3)文化、教育、卫生、体育类。

(4)金融服务类。

(5)经纪代理中介服务。

(6)社会福利类。

3. 委托性的特约服务

根据我国《物业管理条例》第四十三条规定，物业服务企业可以根据业主的委托提供物业服务合同约定以外的服务项目，服务报酬由双方约定。根据合同自由原则，在不违反公序良俗与法律强制性规定的前提下，物业服务企业可以接受业主的委托，与业主签订委托合同，提供物业服务合同中并未约定的服务，并在合同中约定相应报酬。

(三)物业管理的原则

1. 市场竞争原则

物业管理活动本质上是一项民事活动，业主和物业服务企业在双方完全平等的原则下，通过双向选择签订合同。业主可以自主选择物业服务企业，物业服务企业也可以通过彼此之间的公平竞争来争取客户。《物业管理条例》第三条规定，国家提倡业主通过公开、公平、公正的市场竞争机制选择物业服务企业。

2. 提高管理和服务水平原则

依据《物业管理条例》第四条规定，国家鼓励采用新技术、新方法，依靠科技进步提高物业管理和服务水平。在现代物业管理实践中，物业管理活动专业化的特点愈发突出，物业服务企业在提供服务的过程中通过采用新技术、新方法的方式可以不断提高物业管理服务水平，为业主提供更好服务的同时提高自身竞争力。

3. 行政监督原则

物业管理虽然是一项平等主体之间的民事活动，但在实践中业主一方常常处于相对弱势的地位，为维护良好社会秩序，保障人民安居乐业，行政部门需要对物业管理活动进行监督，并对一些物业管理活动制定相应的标准或规范。根据《物业管理条例》第五条规定，国务院建设行政主管部门负责全国物业管理活动的监督管理工作。县级以上地方人民政府房地产行政主管部门负责本行政区域内物业管理活动的监督管理工作。

二、前期物业管理

（一）前期物业管理的概念

前期物业管理是指业主、业主大会选聘物业服务企业之前所实施的物业管理。前期物业服务合同是指在物业服务区域内的业主、业主大会选聘物业服务人之前，由房地产建设单位与物业服务人签订的、由物业服务人提供物业服务的合同。前期物业服务合同约定的服务期限届满后，如果双方当事人没有订立新的物业服务合同或者通过约定延长物业服务合同的服务期限，则前期物业服务合同终止，物业服务人应当退出物业服务区域，并和新的物业服务人或者决定自行管理的业主进行交接。根据《民法典》第九百三十九条规定，建设单位依法与物业服务人订立的前期物业服务合同，以及业主委员会与业主大会依法选聘的物业服务人订立的物业服务合同，对业主具有法律约束力。

前期物业管理的主要内容包括：①建立与业主、物业使用人的联络关系。即听取业主、物业使用人对物业管理的要求和希望，了解业主、物业使用人对物业使用的有关安排与打算，参与销售部门同业主、物业使用人签约。②设计管理模式，草拟物业管理制度。包括与房地产开发企业一起草拟物业管理区域的规章制度、业主大会议事规则、临时管理规约等；设置物业管理区域内的组织机构，规定各部门人员岗位责任制度，编制住户手册、物业管理区域的综合管理办法等；制订上岗人员的培训计划并加以实施。③建立服务系统和服务网络。包括保安、清洁、养护、维修、绿化队伍的设立或者选聘、洽谈和订立合同；同街道、公安、交通、环保、卫生、市政、园林、教育、公用事业及商业等部门进行联络、沟通；代办服务项目网络。④办理移交承接事项。即拟定移交物业承接办法、筹备成立业主大会、协助办理移交物业承接事宜。此外，前期物业服务合同的主要内容还包括物业接管前的验收、开发商的保修责任、前期物业服务的费用承担等。

（二）前期物业服务合同

前期物业服务合同是指在业主、业主大会选聘物业服务企业之前，建设单位为小区选聘物业服务企业的合同。

根据《物业管理条例》第二十六条规定，前期物业服务合同可以约定期限；但是，期限未满、业主委员会与物业服务企业签订的物业服务合同生效的，前期物业服务合同终止。即前期物业服务合同可以约定合同期限，同时，当正式的物业服务合同生效时，前期物业服务合同自然终止，这样就可以避免两个物业服务合同发生冲突。

根据《最高人民法院关于审理物业服务纠纷案件适用法律若干问题的解释》的相关规定，业主虽然不是前期物业服务合同形式上的签订者，但却是物业服务合同项下权利义务的实际享有者和承担者。从法律关系的角度来说，真正的物业管理法律权利义务存在于业主与物业公司之间。因此，在业主大会尚未成立的情况下，物业公司就前期物业费的调整，应当与业主进行协商。同时，根据《民法典》第二百七十八条规定，有关共有和共同管理权利的其他重大事项，应当经参与表决专有部分面积过半数的业主且参与表决人数过半数的业主同意。由于物业服务收费标准即属于上述规定中的其他重大事项，因此，对于该类事项的调整，应当经参与表决专有部分面积过半数的业主且参与表决人数过半数的业主同意，即须经过"双过半"业主同意。

三、物业服务企业

物业服务企业是指向业主提供物业管理服务的企业法人。根据《物业管理条例》第三十三条规定，一个物业管理区域由一个物业服务企业实施物业管理。

物业服务企业的权利主要包括：①按照约定收取物业费。物业服务人已经按照约定和有关规定提供服务的，业主不得以未接受或者无需接受相关物业服务为由拒绝支付物业费。业主违反约定逾期不支付物业费的，物业服务人可以催告其在合理期限内支付；合理期限届满仍不支付的，物业服务人可以提起诉讼或者申请仲裁。②在业主装饰装修房屋时，物业服务企业享有知情权，可进行必要的现场检查。③可以将物业管理区域内的专项事务委托给其他专业服务企业。④在公平公正公开的条件下，参与市场竞争。⑤对业主转让、出租物业专有部分、设立居住权或者依法改变共有部分用途的享有知情权。

物业服务企业的义务主要包括：①应当按照约定和物业的使用性质，妥善维修、养护、清洁、绿化和经营管理物业服务区域内的业主共有部分，维护物业服务区域内的基本秩序，采取合理措施保护业主的人身、财产安全。②对物业服务区域内违反有关治安、环保、消防等法律法规的行为，物业服务人应当及时采取合理措施制止、向有关行政主管部门报告并协助处理。③物业服务人应当定期将服务的事项、负责人员、质量要求、收费项目、收费标准、履行情况，以及维修资金使用情况、业主共有部分的经营与收益情况等以合理方式向业主公开并向业主大会、业主委员会报告。

四、物业服务收费

(一)物业服务收费的概念

物业服务收费是指物业服务企业按照物业服务合同的约定，对房屋及配套的设施设备和相关场地进行维修、养护、管理，维护相关区域内的环境卫生和秩序，向业主所收取的费用。物业服务收费应当遵循合理、公开以及费用与服务水平相适应的原则，区别不同物业的性质和特点，由业主和物业服务企业按照国务院价格主管部门会同国务院建设行政主管部门制定的物业服务收费办法，在物业服务合同中约定。对于物业服务企业根据业主委托而提供的物业服务合同约定以外的服务项目，服务报酬由双方约定。

物业服务收费明码标价包括物业服务企业名称、收费对象、服务内容、服务标准、计费方式、计费起始时间、收费项目、收费标准、价格管理形式、收费依据、价格举报电话等。同时实行政府指导价的物业服务收费应当标明基准收费标准、浮动幅度，以及实际收费标准。

(二)物业服务收费的定价

物业服务收费应当区分不同物业的性质和特点分别实行政府指导价和市场调节价。具体定价形式由省、自治区、直辖市人民政府价格主管部门会同房地产行政主管部门确定。

物业服务收费实行政府指导价的，有定价权限的人民政府价格主管部门应当会同房地产行政主管部门根据物业管理服务等级标准等因素，制定相应的基准价及其浮动幅度，并定期公布。具体收费标准由业主与物业服务企业根据规定的基准价和浮动幅度在物业服务合同中约定。实行市场调节价的物业服务收费，由业主与物业服务企业在物业服务合同中约定。

(三)物业服务收费的形式

根据《物业服务收费管理办法》第九条规定，业主与物业服务企业①可以采取包干制或者酬金制等形式约定物业服务费用。

包干制是指由业主向物业服务企业支付固定物业服务费用，盈余或者亏损均由物业服务企业享有或者承担的物业服务计费方式。实行物业服务费用包干制的，物业服务费用的构成包括物业服务成本、法定税费和物业服务企业的利润。

酬金制是指在预收的物业服务资金中按约定比例或者约定数额提取酬金并支付给物业服务企业，其余全部用于物业服务合同约定的支出，结余或者不足均由业主享有或者承担的物业服务计费方式。实行物业服务费用酬金制的，预收的物业服务资金包括物业服务支出和物业服务企业的酬金。预收的物业服务支出属于代管性质，为交纳的业主所有，物业服务企业不得将其用于物业服务合同约定以外的支出。物业服务企业应当向业主大会或者全体业主公布物业服务资金年度预决算并每年不少于一次公布物业服务资金的收支情况。业主或者业主大会对公布的物业服务资金年度预决算和物业服务资金的收支情况提出质询时，物业服务企业应当及时答复。物业服务收费采取酬金制方式，物业服务企业或者业主大会可以按照物业服务合同约定聘请专业机构对物业服务资金年度预决算和物业服务资金的收支情况进行审计。

(四)物业服务收费的交纳

根据《物业管理条例》第四十一条规定，业主应当根据物业服务合同的约定交纳物业服务费用。业主与物业使用人约定由物业使用人交纳物业服务费用的，从其约定，业主负连带责任。已竣工但尚未出售或者尚未交给物业买受人的物业，物业服务费用由建设单位交纳。

物业已经出卖并交付给业主的，业主是交纳服务费的义务人。由于业主是物业的所有人，同时物业服务合同是由业主委员会代表业主与物业服务企业签订的，所以业主是合同的当事人，由其享有物业服务合同所产生的权利，同时也应当由其负担物业服务合同所创设的义务，在物业服务合同中，业主的主要义务便是交纳物业服务费。

若业主将物业服务交予他人使用时，由于物业使用人并非合同的当事人，因此，除非经由债务承担，物业使用人不负有交纳服务费的义务。根据《民法典》合同编的相关规定，由债务人与第三人签订合同进行债务承担的应当经债权人同意才对债权人有效，因此，若未经债权人同意的不构成债务承担，此时，业主与物业使用人的约定对物业服务企业不产生效力，但该约定在业主与物业使用人之间仍然有效。此外，若物业使用人向物业服务企

---

①《物业服务收费管理办法》全篇采用"物业管理企业"的概念，但《物业管理条例》《民法典》等法律规范及司法实践中已普遍将"物业管理企业"概念更新为"物业服务企业"，因此，本章无特别强调时，皆采用"物业服务企业"。

业交纳物业服务费的，物业服务企业应当受领不得拒绝，否则会构成受领迟延。因为，债务除了依据法律或合同之约定应由债务人亲自履行的外，均可由第三人履行。若物业使用人不按约定交纳物业服务费用的，仍应当由物业所有人即业主承担责任，物业服务企业不得要求物业使用人承担责任，但是物业使用人必须向业主承担责任。

当物业尚未出售或虽已出售但是尚未交付给业主时，物业服务合同的当事人是物业服务企业与房地产开发单位，所以物业服务费应当由房地产开发单位支付。

第二节　业主的建筑物区分所有权

一、业主的建筑物区分所有权概述

(一)业主的建筑物区分所有权的概念

业主的建筑物区分所有权包括对其专有部分的所有权、对建筑区划内的共有部分享有的共有和共同管理的权利。对区分所有权进行定义关键是确定区分所有权的内容。狭义的区分所有权概念认为区分所有权专指由区分所有建筑物专有部分所构成的所有权，并不包括共有部分。广义的区分所有权概念认为区分所有权是由专有部分所有权与共有部分所有权共同组合而成的。最广义的区分所有权概念认为区分所有权应由专有部分所有权、共有部分的权利以及因共同关系所产生的成员权利等三要素所构成①。

1. 一元论说

(1)专有权说。专有权说最早为法国民法学者在解释《法国民法典》第六百六十四条关于楼层所有权的规定时所提出，认为建筑物区分所有权即指区分所有权人于区分所有建筑物的专有部分上享有的权利。因此，建筑物区分所有权是若干个单独的"个人所有权的堆积"②。而我国台湾地区学者刘得宽也在其所著的《民法诸问题与新展望》中提出，区分所有建筑物得区分为专有部分与共用部分，在专有部分上成立的所有权即为区分所有权③。

(2)共有权说。共有权说最早为法国学者普鲁东和拉贝在解释《法国民法典》第六百六十四条时，针对专有权说而提出的对立主张。该说以集团性、共同性为立论基础将区分所有建筑物整体视为全体区分所有权人之共有④。但是，《法国民法典》第六百六十四条在事实上拒绝承认共有权说而采用专有权说。直到日本于1983年修改《旧建筑物区分所有权法》，开始从强调专有部分变成强调共同所有。此时，虽然从立法表象上仍采专有权说，但实质上已经改为采用共有权说。

2. 二元论说

二元论说认为建筑物区分所有权是由区分所有建筑物专有部分所有权与共用部分持分权构成⑤。法国1938年《有关区分各阶层不动产之共有的法律》第五条规定，建筑物区分所有权是成立于专有部分上的专有权与成立于共用部分上的共有权的结合。并且，法国

---

① 王利明，2006. 论业主的建筑物区分所有权的概念，当代法学，5.
② 陈华彬，2008. 论建筑物区分所有权的构成，清华法学，2.
③ 刘得宽，1995. 民法诸问题与新展望，五南图书出版公司.
④⑤ 梁慧星，陈华彬，2020. 物权法，法律出版社.

1965 年制定的《住宅分层所有权法》也对区分所有权的专有部分和共用部分作出规定，确立了建筑物区分所有权为专有所有权与共用部分持分权的结合。此外，在我国台湾地区的民法中也存在相关规定采二元论说，即"数人区分一建筑物而各有其一部者，推定为各所有人共有，其修缮费及其他负担由各所有人按其所有部分之价值分担之"。

3. 新一元论说

新一元论说将专有部分和共用部分合称为"享益部分"。以该"享益部分"为单位设定的权利即为区分所有权，其性质上属于一种全新的物权。该学说经学者吉沃尔的阐发而得以完全形成，即建筑物区分所有权是指区分所有人就区分所有建筑物"享益部分"享有的权利由被分割的建筑物专有部分上成立的排他性所有权与在共用部分上成立的受限制的享有权构成。但同时，此项权利是成立于享益部分上的单一权利，它虽由具有互不可分关系的专有部分和共用部分构成，但"享益部分"是其成立基础，从而它仅为一个权利①。

4. 三元论说

三元论说为德国美因兹大学著名教授贝尔曼倡导，又称"最广义区分所有权说"。该说认为建筑物区分所有权系由区分所有建筑物专有部分所有权共用部分持分权以及因共同关系所生的成员权构成。其中，专有部分所有权、共用部分持分权以及因共同关系所生的成员权，此三者形成不可分离而具有物权法性和人法性的特别权利，即"共同的空间所有权"②。如德国《住宅所有权法》中规定，区分所有权由供居住或供其他用途的建筑物空间上设立的专有所有权，在共用部分上成立的共有所有权，以及基于专有部分与共用部分不可分离而产生的共同所有人的成员权这三部分构成。

(二)业主的建筑物区分所有权的内容③

1. 业主对专有部分的所有权

业主对建筑物内的住宅、经营性用房等专有部分享有所有权，有权对专有部分占有、使用、收益和处分。作为专有所有权的客体应符合两个标准，一是构造上的独立性，二是使用上的独立性。区分所有权人对其专有部分享有排他的所有权，可以使用、收益和处分，既可以直接占有和使用，也可以将其出租或让与他人或在其上设定权利负担。

2. 业主对建筑区划内的共有部分的共有的权利

业主对专有部分以外的共有部分享有共有的权利。如根据《民法典》第二百七十四条规定，建筑区划内的道路，属于业主共有，但属于城镇公共道路的除外。建筑区划内的绿地，属于业主共有，但属于城镇公共绿地或者明示属于个人的除外。建筑区划内的其他公共场所、公用设施和物业服务用房，属于业主共有。第二百七十五条第二款规定，占用业主共有的道路或者其他场地用于停放汽车的车位，属于业主共有。

3. 业主对建筑区划内的共有部分的共同管理的权利

业主可以自行管理建筑物及其附属设施，也可以委托物业服务企业或者其他管理人管

---

①［日］小沼进一，1992. 建筑物区分所有之法理，法律文化社.
②梁慧星，陈华彬，2020. 物权法，法律出版社.
③中国法制出版社，2020. 物业管理条例注解与配套(第五版)，中国法制出版社.

理。业主可以设立业主大会，选举业主委员会，共同决定制定和修改业主大会议事规则，制定和修改管理规约，选举业主委员会或者更换业主委员会成员，选聘和解聘物业服务企业或者其他管理人，使用建筑物及其附属设施的维修资金，筹集建筑物及其附属设施的维修资金，改建、重建建筑物及其附属设施，改变共有部分的用途或者利用共有部分从事经营活动等。业主大会和业主委员会，对任意弃置垃圾、排放大气污染物或者噪声、违反规定饲养动物、违章搭建、侵占通道、拒付物业费等损害他人合法权益的行为，有权依照法律、法规以及管理规约，要求行为人停止侵害、消除危险、排除妨害、赔偿损失。

二、专有权

专有权是指业主对其建筑物专有部分享有占有、使用、收益和处分的权利。所谓"专有部分"应解释为在构造上能明确区分，具有排他性且可独立使用的建筑物部分。一栋建筑物必须区分为数部分，而且被区分的各部分必须具备构造上的独立性与利用上的独立性，才可以成立区分所有①。

关于专有部分的范围在理论上存在 4 种学说，即中心说、空间说、最后粉刷表层说以及壁心和最后粉刷表层说。中心说认为专有部分达到墙壁、柱、地板、天花板等境界部分厚度的中心。空间说认为专有部分仅限于由墙壁、地板、天花板所围成的空间部分。最后粉刷表层说认为专有部分包括墙壁、柱等境界部分表层所粉刷的部分。壁心和最后粉刷表层说是对上述 3 种学说的折衷，认为在区分所有人之间，尤其是有关建筑物的维持、管理关系上适用最后粉刷表层说；在对第三人的关系上，则适用壁心说。

通说为壁心和最后粉刷表层说，该说认为专有部分的范围应分内部关系与外部关系分别而论。在区分所有权人相互间，尤其是有关建筑物的维持和管理关系上，专有部分仅包含至壁、柱、地板、天花板等境界部分表层所粉刷的部分；但在外部关系上，尤其是对第三人的关系上，专有部分则包含至壁、柱、地板、天花板等境界部分厚度的中心线。另外，专有部分的范围除以上所论建筑物的结构部分外，还包括建筑物的附属物与附属建筑物。而所谓建筑物的附属物，指配置于建筑物内部的水管、瓦斯管、电线、电话线等附属设备。其中，专供专有部分使用的管线应属于专有部分的范围。至于供各户共同使用的管线则属共用部分；所谓附属建筑物，指仓库、车库等居于从属地位的建筑物。附属建筑物一方面应根据管理规约成为约定共用部分，另一方面也可成为某一专有部分的附属建筑物。当车库、仓库等附属建筑物从属于某一专有部分时，专有部分的范围即包括该附属建筑物。

在一栋建筑物中业主的专有部分通常包括②：①住宅空间，为建筑物内的墙面所封闭的特定空间。②住房内除承重墙以外的内墙。承重墙属于建筑物的主体部分，属于业主所共有。而在业主的居住空间内的其他墙体，目的在于分割业主的居住空间，因此属于业主的专有部分。③房屋内的门、窗。这是指处于居住空间之内的门窗等设施。④内墙壁上的装饰装修、涂层。⑤百叶窗、窗帘、遮蔽设施、栏杆、扶手等设施。⑥地板或天花板表面的装饰层，如地板表层铺设的地板砖、瓷砖或其他铺设。⑦房屋内的附属设施或设备，如

①陈华彬，2008. 论建筑物区分所有权的构成，清华法学，2.
②石佳友，2009. 区分所有建筑物中专有部分与共有部分的划分，政治与法律，2.

卫生间、室内个人敷设的管线、水槽、个人供暖设施、自行敷设的连接管线等。⑧部分住宅中业主专有的地窖、阁楼等。对于业主的专有部分，业主可以在其《管理规约》中通过列举的方式，以明晰有关部分的产权归属，避免日后纠纷。但对于列举之外的区分所有的建筑物的部分，只要在构造上能明确区分，具有排他性且可独立使用的，也应将其确定为特定业主所有的专有部分的内容。

三、共有权

业主对专有部分以外的共有部分享有共有的权利，共有权的内容包括业主对共有部分所享有的权利和承担的义务。通常认为的共有部分是指专有部分以外的其他部分，换言之，在界定专有部分的范围后，可以间接地推导出共有部分的范围。

共有权的范围包括专有部分以外的建筑物及不属于专有部分的建筑物附属物和地基等①。具体而言，包括：①维持建筑物安全所必需的建筑物主体结构除专有部分以外的其他部分，如基础、外墙、承重墙、支柱、屋顶等；②供区分所有权人共同使用的建筑物的附属物部分，如共用大门、楼梯、电梯、走廊、车库、地下室、冷暖气设备、消防设备、紧急出口、水卫、电照、沟管、垃圾道、化粪池等；③地基即建筑物占用范围的土地及其附属的庭院以及围绕建筑物的空地等国有土地使用权；④本为专有部分客体而具有封闭性空间，但依区分所有权人全体约定，供全体或部分区分所有人共同使用的部分②。

四、共同管理权

共同管理权亦称业主的成员权，是指建筑物区分所有权人即业主基于在一栋建筑物的构造、权利归属和使用上的不可分离的共同关系而产生的，作为建筑物的一个团体组织的成员而享有的权利与承担的义务③。

共同管理权具有以下特征：其一，是一种独立于专有所有权与共有所有权之外的权利。即主要是对全体区分所有人的共同事务享有的权利和承担的义务，其中大部分为管理关系④。其二，是基于区分所有权人之间的共同关系而产生的权利。其三，是一种具有永续性的权利。它是基于区分所有权人在一栋建筑物的构造、权利归属及使用上的不可分离所形成的共同关系而产生的，只要建筑物存在，业主间的关系就会一直存续⑤。其四，共同管理权与专有所有权以及共有所有权构成区分所有权的完整内容，三者密不可分。

共同管理权即业主的成员权在内容上包括权利和义务两个方面。

业主作为共同管理权人主要享有以下权利：①按照物业服务合同的约定，接受物业服务企业提供的服务；②提议召开业主大会会议，并就物业管理的有关事项提出建议；③提出制定和修改管理规约、业主大会议事规则的建议；④参加业主大会会议，行使投票权；⑤选举业主委员会成员，并享有被选举权；⑥监督业主委员会的工作；⑦监督物业服务企业履行物业服务合同；⑧对物业共用部位、共用设施设备和相关场地使用情况享有知情权和监督权；⑨监督物业共用部位、共有设施设备专项维修资金的管理和使用。

---

①③陈华彬，2008. 论建筑物区分所有权的构成，清华法学，2.

②焦富民，陆一，2007. 论建筑物区分所有权中业主共有权的保护，比较法研究，5.

④⑤段启武，1994. 建筑物区分所有权之研究，民商法论丛(第一卷)，法律出版社.

同时，业主应承担的义务主要包括：①遵守管理规约、业主大会议事规则；②遵守物业管理区域内物业共用部位和共用设施设备的使用、公共秩序和环境卫生的维护等方面的规章制度；③执行业主大会的决定和业主大会授权业主委员会作出的决定；④按照国家有关规定交纳专项维修资金；⑤按时交纳物业服务费用。

第三节　业主大会及业主委员会

一、业　主

(一)业主的概念

业主是指物业的所有权人。通常而言，物业管理关系仅涉及业主和物业服务企业之间的权利义务关系。但在实际生活中，许多业主购买商品房并不是用于自己居住，而是出租给他人使用从而收取租金。因此，物业管理关系还涉及物业使用人的权利义务。根据《物业管理条例》第四十七条规定，物业使用人在物业管理活动中的权利义务由业主和物业使用人约定，但不得违反法律、法规和管理规约的有关规定。物业使用人违反本条例和管理规约的规定，有关业主应当承担连带责任。

(二)业主的权利

根据《物业管理条例》第六条规定，业主在物业管理活动中，享有下列权利：

(1)按照物业服务合同的约定，接受物业服务企业提供的服务；

(2)提议召开业主大会会议，并就物业管理的有关事项提出建议；

(3)提出制定和修改管理规约、业主大会议事规则的建议；

(4)参加业主大会会议，行使投票权；

(5)选举业主委员会成员，并享有被选举权；

(6)监督业主委员会的工作；

(7)监督物业服务企业履行物业服务合同；

(8)对物业共用部位、共用设施设备和相关场地使用情况享有知情权和监督权；

(9)监督物业共用部位、共有设施设备专项维修资金的管理和使用；

(10)法律、法规规定的其他权利。

(三)业主的义务

根据《物业管理条例》第七条规定，业主在物业管理活动中，履行下列义务：

(1)遵守管理规约、业主大会议事规则；

(2)遵守物业管理区域内物业共用部位和共用设施设备的使用、公共秩序和环境卫生的维护等方面的规章制度；

(3)执行业主大会的决定和业主大会授权业主委员会作出的决定；

(4)按照国家有关规定交纳专项维修资金；

(5)按时交纳物业服务费用；

(6)法律、法规规定的其他义务。

二、业主大会

(一)业主大会的概念

业主大会由物业管理区域内全体业主组成,是业主为实现对物业的自我管理,对物业管理区域内的共同事项做出决定而组成的自治组织。《物业管理条例》第九条规定,一个物业管理区域成立一个业主大会。而物业管理区域的划分应当考虑物业的共用设施设备、建筑物规模、社区建设等因素。业主大会是基于业主的建筑物区分所有权的行使产生的,业主大会成立后,业主可通过业主大会实现对全体业主共同利益事项的决定和管理,维护业主在物业管理活动中的合法权益。

(二)业主大会的成立

业主大会自首次业主大会会议召开之日起成立[①]。根据《物业管理条例》第十条规定,同一个物业管理区域内的业主,应当在物业所在地的区、县人民政府房地产行政主管部门或者街道办事处、乡镇人民政府的指导下成立业主大会,并选举产生业主委员会。但是,只有一个业主的,或者业主人数较少且经全体业主一致同意,决定不成立业主大会的,由业主共同履行业主大会、业主委员会职责。

(三)业主大会会议的召开与议事规则

业主大会会议分为定期会议和临时会议两种。根据《物业管理条例》第十三条、第十四条规定,业主大会定期会议应当按照业主大会议事规则的规定召开。经20%以上的业主提议,业主委员会应当组织召开业主大会临时会议,于会议召开15日前通知全体业主,并做好业主大会会议记录。住宅小区的业主大会会议,应当同时告知相关居民委员会。

业主大会议事规则是对业主大会的议事方式、表决程序、业主委员会的组成和成员任期等事项作出的约定。根据《物业管理条例》第十二条规定,业主大会会议可以采用集体讨论的形式,也可以采用书面征求意见的形式,但应当有物业管理区域内专有部分占建筑物总面积过半数的业主且占总人数过半数的业主参加。即业主大会会议的召开应同时满足人数过半数和专有部分占比过半数两个条件。业主参与业主大会会议的方式包括亲自参加和委托代理人参加两种,因故不能参加会议的业主可以委托代理人参加业主大会会议。

根据《民法典》第二百七十八条规定,下列事项由业主共同决定:

(1)制定和修改业主大会议事规则;

(2)制定和修改管理规约;

(3)选举业主委员会或者更换业主委员会成员;

(4)选聘和解聘物业服务企业或者其他管理人;

(5)使用建筑物及其附属设施的维修资金;

(6)筹集建筑物及其附属设施的维修资金;

(7)改建、重建建筑物及其附属设施;

(8)改变共有部分的用途或者利用共有部分从事经营活动;

(9)有关共有和共同管理权利的其他重大事项。

---

① 黄河,2016.房地产法(第三版),中国政法大学出版社.

业主大会在对业主共同决定事项进行表决时，应当由专有部分面积占建筑物总面积2/3以上的业主且人数占比2/3以上的业主参与表决。业主大会的决议可以分为一般决议和特殊决议。对于一般决议，应当经参与表决专有部分面积过半数的业主且参与表决人数过半数的业主同意。对于特殊决议，则应当经参与表决专有部分面积3/4以上的业主且参与表决人数3/4以上的业主同意。特殊决议适用的事项限于筹集建筑物及其附属设施的维修资金，改建、重建建筑物及其附属设施，改变共有部分的用途或者利用共有部分从事经营活动。此外，业主大会或者业主委员会的决定，对业主具有约束力。但业主大会或者业主委员会作出的决定侵害业主合法权益的，受侵害的业主可以请求人民法院予以撤销。

三、业主委员会

(一)业主委员会的概念

业主委员会是由业主大会选举产生并经行政主管部门登记备案的组织，是业主大会的执行机构，在物业管理活动中代表和维护全体业主的合法权益。根据《物业管理条例》第十六条规定，业主委员会应当自选举产生之日起30日内，向物业所在地的区、县人民政府房地产行政主管部门和街道办事处、乡镇人民政府备案。业主委员会是基于全体业主的意思表示而设立的，登记并不影响业主委员会的成立，其登记备案是为了便于接受行政主管部门的监督与指导。业主委员会委员应当由热心公益事业、责任心强、具有一定组织能力的业主担任。业主委员会主任、副主任在业主委员会成员中推选。

(二)业主委员会的职责

业主委员会是业主大会的执行机构，行使权利的范围仅限于在一定的物业管理活动区域内，且仅以与物业管理活动相关事项为对象代表全体业主行使权利。根据《物业管理条例》第十九条规定，业主大会、业主委员会应当依法履行职责，不得作出与物业管理无关的决定，不得从事与物业管理无关的活动。业主大会、业主委员会作出的决定违反法律法规的，物业所在地的区、县人民政府房地产行政主管部门或者街道办事处、乡镇人民政府，应当责令限期改正或者撤销其决定，并通告全体业主。

根据《物业管理条例》第十五条规定，业主委员会执行业主大会决定的事项，履行职责包括：

(1)召集业主大会会议，报告物业管理的实施情况；

(2)代表业主与业主大会选聘的物业服务企业签订物业服务合同；

(3)及时了解业主、物业使用人的意见和建议，监督和协助物业服务企业履行物业服务合同；

(4)监督管理规约的实施；

(5)业主大会赋予的其他职责。

四、管理规约

(一)管理规约的概念

管理规约是指由一定物业管理活动区域内的全体业主共同约定的，对全体业主具有约束力，规定有关物业的使用、维护、管理等事项的自治规则。根据《业主大会和业主委员会指导规则》第十八条规定，管理规约应当对物业的使用、维护、管理；专项维修资金的筹集、管理和使用；物业共用部分的经营与收益分配；业主共同利益的维护；业主共同管理权的行使；业主应尽的义务；违反管理规约应当承担的责任等主要事项作出规定。

在业主自治观念之下，业主的规约自治权利得到广泛承认。业主团体享有广泛的管理共有部分的权利，通过执行管理规约保护该建筑物的财产价值，从而提升全体业主的集体利益。在实践中，管理规约主要包括两个方面的内容，一是对共有部分和共同事务的管理，二是对业主行为的规范与管理①。

(二)临时管理规约的概念

临时管理规约是建设单位在销售物业之前，对有关物业的使用、维护和管理，关于业主的共同利益与义务，违反临时管理规约应承担的责任等事项制定的规则。

管理规约是由业主大会会议拟定并通过的，但在生活实践中，业主大会不是立即就能成立的，为保障全体业主的生活安定和财产安全，需要制定一套规则作为过渡，并在正式管理规约制定前用于日常物业管理活动。临时管理规约虽然只是临时约定，但其内容通常与正式的管理规约基本相同，为避免建设单位制定不公平条款损害买受人权益，《物业管理条例》第二十二条规定，建设单位制定的临时管理规约不得侵害物业买受人的合法权益，即对临时管理规约作出了内容上的限制。此外，建设单位还应当在物业销售前将临时管理规约向物业买受人明示并予以说明。具体而言，临时管理规约是建设单位提供的格式条款，买受人并未参与其制定过程。因此，为保护买受人的合法权益，也为了便于临时管理规约的实际履行，《物业管理条例》第二十三条规定，建设单位不仅应向买受人明示临时管理规约，也应向买受人解释临时管理规约的具体条款内容。

第四节　物业服务合同

一、物业服务合同的概念

物业服务合同是物业服务人在物业服务区域内为业主提供建筑物及附属设施维修养护、环境卫生和相关秩序管理维护等物业服务，业主支付物业费的合同。其中，物业服务人包括物业服务企业和其他物业管理人。

物业服务合同的内容一般包括服务事项、服务质量、服务费用的标准和收取办法、维修资金的使用、服务用房的管理和使用、服务期限、服务交接等条款。物业服务人公开作出的有利于业主的服务承诺，为物业服务合同的组成部分。并且，物业服务合同应当采用书面形式订立。

二、物业服务合同的特征②

(一)平等主体之间的民事合同

合同是平等主体的自然人、法人和非法人组织之间设立、变更、终止民事法律关系的

---

①高圣平，2009. 论业主自治的边界，法学论坛，6.
②中国法制出版社，2020. 物业管理条例注解与配套(第五版)，中国法制出版社.

协议。物业服务合同当事人一方是业主，另一方是物业服务人，双方订立的是以物业服务的权利义务为内容的，由物业服务人依据约定为业主提供专业服务，由业主支付相应报酬的协议。

（二）主体特殊性

物业服务合同的当事人为业主和物业服务人。根据《民法典》第九百三十七条第二款的规定，物业服务人又包括物业服务企业和其他物业管理人。物业服务事关全体业主的人身、财产安全，同时，有的物业服务活动具有较高的专业性、技术性，这对物业服务企业提出了一定的要求。因此，作为物业服务合同一方当事人的物业服务人一般是专门从事物业服务经营活动的物业服务企业。

（三）客体是物业服务人提供的物业服务行为

物业服务合同的客体是物业服务人提供的物业服务，所给付的内容不是具体的标的物而是行为，而且提供服务的行为还具有持续性和重复性的特点。物业服务合同注重彼此之间的人身信任关系，一旦此种信任关系不存在，合同的履行将会面临困难，这也可能成为当事人解除合同的事由。《民法典》第九百四十一条第二款规定，物业服务人不得将其应当提供的全部物业服务转委托给第三人，或者将全部物业服务支解后分别转委托给第三人。此外，物业服务人所提供的物业服务的质量没有法定的统一标准，而需要当事人的特别约定。

（四）服务内容的综合性和专业性

相较于一般民事合同，物业服务人提供物业服务的内容较为复杂，物业服务人既要管理物业服务区域内的建筑物及其附属设施等物，也要管理进出小区以及建筑物内的人员。物业服务的内容十分庞杂，既包括物的管理，也包括人的管理。物业服务的具体内容视小区具体情况不同而有所差异，但是都包括卫生、环保、安全、消防等诸多方面，具有综合性和全面性。根据《民法典》第九百三十七条和第九百四十二条的规定，物业服务人需要为业主提供建筑物及其附属设施的维修养护、环境卫生和相关秩序的管理维护等物业服务，具体来说，包括妥善维修、养护、清洁、绿化和经营管理物业服务区域内的业主共有部分，维护物业服务区域内的基本秩序，采取合理措施保护业主的人身、财产安全等。

（五）程序特殊性

物业服务合同的一方当事人为全体业主，具有集合性的特点。如果由物业服务人与业主逐一签订合同，不仅效率极低，而且无法实现。为了提高订约效率，避免发生纠纷，在物业服务合同的订立方面，需要设置一定的程序性要求，也就是物业服务合同的订立需要遵循法定程序。根据《民法典》第二百七十八条的规定，选聘和解聘物业服务企业或者其他管理人时，应当由专有部分面积占比 2/3 以上的业主且人数占比 2/3 以上的业主参与表决，并且经参与表决专有部分面积过半数的业主且参与表决人数过半数的业主同意。同时，经过业主大会的选聘之后，由业主委员会代表全体业主与物业服务人签订物业服务合同。

（六）双务、有偿、要式、继续性合同

物业服务人的主要义务是按照物业服务合同之约定向全体业主提供物业服务，而全体业主的主要义务是向物业服务人支付报酬，双方所负义务属于给付与对待给付的关系，因

此，物业服务合同是一种双务合同。根据物业服务合同的定义，业主负有向物业服务人支付报酬的义务。物业服务人一般都是专门从事物业服务的物业服务企业，是为了获取报酬才为业主提供专业的服务，故物业服务合同是有偿合同。

此外，物业服务合同是要式合同。根据《民法典》第九百三十八条第三款规定，物业服务合同应当采用书面形式。之所以规定物业服务合同应当采用书面形式，主要是因为物业服务合同的内容往往十分复杂，为了明确物业服务人与业主之间的具体权利义务关系，同时也有利于避免纠纷的发生，需要以书面的形式来确定当事人的权利义务。物业服务人应当按照物业服务合同的要求，向全体业主提供物业服务。通常情况下，物业服务并不是一次性完成的，而需要持续一定的时间，物业服务人应当在合同约定的期间内不间断地提供物业服务。因此，物业服务合同是继续性合同。

三、物业服务合同的内容

根据《物业管理条例》第三十四条规定，业主委员会应当与业主大会选聘的物业服务企业订立书面的物业服务合同。物业服务合同应当对物业管理事项、服务质量、服务费用、双方的权利义务、专项维修资金的管理与使用、物业管理用房、合同期限、违约责任等内容进行约定。

物业服务合同应明确约定双方的权利义务，权利义务互为边界，一方的义务即为另一方的权利。根据《民法典》第九百四十二条至第九百四十五条规定，物业服务人的义务主要包括：①应当按照约定和物业的使用性质，妥善维修、养护、清洁、绿化和经营管理物业服务区域内的业主共有部分，维护物业服务区域内的基本秩序，采取合理措施保护业主的人身、财产安全。②对物业服务区域内违反有关治安、环保、消防等法律法规的行为，物业服务人应当及时采取合理措施制止、向有关行政主管部门报告并协助处理。③物业服务人应当定期将服务的事项、负责人员、质量要求、收费项目、收费标准、履行情况，以及维修资金使用情况、业主共有部分的经营与收益情况等以合理方式向业主公开并向业主大会、业主委员会报告。

而业主的义务主要包括：①按照约定向物业服务人支付物业费。物业服务人已经按照约定和有关规定提供服务的，业主不得以未接受或者无需接受相关物业服务为由拒绝支付物业费。业主违反约定逾期不支付物业费的，物业服务人可以催告其在合理期限内支付；合理期限届满仍不支付的，物业服务人可以提起诉讼或者申请仲裁。但物业服务人不得采取停止供电、供水、供热、供燃气等方式催交物业费。②业主装饰装修房屋的，应当事先告知物业服务人，遵守物业服务人提示的合理注意事项，并配合其进行必要的现场检查。③业主转让、出租物业专有部分、设立居住权或者依法改变共有部分用途的，应当及时将相关情况告知物业服务人。

四、物业服务合同的终止

物业服务合同的终止是指物业服务合同的效力消灭，不再对双方当事人具有约束力。业主依照法定程序共同决定解聘物业服务人的，可以解除物业服务合同。决定解聘的，应当提前六十日书面通知物业服务人，但是合同对通知期限另有约定的除外。解除合同造成物业服务人损失的，除不可归责于业主的事由外，业主应当赔偿损失。

根据《民法典》第九百四十八、第九百四十九条规定，物业服务期限届满后，业主没有依法作出续聘或者另聘物业服务人的决定，物业服务人继续提供物业服务的，原物业服务合同继续有效，但是服务期限为不定期。当事人可以随时解除不定期物业服务合同，但是应当提前六十日书面通知物业服务人。物业服务合同终止后，原物业服务人应当在约定期限或者合理期限内退出物业服务区域，将物业服务用房、相关设施、物业服务所必需的相关资料等交还给业主委员会、决定自行管理的业主或者其指定的人，配合新物业服务人做好交接工作，并如实告知物业的使用和管理状况。原物业服务人违反前款规定的，不得请求业主支付物业服务合同终止后的物业费，若造成业主损失的，应当赔偿损失。此外，在物业服务合同终止后，业主或者业主大会选聘的新物业服务人或者决定自行管理的业主接管之前，原物业服务人应当继续处理物业服务事项，并可以请求业主支付该期间的物业管理服务费。

延伸阅读

1. 建筑物区分所有权法，陈华彬，中国政法大学出版社，2018.
2. 物业管理与基层治理，唐亚林，陈水生，复旦大学出版社，2021.
3. 物业服务合同：从无名合同到典型合同的蜕变，杨立新，现代法学，2020，4.
4. 物业服务合同法律构造之中国模式，徐涤宇，法学研究，2021，3.

思考题

1. 简要梳理业主的建筑物区分所有权的学说观点。
2. 简述业主委员会的法律地位。
3. 简述物业服务合同的特征。
4. 探索物业服务合同如何实现在加强业主的法律地位和权利保护的同时，规范物业服务人的地位和权利保障？

案例分析

案情①：某花园小区业主委员会通过招标程序与某物业管理公司订立了小区物业管理合同。合同约定：业主委员会委托物业管理公司对小区进行管理，服务期限为3年期限，从2012年4月11日至2015年4月10日，物业管理服务费标准为住宅建筑面积1.5元/（m^2·月），非住宅建筑面积2.8元/（m^2·月）。合同约定任何一方无正当理由提前终止合同的，应向对方支付10万元违约金，给对方造成的经济损失超过违约金的，还应给予赔偿。2012年6月27日物业管理公司向业主委员会发出告知函，以业主拖欠物业服务费、垫付水电费，经营出现亏损为由，提出退出小区物业管理服务。双方未就提前终止合同达成一致，物业管理公司在书面告知解除物业服务合同3个月后，于2012年9月27日撤离该小区。物业管理公司的撤出使得小区业主委员会需要在短时间内寻找新的物业管理公

---

① 骆鑫，等，2017. 物业管理纠纷案例与实务，清华大学出版社.

司，导致新物业公司的收费标准较高，造成小区全体业主的经济损失，由此提起诉讼。

问题： 物业服务公司单方解除合同后应当承担何种法律责任？

分析： 根据《民法典》合同编第五百八十五条规定，当事人可以约定违约金，本案中，该物业管理公司无正当理由单方解除合同的行为违反双方当事人在物业管理服务合同中的特别约定，应承担相应的违约责任。

第十章　住房保障制度

内容提要： 本章介绍了我国住房保障制度的基础知识，探讨了住房保障制度的概念，梳理了我国住房保障制度的产生与发展历程，围绕住房公积金制度、租赁型保障住房制度、经济适用住房制度和共有产权住房制度系统地介绍了我国住房保障制度。

学习目标与要求： 通过本章学习，了解我国住房保障制度的历史发展，理解并掌握住房保障制度的基本内容。本章的重点是通过历史发展和基本制度的梳理，领悟我国住房保障制度发展的基本规律和总体思路。

第一节　住房保障制度概述

一、住房保障制度的概念

住房保障制度是国家和政府针对经济能力、户籍等原因导致居住困难的群体，通过实物配租、住房补贴、优先照顾等方式保障其居住需求的制度。住房保障制度和失业保障、养老保障、医疗保障制度等都是社会保障体系的组成部分，是我国住房制度和社会保障制度的重要组成部分。

住房问题既是民生问题也是发展问题，关系着民生福祉，乃民生之要、民生之依。虽然住房制度改革的方向是住房商品化、社会化，但改革的初衷和主线仍是解决广大人民群众的生存发展需求。解决特定人群住房困难，实现"住有所居"，是住房保障制度的应有之义，也是中国式社会主义背景下现代化的本质内涵。

住房保障制度有助于实现住有所居的中国式特色社会主义蓝图。对中国人而言，房子是家的承载，是安居乐业的前提，也是社会发展与进步的需要和必然体现。住房保障制度有助于确保公平，维护社会稳定。市场经济体制下，仅依靠商品化手段实现住房需求，中低收入家庭因购买能力不足买不起商品住房，由于经济原因不能解决住房困难，可能会导致社会分化及不稳定。

住房保障是我国社会保障体系中的重要一环。新中国成立特别是党的十八大以来，我国在住房保障领域的成就也得到了国际社会的充分认可。国家统计局《中国人口普查年鉴·2020》数据显示，从居住面积来看，我国家庭户人均居住面积达到 41.76m²，这一数据包括城市、镇和农村的家庭。1949 年年初，这一数据仅为 4.5m²。人均居住面积的巨大变化离不开住房保障体系的有力支撑，新中国成立以来，我国住房保障体系不断走向健全，住房保障制度日渐完善，人民住有所居的目标正逐步实现。

二、我国住房保障体系

高质量发展是全面建设社会主义现代化国家的首要任务要求，为居民建立符合国情的住房保障供应体系，已经成为我国加快社会事业改革、完善社会保障制度的一项重要内容，也是实现"居者有其屋"，让人民群众安居乐业的重要手段。

2021年7月，国务院出台《关于加快发展保障性租赁住房的意见》，第一次明确了国家层面的住房保障体系的顶层设计，指明未来我国将以公共租赁住房、保障性租赁住房和共有产权住房为主体构建中国特色的住房保障体系。公共租赁住房供应对象是城镇住房收入困难家庭，保障性租赁住房主要解决新市民、青年人的住房困难，共有产权住房则帮助有一定经济能力但仍难购买普通商品房的购房者实现愿望。

三、我国住房保障制度的产生与发展

我国住房保障制度经历了从满足基本生存需要到实现发展需求的变化，住房保障的供给已经不只满足于解决住房困难家庭的民生需求，更多的是体现住房保障制度的公平覆盖和服务质量的提升，力求实现"忧居—有居—优居"的提升。

（一）住房实物配给阶段

从新中国成立到改革开放前，我国一直适用福利性住房制度，实行城镇住房实物分配、低租金使用，城镇住房建设主要靠国家财政投入。人们认为住房不是商品而是福利，需要具有特定身份才能享有，只能由政府或者单位来分配，这无形中形成了关于住房的福利观念、等级观念和消费观念。随着城镇人口快速增长，在经济基础相对薄弱的情况下，国家财政资金捉襟见肘，仅靠财政投入难以实现全体人民住有所居的基本目标，城镇住房短缺问题日益突出。

（二）住房制度改革探索阶段

1. 试售住房时期

1980年6月，中共中央、国务院在批转《全国基本建设工作会议汇报提纲》中提出："准许私人建房、私人买房，准许私人拥有自己的住房"，正式实施住房商品化政策，揭开了城镇住房制度改革的序幕。改革探索通过试售住房展开，将住房分为全价套房与补贴售房两种。由于购买能力和消费观念等差异，全价售房的成绩不理想，补贴售房逐渐成为主要方向。补贴购房者的资金主要来源于单位和地方政府，部分地区原本由地方政府提供的补贴也多转由单位承担，在经济发展相对滞后、购房职工较多的情况下，增加了部分单位和地方政府的负担。但补贴售房未考虑低租金制，即使因补贴而使购房者支付减少，仍然超出低收入家庭经济承受能力，无法解决其住房困难问题。

2. 提租补贴时期

1985年，补贴售房被取消，住房制度改革转向租金制度改革的研究和设计。1986年3月，在全国体制改革工作会议上，国务院正式确定烟台、唐山、蚌埠为全国住房制度改革首批试点城市，试行"提租补贴、租售结合、以租促售、配套改革"的方案，试点经验为我国住房制度改革提供了思路和新方向。

1988年1月，国务院召开第一次全国住房制度改革工作会议，2月发布了《关于在全国城镇分期分批推行住房制度改革实施方案》，推行住房制度改革，宣布将住房制度改革正式纳入中央和地方的改革计划，分期分批推行。第一步改革旨在通过全面提高租金，做

到以租养房，促进购房，从而实现住房资金的良性循环，并抑制不合理的住房需求。第二步改革则是理顺分配关系(补贴理入工资、计入企业成本)，提高职工的经济负担能力，进一步实行住房的商品化、社会化和专业化。由于当时严重的通货膨胀以及提租方案触及了部分当权者的利益，因而遭到一些执行者的抵制和反对，于是原计划用 3~5 年完成的提租补贴方案，未全面推开就夭折了。

1982 年，为了缓解住房短缺，解决"住房难、结婚难"的问题，上海建成了全国第一幢"鸳鸯楼"。所谓"鸳鸯楼"就是蜗居年代大龄青年的结婚过渡用房，让人们看到了有房结婚的希望。1988 年，武汉市在全国率先建设解困房和住宅合作社。这些具有社会保障性质的住房政策探索为经济适用房和集资合作建房的实施提供了宝贵经验。

(三)住房保障制度全面推进阶段

1. 经济适用住房制度

1994 年 7 月，国务院印发《关于深化城镇住房制度改革的决定》，提出建立以中低收入家庭为对象、具有社会保障性质的经济适用住房供应体系和以高收入家庭为对象的商品房供应体系。此项提法明确了住房制度改革应根据购房者经济能力分类施策，满足基本型、改善型等不同住房需求。12 月，建设部、国务院住房制度改革领导小组、财政部发布《城镇经济适用住房建设管理办法》，对经济适用住房的供应对象、住房建设、资金来源、土地供应等方面作出了具体要求。2004 年，建设部发布了《经济适用住房管理办法》，将经济适用住房界定为"政府提供政策优惠，限定建设标准、供应对象和销售价格，具有保障性质的政策性商品住房"，给予经济适用房建设各种优惠政策措施。

2. 廉租住房制度

1998 年，国务院印发《关于进一步深化城镇住房制度改革加快住房建设的通知》，提出建立和完善以经济适用住房为主的多层次城镇住房供应体系和中低收入家庭购买经济适用住房的目标，提出全面停止住房实物分配，对不同收入家庭实行不同的住房供应政策，对最低收入住房困难家庭提供廉租住房，对中低收入住房困难家庭供应经济适用住房。

2007 年出台的《廉租住房保障办法》对廉租住房保障方式、保障资金及房屋来源、申请及核准、监督管理、法律责任几个方面进行了全面的制度设计。

3. 公共租赁住房制度

2008 年，《国务院办公厅关于促进房地产健康发展若干意见》发布，提出因地制宜解决其他住房困难群体住房问题。在坚持住房市场化和对低收入住房困难家庭实行住房保障的同时，对不符合廉租住房和经济适用住房供应条件，又无力购买普通商品住房的家庭，要从当地实际出发，采取发展租赁住房等多种方式，因地制宜解决其住房问题。

2009 年，公共租赁住房首次出现于政府工作报告中，国务院第一次提出"积极发展公共租赁住房"。

2012 年，住房和城乡建设部发布的《公共租赁住房管理办法》对公共租赁住房的来源、申请与审核、轮候与配租、使用与退出等方面进行了详细规定。

4. 共有产权住房制度

2014 年，住房和城乡建设部将北京、上海、深圳、成都、淮安、黄石 6 个城市确定为全国共有产权住房试点城市，并出台了《关于试点城市发展共有产权性质政策性商品住房的指导意见》。

（四）住房保障制度改革深化阶段

1. 公共租赁住房和廉租住房并轨制度

2013 年，住房和城乡建设部、财政部、国家发展和改革委员会联合印发了《关于公共租赁住房和廉租住房并轨运行的通知》，规定从 2014 年起，各地公共租赁住房和廉租住房并轨运行，并轨后统称为公共租赁住房，公共租赁住房与廉租住房房源并轨统筹使用。

2. 保障性租赁房制度

2020 年 10 月，党的十九届五中全会通过的《中共中央关于制定国民经济和社会发展第十四个五年规划和二〇三五年远景目标的建议》明确指出"扩大保障性租赁住房供给"，首次提出"保障性租赁住房"的概念。

2021 年 6 月，国务院办公厅提出了："扩大保障性租赁住房供给，满足新市民、青年人等住房困难群体的租房需求，加快构建以公租房、保障性租赁住房和共有产权住房为主体的住房保障体系"的要求。未来，我国住房租赁市场有望发展得更加成熟完善，更好满足不同群体特别是广大新市民、青年人的租赁住房需求。

3. 租购并举制度

党的十九大报告明确提出："坚持房子是用来住的、不是用来炒的定位，加快建立多主体供给、多渠道保障、租购并举的住房制度，让全体人民住有所居。"这项重大决策不仅确定了我国住房制度改革的目标，而且明确了新时代住房保障制度的重要内容。保障对象不仅限于重点关注住房困难家庭，而且涵盖有居住需求的"全体人民"。

2022 年《政府工作报告》明确提出，"继续保障好群众住房需求，坚持房子是用来住的、不是用来炒的定位，探索新的发展模式，坚持租购并举，加快发展长租房市场，推进保障性住房建设"。由此可见，加强租购并举制度的实施是未来住房保障的重要内容。10 月 16 日，万众瞩目的中国共产党第二十次全国代表大会召开。二十大报告在回顾过去新时代十年变革的基础上，规划了我国未来五年乃至更长时期党和国家事业发展的目标任务和大政方针。从"增进民生福祉，提高人民生活品质"的高度阐述了住房制度发展方向，即"坚持房子是用来住的、不是用来炒的定位，加快建立多主体供给、多渠道保障、租购并举的住房制度"。报告为我国进一步推进住房制度改革，探索房地产发展新模式，推进住房高质量发展进行了顶层设计。

党的十九大以来，我国住房制度改革是在"提高保障和改善民生水平"的大框架下论述的，二十大则是在"增进民生福祉，提高人民生活品质"的大框架下进行的。由此可见，在保民生的基础上，提品质也是重要的内容。换而言之，住房制度改革要兼顾保民生和提品质的双重目标。未来住房制度将继续完善并大力推动住房租赁市场发展，"房住不炒"将成为我国长期坚持的住房制度基础，以此为前提完善"购+租、市场+保障"的住房市场体系和住房保障体系。

第二节　住房公积金制度

一、住房公积金制度概述

(一)住房公积金的概念

住房公积金是指国家机关、国有企业、城镇集体企业、外商投资企业、城镇私营企业及其他城镇企业、事业单位、民办非企业单位、社会团体(以下统称单位)及其在职职工缴存的长期住房储金。职工个人缴存的住房公积金和职工所在单位为职工缴存的住房公积金,属于职工个人所有。作为职工个人住房基金,专户储存、统一管理、专项使用。

住房公积金制度属于政策性住房金融,是我国住房保障体系的重要组成部分,其特点是国家以金融手段给予城镇职工解决住房问题的政策性支持。通过国家支持与职工自助相结合的方式,增强职工购房支付能力。从实践来看,公积金制度在支持解决低收入家庭住房困难方面发挥着巨大作用。住房公积金制度的实施,不仅满足和改善了部分低收入家庭住房条件,其增值收益也成为租赁型住房建设资金的主要来源,有力地支持了租赁住房建设,解决了部分居住困难群众的住房所需。

住房公积金制度是惠及范围最广、涉及资金量最大的住房保障制度,关乎整个住房保障体系的公平性和有效性,直接影响共同富裕目标的实现,有利于转变住房分配体制、促进住房资金的积累、周转和政策性抵押贷款制度的建立。

(二)住房公积金的特点

1. 对等性

职工个人和单位缴存的公积金比例相同,《住房公积金管理条例》规定职工个人每月缴存的住房公积金额度与单位每月为职工缴存的住房公积金的额度均为职工本人上一年度月平均工资乘以职工住房公积金缴存比例。

2. 强制性

职工个人缴存的住房公积金,由所在单位每月从其工资中代扣代缴。单位应当按时、足额缴存住房公积金,不得逾期缴存或者少缴。

单位不办理住房公积金缴存登记或者不为本单位职工办理住房公积金账户设立手续的,由住房公积金管理中心责令限期办理;逾期不办理的,处1万元以上5万元以下的罚款。单位逾期不缴或者少缴住房公积金的,由住房公积金管理中心责令限期缴存;逾期仍不缴存的,可以申请人民法院强制执行。

3. 特定性

根据《住房公积金管理条例》第十五条规定:"单位与职工终止劳动关系的,单位应当自劳动关系终止之日起30日内到住房公积金管理中心办理变更登记,并持住房公积金管理中心的审核文件,到受委托银行办理职工住房公积金账户转移或者封存手续。"据此可知,住房公积金缴存基础为个人和单位建立了劳动关系。

4. 保障性

公积金可以用于保障个人在住房方面的经济能力,为其提供经济支持,买房、租房、装修或翻修房屋均可提取公积金。

5. 优惠性

住房公积金按规定可以享受列入企业成本、免交个人所得税等税收政策，存贷款利率实行低进低出原则，充分体现政策优惠。缴存住房公积金的职工在购买、建造、翻建、大修自住住房时，可以向住房公积金管理中心申请住房公积金贷款，利率低于同期商业贷款。

二、住房公积金制度的产生与发展

(一)地方探索阶段

1991 年 2 月 8 日，上海市九届人大常委会第二十四次会议通过决议批准《上海市住房制度改革实施方案》。照此方案推行公积金，提租发补贴，配房买债券，买房给优惠，建立房委会，住房公积金制度由此诞生。同年 2 月，上海市公积金管理中心成立。2 月 28 日，国务院办公厅复函同意《关于上海市住房制度改革实施方案中若干政策问题的请示》，认可上海市关于住房公积金相关制度的探索。3 月，上海市人民政府印发了《上海市住房制度改革实施方案》，正式公布了该改革实施方案。随后发布了《上海市住房制度改革实施方案》实施细则，包括《上海市公积金暂行办法》《上海市公房提租和补贴实施办法》《上海市住宅建设债券发行和认购办法》等 14 个配套文件。5 月 1 日，《上海市住房制度改革实施方案》正式实施。

(二)全国推广阶段

1991 年 11 月，《国务院办公厅转发〈国务院住房制度改革领导小组关于全面推进城镇住房制度改革意见〉的通知》中提出，"公积金是建立个人住房基金的有效方式，各地区要紧密联系各地区的特点和经济能力，正确引导，逐步推行"。

1994 年 7 月，国务院出台《关于深化城镇住房制度改革的决定》，明确把"建立住房公积金制度"列为城镇住房制度改革的基本内容，要求所有行政和企事业单位及其职工均应按照"个人存储、单位资助、统一管理、专项使用"的原则缴纳住房公积金，建立住房公积金制度，并对住房公积金缴纳主体、缴纳方法与管理办法等进行了初步规定。住房公积金制度由此正式在全国范围推广实行。11 月，首部关于公积金的全国性法规——《建立住房公积金制度的暂行规定》出台，对住房公积金的定义、缴存、支付、使用及管理等作了进一步规定，为在全国推广住房公积金制度奠定了规范基础。

1996 年 4 月，上海市出台了全国第一部住房公积金管理的地方性法规《上海市住房公积金条例》，率先将住房公积金的决策和管理运作纳入法制化、规范化的轨道。

1997 年 9 月，党的十五大报告中第一次写入住房公积金的相关内容，强调"建立城镇住房公积金，加快改革住房制度"，有力地促进了公积金制度在全国推广。

1999 年 4 月，国务院发布了《住房公积金管理条例》，标志着住房公积金制度正式进入了规范化和法治化时代。2002 年 3 月，国务院对《住房公积金管理条例》进行了修订，之后住房公积金的基本体制架构一直稳定至今。

(三)深化改革阶段

近年来，为使住房公积金惠及所有劳动者，扩大住房公积金使用群体，部分省市探索打破单位性质和职工户籍身份限制，推进住房公积金制度向非公有制单位及稳定就业的进城务工人员覆盖。在此背景下，一些地区将机关事业单位聘用人员、社区工作人员、大学生村官、"三支一扶"人员、劳务派遣人员、有稳定工作的进城务工人员等纳入了住房公积金制度覆盖范围。

《全国住房公积金 2021 年年度报告》显示，重庆、深圳、苏州等 6 个城市稳步推进灵活就业人员参加住房公积金制度试点工作，多措并举帮助灵活就业人员在城市居住、发展，助力解决新市民、青年住房问题。截至 2021 年年底，试点城市共有 7.29 万名灵活就业人员缴存住房公积金，其中多数是新市民、青年人。

三、住房公积金基本制度

（一）住房公积金的缴存

1. 缴存主体

单位应当到住房公积金管理中心办理住房公积金缴存登记，经住房公积金管理中心审核后，到受委托银行为本单位职工办理住房公积金账户设立手续。每个职工只能有一个住房公积金账户。

新设立的单位应当自设立之日起 30 日内到住房公积金管理中心办理住房公积金缴存登记，并自登记之日起 20 日内，为本单位职工办理住房公积金账户设立手续。

2. 缴存比例

职工住房公积金的月缴存额为职工本人上一年度月平均工资乘以职工住房公积金缴存比例。单位为职工缴存的住房公积金的月缴存额为职工本人上一年度月平均工资乘以单位住房公积金缴存比例。

新参加工作的职工从参加工作的第二个月开始缴存住房公积金，月缴存额为职工本人当月工资乘以职工住房公积金缴存比例。单位新调入的职工从调入单位发放工资之日起缴存住房公积金，月缴存额为职工本人当月工资乘以职工住房公积金缴存比例。

职工和单位住房公积金的缴存比例均不得低于职工上一年度月平均工资的 5%；有条件的城市，可以适当提高缴存比例。具体缴存比例由住房公积金管理委员会拟订，经本级人民政府审核后，报省、自治区、直辖市人民政府批准。

（二）住房公积金的提取

职工有下列情形之一的，可以提取职工住房公积金账户内的存储余额：①购买、建造、翻建、大修自住住房的；②离休、退休的；③完全丧失劳动能力，并与单位终止劳动关系的；④出境定居的；⑤偿还购房贷款本息的；⑥房租超出家庭工资收入的规定比例的。依照第②③④项规定提取职工住房公积金的，应当同时注销职工住房公积金账户。

职工死亡或者被宣告死亡的，职工的继承人、受遗赠人可以提取职工住房公积金账户内的存储余额；无继承人也无受遗赠人的，职工住房公积金账户内的存储余额纳入住房公积金的增值收益。

为保证住房公积金制度稳健运行，依法维护缴存职工权益，2018 年，住房和城乡建设部、财政部、人民银行，公安部联合发布的《关于开展治理违规提取住房公积金工作的通知》规定对违规提取住房公积金的缴存职工，住房公积金管理中心将实施失信联合惩戒，记载其失信记录，并随个人账户一并转移；对已提取资金的，要责令限期全额退回，在一定期限内限制其住房公积金提取和贷款。对逾期仍不退回的，列为严重失信行为，并依法依规向相关管理部门报送失信信息，实施联合惩戒。机关、事业单位及国有企业缴存职工违规提取住房公积金情节严重的，要向其所在单位通报。

（三）住房公积金的管理

1. 住房公积金的查询

住房公积金管理中心可根据实际情况在办事大厅设立资料查询和索取点，为职工和单位了解住房公积金制度和政策、办理业务提供便利。缴存职工和单位有权申请查询本人、本单位的缴存使用信息，缴存职工持本人住房公积金缴存凭证可随时查询本人的缴存余额信息。公积金中心应通过柜台、办事大厅自动查询终端、互联网和电话等方式，为职工和单位提供查询服务。柜台和自动查询终端查询服务应提供近三年的职工或单位的明细账信息，电话及网络查询服务应提供当年缴存、提取、结息及余额信息。通过柜台申请查询的，住房公积金管理中心应当场予以答复；申请查询超过三年以上住房公积金信息的，住房公积金管理中心应在受理申请后 10 个工作日内予以答复。

2. 住房公积金的转移

自 2017 年 7 月 1 日起，全国所有住房公积金管理中心将按照住房和城乡建设部发布的《全国住房公积金异地转移接续业务操作规程》要求，通过平台办理住房公积金异地转移接续业务。

单位录用职工的，应当自录用之日起 30 日内到住房公积金管理中心办理缴存登记，并办理职工住房公积金账户的设立或者转移手续。

单位合并、分立、撤销、解散或者破产的，应当自发生上述情况之日起 30 日内由原单位或者清算组织到住房公积金管理中心办理变更登记或者注销登记，并自办妥变更登记或者注销登记之日起 20 日内，为本单位职工办理住房公积金账户转移或者封存手续。

单位与职工终止劳动关系的，单位应当自劳动关系终止之日起 30 日内到住房公积金管理中心办理变更登记，并办理职工住房公积金账户转移或者封存手续。

3. 住房公积金的核查

（1）推进部门信息共享。各地要全面落实国务院"放管服"改革要求，建立住房公积金管理中心与公安、住房城乡建设、人力资源社会保障、民政、不动产登记等部门及人民银行分支机构的信息共享机制，联网核查住房公积金提取申请人的个人身份、户籍、房产交易、就业、社保、婚姻登记、不动产登记等信息，确保提取住房公积金的行为和要件真实准确。有条件的省份要积极研究建立省级跨部门信息共享机制。住房公积金管理中心要积极主动提出信息共享需求，相关信息管理部门要予以支持。同时要做好信息安全和保密工作。

（2）建立跨地协查机制。住房公积金管理中心要加强协同，密切配合，尽快建立防范违规提取住房公积金跨地协查机制。住房公积金管理中心进行提取业务审核，需核查申请人异地房产交易、不动产登记、户籍等相关信息的，可商请信息产生地住房公积金管理中心向相关信息管理部门代为核查。信息产生地住房公积金管理中心要予以支持，及时核查信息并反馈结果。人员跨地区流动频繁的京津冀、长三角、珠三角等城市群，要率先建立更加紧密的信息协查机制，共同防控违规提取住房公积金行为。

4. 住房公积金的信息披露

住房公积金信息披露制度是保障缴存单位和缴存职工知情权和监督权的有效手段，是住房公积金决策、管理机构和监督部门必须履行的职责。

各设区城市应设立住房公积金网站和办事大厅，公开住房公积金管理信息，并及时更新。住房公积金年度财务报告可通过政府公报、政府网站、公积金网站等便于公众知晓的方式公开。公积金中心应每年定期向缴存职工告知缴存使用信息，缴存职工和单位对信息有异议的，可以申请复核和予以更正。

（四）住房公积金的监督

职工、单位有权查询本人、本单位住房公积金的缴存、提取情况，住房公积金管理中心、受委托银行不得拒绝。

职工、单位对住房公积金账户内的存储余额有异议的，可以申请受委托银行复核；对复核结果有异议的，可以申请住房公积金管理中心重新复核。受委托银行、住房公积金管理中心应当自收到申请之日起 5 日内给予书面答复。

职工有权揭发、检举、控告挪用住房公积金的行为。

第三节　租赁型保障住房制度

一、租赁型保障住房制度概述

租赁型保障住房制度是国家针对特定对象，在符合法定条件情况下，通过实物保障、货币补贴等方式，解决群众居住需求，解决其住房困难以达到保障民生的目的。

租赁型保障住房制度是城镇保障性安居工程的重要组成部分，是住房保障体系的重要支撑。租赁型保障住房"只租不售"，意味着其不具备产权性质，保障住房属性始终为"公"。消除了产权型住房的寻租空间，最大限度地实现保障住房惠民生的根本目的。

二、租赁型保障住房制度的发展

近年来，住房租赁市场已经成为房地产市场的重要组成部分，租赁住房成为居民解决住房需求的重要途径之一，租赁型保障住房制度也成为住房保障制度不可或缺的一部分。从 1998 年提出建立廉租住房构想起，我国租赁住房制度已经走过二十余年历程。

1998 年，《国务院关于进一步深化城镇住房制度改革加快住房建设的通知》提出，深化城镇住房制度改革的指导思想是：稳步推进住房商品化、社会化。在停止住房实物分配，逐步实行住房分配货币化的背景下，对不同收入家庭实行不同的住房供应政策，最低收入家庭租赁由政府或单位提供的廉租住房。

1999 年，建设部出台《城镇廉租房管理办法》，针对城镇常住居民户口的最低收入家庭提供租金相对低廉的普通住房。对按政府规定价格出租的公有住房和廉租住房，暂免征收房产税、营业税。廉租住房制度以财政预算安排为主、多渠道筹措廉租住房资金，实行以住房租赁补贴为主，实物配租、租金核减为辅的多种保障方式。对住房面积和家庭收入在当地政府规定标准之下的家庭，按申请、登记、轮候程序给予安排，保障其基本要求。

2003 年 12 月，建设部、财政部、民政部、国土资源部、国家税务总局联合发布《城镇最低收入家庭廉租住房管理办法》，明确其主旨在于保障城镇最低收入家庭的基本住房需要。

2007 年 8 月，《国务院关于解决城市低收入家庭住房困难的若干意见》出台，提出了加快建立健全以廉租住房制度为重点、多渠道解决城市低收入家庭住房困难的政策体系。力争到"十一五"期末，使低收入家庭住房条件得到明显改善，农民工等其他城市住房困难群体的居住条件得到逐步改善。同年 10 月，党的十七大报告提出"努力使全体人民学有所教、劳有所得、病有所医、老有所养、住有所居"，"健全廉租住房制度，加快解决城市低收入家庭住房困难"。这是党的报告中首次谈到了住房保障方式和保障对象，表明我国住房保障制度发生了重大调整。12 月，《廉租住房保障办法》实施，《城镇最低收入家庭廉租住房管理办法》同时废止。廉租住房制度保障范围由城市最低收入住房困难家庭扩大到低收入住房困难家庭，农民工等其他住房困难群体的居住问题也得到了关注。由此可见，住房保障已作为社会保障的一部分被上升到民生的高度，政府对房地产市场的调控已经转移到住房保障层面上来，廉租住房已经成为住房保障的重要渠道和方式。

"公共租赁住房"首次出现于 2009 年政府工作报告中，国务院第一次提出"积极发展公共租赁住房"。

2013 年，住房和城乡建设部、财政部、国家发展和改革委员会联合印发了《关于公共租赁住房和廉租住房并轨运行的通知》，规定从 2014 年起，各地公共租赁住房和廉租住房并轨运行，并轨后统称为公共租赁住房。

2015 年年底，中央经济工作会议首次提及发展住房租赁市场，明确将"租购并举"确立为我国住房制度改革的主要方向。此后，政策推进住房租赁市场发展的步伐明显加快。

2016 年，国务院办公厅颁布《关于加快培育和发展住房租赁市场的若干意见》，明确提出实行购租并举、培育和发展住房租赁市场的总体要求和实施方案。

2020 年 10 月，党的十九届五中全会通过的《中共中央关于制定国民经济和社会发展第十四个五年规划和二〇三五年远景目标的建议》明确指出"扩大保障性租赁住房供给"，首次提出"保障性租赁住房"的概念。12 月，中央经济工作会议要求"高度重视保障性租赁住房建设，加快完善长租房政策，逐步使租购住房在享受公共服务上具有同等权利，规范发展长租房市场"，将保障性租赁住房建设作为解决大城市住房突出问题的重要举措，着力精准施策解决住房租赁市场的结构性问题。

2021 年，政府工作报告提出要切实增加保障性租赁住房和共有产权住房供给，尽最大努力帮助新市民、青年人等缓解住房困难。6 月，国务院办公厅印发了《关于加快发展保障性租赁住房的意见》，第一次明确了国家层面住房保障体系的顶层设计，提出加快完善以公租房、保障性租赁住房、共有产权住房为主体的住房保障体系，与此同时，加快金融、财税、土地等配套政策落地。在此背景下，各地纷纷在保障性租房方面发力，助推住房租赁市场步入高质量发展阶段。

2022 年 10 月 16 日，中国共产党第二十次全国代表大会开幕，"人民"是贯穿此次会议所有主题的主线。党的二十大报告指出，"必须坚持在发展中保障和改善民生，鼓励共同奋斗创造美好生活，不断实现人民对美好生活的向往"。围绕中国式现代化发展目标，从"增进民生福祉，提高人民生活品质"的角度阐述了房地产市场高质量发展的方向，即"加快建立多主体供给、多渠道保障、租购并举的住房制度"。这表明我国在住房制度方面将继续保持政策定力，全面加强住房的民生导向，弱化住房的金融属性、资产属性，坚持房子是用来住的、不是用来炒的定位。随着房源供给数量的增加，如何确保分配领域更到位、更科学，尤其是保障新市民、青年人、多孩家庭等群体的居住需求，如何提振品质和提高幸福感，成为住房保障制度重点研究和推进的领域。

三、公共租赁住房制度

（一）廉租住房制度

1. 概念界定

廉租住房是指政府以租金补贴或实物配租的方式，向符合城镇居民最低生活保障标准且住房困难的家庭提供社会保障性质的住房。

2014 年，根据住房和城乡建设部、财政部、国家发展改革委联合印发的《关于公共租赁住房和廉租住房并轨运行的通知》，廉租房并入公共租赁住房，合并后统称为公共租赁住房。

2. 保障对象

2007 年，原建设部等八部门联合发布《廉租住房保障办法》，首条即明确其立法目的之一是逐步解决城市低收入家庭的住房困难。廉租住房的保障对象应具备的条件为：城市居民、收入低、住房困难。低收入住房困难家庭是指城市和县人民政府所在地范围内，家庭收入、住房状况等符合市、县人民政府规定条件的家庭。

3. 保障标准

市、县人民政府应当根据当地家庭平均住房水平、财政承受能力以及城市低收入住房困难家庭的人口数量、结构等因素，以户为单位确定廉租住房保障面积标准。

保障标准与经济社会发展相适应，动态调整。具体而言，每平方米租赁补贴标准由城市人民政府根据当地经济发展水平、市场平均租金、保障对象的经济承受能力等因素确定。其中，对符合条件的城市低保家庭，可按当地的廉租住房保障面积标准和市场平均租金给予补贴。

4. 保障方式

廉租住房保障方式实行货币补贴和实物配租等相结合。货币补贴是指县级以上地方人民政府向申请廉租住房保障的城市低收入住房困难家庭发放租赁住房补贴，由其自行承租住房。实物配租是指县级以上地方人民政府向申请廉租住房保障的城市低收入住房困难家庭提供住房，并按照规定标准收取租金。

实施廉租住房保障，主要通过发放租赁补贴，增强城市低收入住房困难家庭承租住房的能力。廉租住房紧缺的城市，应当通过新建和收购等方式，增加廉租住房实物配租的房源。

（二）公共租赁住房制度

1. 概念界定

根据《公共租赁住房管理办法》规定，公共租赁住房是指限定建设标准和租金水平，面向符合规定条件的城镇中等偏下收入住房困难家庭、新就业无房职工和在城镇稳定就业的外来务工人员出租的保障性住房。此办法将住房保障的对象进一步扩大到"中等偏下收入"家庭、新就业无房职工、外来务工人员，为他们提供可负担的租赁型住房。由此可见，公共租赁住房保障是政府的重要职责，也是保障住房困难居民居住权的重要途径。

2. 申请与审核

城镇中等偏下收入住房困难家庭、新就业无房职工和在城镇稳定就业的外来务工人员，申请公共租赁住房，应当符合以下条件：在本地无住房或者住房面积低于规定标准；收入、财产低于规定标准；申请人为外来务工人员的，在本地稳定就业达到规定年限。具体条件由直辖市和市、县级人民政府住房保障主管部门根据本地区实际情况确定，报本级人民政府批准后实施并向社会公布。申请人应当根据市、县级人民政府住房保障主管部门的规定，提交申请材料，并对申请材料的真实性负责。申请人应当书面同意市、县级人民政府住房保障主管部门核实其申报信息。

申请人提交的申请材料齐全的，市、县级人民政府住房保障主管部门应当受理，并向申请人出具书面凭证；申请材料不齐全的，应当一次性书面告知申请人需要补正的材料。对在开发区和园区集中建设面向用工单位或者园区就业人员配租的公共租赁住房，用人单位可以代表本单位职工申请。市、县级人民政府住房保障主管部门应当会同有关部门，对申请人提交的申请材料进行审核。经审核，对符合申请条件的申请人，应当予以公示，经公示无异议或者异议不成立的，登记为公共租赁住房轮候对象，并向社会公开；对不符合申请条件的申请人，应当书面通知并说明理由。

申请人对审核结果有异议的可以向市、县级人民政府住房保障主管部门申请复核。市、县级人民政府住房保障主管部门应当会同有关部门进行复核，并在 15 个工作日内将复核结果书面告知申请人。

3. 轮候与配租

对登记为轮候对象的申请人，应当在轮候期内安排公共租赁住房。直辖市和市、县级人民政府住房保障主管部门应当根据本地区经济发展水平和公共租赁住房需求，合理确定公共租赁住房轮候期，报本级人民政府批准后实施并向社会公布。轮候期一般不超过5 年。

公共租赁住房房源确定后，市、县级人民政府住房保障主管部门应当制定配租方案并向社会公布。配租方案应当包括房源的位置、数量、户型、面积、租金标准、供应对象范围、意向登记时限等内容。企事业单位投资的公共租赁住房的供应对象范围，可以规定为本单位职工。

配租方案公布后，轮候对象可以按照配租方案，到市、县级人民政府住房保障主管部门进行意向登记。市、县级人民政府住房保障主管部门应当会同有关部门，在 15 个工作日内对意向登记的轮候对象进行复审。对不符合条件的，应当书面通知并说明理由。对复审通过的轮候对象，市、县级人民政府住房保障主管部门可以采取综合评分、随机摇号等方式，确定配租对象与配租排序。综合评分办法、摇号方式及评分、摇号的过程和结果应当向社会公开。

配租对象与配租排序确定后应当予以公示。公示无异议或者异议不成立的，配租对象按照配租排序选择公共租赁住房。配租结果应当向社会公开。

对复审通过的轮候对象中享受国家定期抚恤补助的优抚对象、孤老病残人员等，可以优先安排公共租赁住房。优先对象的范围和优先安排的办法由直辖市和市、县级人民政府住房保障主管部门根据本地区实际情况确定，报本级人民政府批准后实施并向社会公布。社会力量投资和用人单位代表本单位职工申请的公共租赁住房，只能向经审核登记为轮候对象的申请人配租。

配租对象选择公共租赁住房后，公共租赁住房所有权人或者其委托的运营单位与配租对象应当签订书面租赁合同。租赁合同签订前，所有权人或者其委托的运营单位应当将租赁合同中涉及承租人责任的条款内容和应当退回公共租赁住房的情形向承租人明确说明。合同签订后，公共租赁住房所有权人或者其委托的运营单位应当在 30 日内将合同报市、县级人民政府住房保障主管部门备案。公共租赁住房租赁期限一般不超过 5 年。

市、县级人民政府住房保障主管部门应当会同有关部门，按照略低于同地段住房市场租金水平的原则，确定本地区的公共租赁住房租金标准，报本级人民政府批准后实施。公共租赁住房租金标准应当向社会公布，并定期调整。公共租赁住房租赁合同约定的租金数额，应当根据市、县级人民政府批准的公共租赁住房租金标准确定。

承租人应当根据合同约定，按时支付租金。承租人收入低于当地规定标准的，可以依照有关规定申请租赁补贴或者减免。因就业、子女就学等原因需要调换公共租赁住房的，经公共租赁住房所有权人或者其委托的运营单位同意，承租人之间可以互换所承租的公共租赁住房。

4. 使用与退出

承租人不得擅自装修所承租公共租赁住房。确需装修的，应当取得公共租赁住房的所有权人或其委托的运营单位同意。租赁期届满需要续租的，承租人应当在租赁期满 3 个月前向市、县级人民政府住房保障主管部门提出申请。市、县级人民政府住房保障主管部门应当会同有关部门对申请人是否符合条件进行审核。经审核符合条件的，准予续租，并签订续租合同。

承租人有下列行为之一的，应当退回公共租赁住房：①转借、转租或者擅自调换所承租公共租赁住房的；②改变所承租公共租赁住房用途的；③破坏或者擅自装修所承租租赁住房，拒不恢复原状的；④在公共租赁住房内从事违法活动的；⑤无正当理由连续 6 个月以上闲置公共租赁住房的。承租人拒不退回公共租赁住房的，市、县级人民政府住房保障主管部门应当责令其限期退回；逾期不退回的，市、县级人民政府住房保障主管部门可以依法申请人民法院强制执行。

承租人有下列情形之一的，应当腾退所承租的公共租赁住房，拒不腾退的，公共租赁住房的所有权人或者其委托的运营单位可以向人民法院提起诉讼，要求承租人腾退公共租赁住房：①累计 6 个月以上拖欠租金的；②未按规定提出续租申请的承租人，租赁期满。

承租人提出续租申请但经审核不符合续租条件的，或租赁期内通过购买、受赠、继承等方式获得其他住房并不再符合公共租赁住房配租条件的，或租赁期内承租或者承购其他保障性住房的，公共租赁住房的所有权人或者其委托的运营单位应当为其安排合理的搬迁期，搬迁期内租金按照合同约定的租金数额缴纳。搬迁期满不腾退公共租赁住房，承租人确无其他住房的，应当按照市场价格缴纳租金；承租人有其他住房的，公共租赁住房的所有权人或者其委托的运营单位可以向人民法院提起诉讼，要求承租人腾退公共租赁住房。此外，房地产经纪机构及其经纪人员不得提供公共租赁住房出租、转租、出售等经纪业务。

（三）保障性租赁住房制度

《国务院办公厅关于加快发展保障性租赁住房的意见》为我国保障性租赁住房建设勾画了蓝图。

1. 指导思想

保障性租赁住房主要利用存量土地和存量房屋建设，新建的也要选在交通便捷的区域，确保职住平衡，缓解新市民、青年人的住房困难，是以人为核心的新型城镇化的重要内容。

2. 基本制度

（1）适用对象。保障性租赁住房主要解决符合条件的新市民、青年人等群体的住房困难问题，以建筑面积不超过 70m^2 的小户型为主，租金低于同地段同品质市场租赁住房租金，准入和退出的具体条件、小户型的具体面积由城市人民政府按照保障性租赁的基本原则合理确定。

（2）建设管理机制。引导多方参与，保障性租赁住房由政府给予土地、财税、金融等政策支持，充分发挥市场机制作用，引导多主体投资、多渠道供给，坚持"谁投资、谁所有"，主要利用集体经营性建设用地、企事业单位自有闲置土地、产业园区配套用地和存量闲置房屋建设，适当利用新供应国有建设用地建设，并合理配套商业服务设施。支持专业化规模化住房租赁企业建设和运营管理保障性租赁住房。

（3）坚持供需匹配。城市人民政府要摸清保障性租赁住房需求和存量土地、房屋资源情况，结合现有租赁住房供求和品质状况，从实际出发，因城施策，采取新建、改建、改造、租赁补贴和将政府的闲置住房用作保障性租赁住房等多种方式，切实增加供给，科学确定"十四五"保障性租赁住房建设目标和政策措施，制定年度建设计划，并向社会公布。

（4）严格监督管理。城市人民政府要建立健全住房租赁管理服务平台，加强对保障性租赁住房建设、出租和运营管理的全过程监督，强化工程质量安全监管。保障性租赁住房不得上市销售或变相销售，严禁以保障性租赁住房为名违规经营或骗取优惠政策。

（5）落实地方责任。城市人民政府对本地区发展保障性租赁住房，促进解决新市民、青年人等群体住房困难问题负主体责任。省级人民政府对本地区发展保障性租赁住房工作负总责，要加强组织领导和监督检查，对城市发展保障性租赁住房情况实施监测评价。

来自住房和城乡建设部数据显示，"十四五"期间，全国 40 个重点城市计划筹集建设保障性租赁住房 650 万套（间），预计可解决近 2000 万新市民、青年人的住房困难问题[①]。

[①]住房和城乡建设部官网：多地出台住房租赁相关政策——规范租房市场保障租户权益，https://www.mohurd.gov.cn/xinwen/dfxx/202212/20221205_769225.html.

2021 年、2022 年全国建设筹集 330 万套(间)保障性租赁住房,保障性租赁住房发展仍有望进一步提速。另外,2022 年 8 月,首批 3 支保租房公募房地产信托投资基金(REITS)在沪深交易所上市。保租房公募 REITS 的落地,既有利于拓展保障性租赁住房建设资金来源,也有利于提高企业参与投资的积极性,确保保障性租赁住房供应量。

第四节　经济适用住房制度

一、经济适用住房制度概述

经济适用住房是指政府提供政策优惠,限定套型面积和销售价格,按照合理标准建设,面向城市低收入住房困难家庭供应,具有保障性质的政策性住房。它是具有社会保障性质的商品住宅,优化了房地产市场供应结构,平抑了商品房价格不合理上涨,促进了社会的稳定,具有以下特点:

(一)经济性

经济性是指经济适用住房的价格相对同期市场同类型住房的价格来说是适中的,适合中低收入家庭的负担能力。经济适用住房的建设来自国家经济适用住房建设计划安排,由国家统一下达计划,用地一般采用行政划拨的方式,免收土地出让金,对各种经批准的收费实行减半征收,经济适用住房出售价格实行政府指导价,按保本微利的原则确定。

(二)适用性

适用性是指在房屋的建筑标准上不能削减和降低,要达到一定的使用效果,和其他许多国家一样,经济适用房是国家为低收入人群解决住房问题所做出的政策性安排。

(三)保障性

保障性是指其是拥有社会保障性的商品住房,旨在确保城市低收入住房困难居民家庭基本居住需求。城市中低收入家庭由于经济收入水平低,完全依靠市场化、商业化的手段很难解决住房问题,保障他们最基本的生存需要是政府的应尽之责,确保经济社会快速发展的同时每个公民都能够获益,也是社会公平的体现。

二、经济适用住房制度的发展

为了支持经济适用住房的建设,国家对经济适用住房项目规定免收土地出让金,减免多项税费,地方政府也在政策措施制定方面予以扶持,因而经济适用房的建设与管理成本较之市场普通商品房要少,价格更加优惠。实践中,本应普惠于住房困难的中低收入家庭的这项住房保障制度,却因审核、管理等方面的不严,导致部分不具备购买资格的群体购买了经济适用住房,影响了补贴中低收入家庭的政策目的实现。部分经济适用住房被用作投资和出租,不仅使政府的补贴与公众资源流向了非目标对象,也给权力寻租提供了机会。

2013 年 3 月,全国"两会"开幕后不久,作为河南省第一个正式公开宣布停建经济适用住房的城市,郑州市宣布实施保障住房"三房合一",即廉租住房、经济适用住房、公共租赁住房合并为公共租赁住房,部署在 2014 年底河南全省全部取消经济适用房。

对于郑州市推行的"三房合一"、取消经济适用房相关制度，住建部部长姜伟新给予了肯定，认为"三房合一"符合中央政策。各个地方可根据自身情况建设和分配经济适用房，也允许适时取消。此前除河南以外已经有部分区域探路产权性保障房的改革，此番回应被认为是官方首度认可地方的改革措施。2013年11月，住建部汇总试点公共租赁住房并轨运行的城市有关情况，在年底召开的全国城乡建设系统工作会议上，提出了鼓励推广要求。

2014年1月，作为山东省的首个试点城市，烟台市出台了《烟台市城市住房保障管理办法》，提出实行经济适用住房、廉租住房、公共租赁租房"三房合一"的住房保障新模式，整合保障住房资源，统称为租赁型保障住房，"只租不售"，以满足基本居住需要为主，逐步实现循环滚动利用。

上述探索确定了保障住房产权的公有属性，消除了产权式保障住房利益空间，将经济适用住房纳入租赁型保障房的设计，表明饱受争议的经济适用住房制度将逐步退出，房源供应将逐步减少直至在我国全部取消。

三、经济适用住房基本制度

(一)供应对象

经济适用房的供应对象是城市低收入住房困难家庭。城市低收入住房困难家庭是指城市和县人民政府所在地镇的范围内，家庭收入、住房状况等符合市、县人民政府规定条件的家庭。经济适用住房制度是解决城市低收入家庭住房困难政策体系的组成部分。

(二)准入和退出管理

1. 准入管理

城市低收入家庭申请购买经济适用住房应同时符合下列条件：①具有当地城镇户口；②家庭收入符合市、县人民政府划定的低收入家庭收入标准；③无房或现住房面积低于市、县人民政府规定的住房困难标准。经济适用住房供应对象的家庭收入标准和住房困难标准，由市、县人民政府根据当地商品住房价格、居民家庭可支配收入、居住水平和家庭人口结构等因素确定，实行动态管理，每年向社会公布一次。

经审核公示通过的家庭，由市、县人民政府经济适用住房主管部门发放准予购买经济适用住房的核准通知，注明可以购买的面积标准。然后按照收入水平、住房困难程度和申请顺序等因素进行轮候。符合条件的家庭，可以持核准通知购买一套与核准面积相对应的经济适用住房。购买面积原则上不得超过核准面积。购买面积在核准面积以内的，按核准的价格购买；超过核准面积的部分，不得享受政府优惠，由购房人按照同地段同类普通商品住房的价格补交差价。

居民个人购买经济适用住房后，应当按照规定办理权属登记。房屋、土地登记部门在办理权属登记时，应当分别注明经济适用住房、划拨土地。

2. 退出管理

经济适用住房购房人拥有有限产权。个人购买的经济适用住房在取得完全产权以前不得用于出租经营。

购买经济适用住房不满5年，不得直接上市交易，购房人因特殊原因确需转让经济适用住房的，由政府按照原价格并考虑折旧和物价水平等因素进行回购。

购买经济适用住房满 5 年，购房人上市转让经济适用住房的，应按照届时同地段普通商品住房与经济适用住房差价的一定比例向政府交纳土地收益等相关价款，具体交纳比例由市、县人民政府确定，政府可优先回购；购房人也可以按照政府所定的标准向政府交纳土地收益等相关价款后，取得完全产权。

已经购买经济适用住房的家庭又购买其他住房的，原经济适用住房由政府按规定及合同约定回购。政府回购的经济适用住房，仍应用于解决低收入家庭的住房困难问题。

已参加福利分房的家庭在退回所分房屋前不得购买经济适用住房，已购买经济适用住房的家庭不得再购买经济适用住房。

第五节 共有产权住房制度

一、共有产权住房制度概述

共有产权住房是具有共有产权性质的政策性商品住房。根据 2014 年住房和城乡建设部《关于试点城市发展共有产权性质政策性商品住房的指导意见》（以下简称《试点指导意见》）规定，政策性商品住房是由政府引导并给予政策支持，通过市场开发建设，面向符合规定条件的住房困难群体供应的住房；具有一定保障性质，实行共有产权，即由承购人与政府按份共有所有权。按照此规定，政府与承购人共同承担共有产权住房建设资金，分配时在合同中明确各自的份额及共有过程中的权利义务；退出时由政府回购，承购人只能获得自己持有份额部分的变现。共有产权住房的销售价格低于市场上其他同地段、同类型的普通商品住房的价格水平，但承购人的适用范围和处分权利也有所限制。

共有产权住房制度是政府住房公共政策在商品住房领域的体现。一方面，共有产权住房制度通过共有产权的方式为购房者提供了相对较低价位的普通商品房，部分家庭通过支付一定比例的钱解决居住困难；另一方面，规范了住房保障制度，消除了配售型保障住房的寻租空间。政府和购买者共享土地和房屋的增值收益，共担土地和房屋贬值风险。承购者获得的是有限产权，使基于投资而谋利的可能大大减少，产权交易及价格方面的刚性要求压缩了非法牟利的空间，促进房地产市场发展回归"房住非炒"的民生基础。共有产权住房为转换房地产调控方式起到了积极作用，改善和优化了城市住房供给结构，缓解了城市房价上涨的压力，作为住房保障和供应体系的一部分，避免了因房价问题导致出现社会不稳定因素，保障社会公平。

二、共有产权住房制度的发展

2007 年，淮安市率先在全国提出共有产权住房，推行共有产权经济适用住房，通过政府产权分摊减轻购房人出资负担，根据住房需求家庭的困难程度决定分摊比例。2009 年年底，上海开始在徐汇、闵行两区实施共有产权住房试点。2013 年，北京明确自住型商品住房为"共有产权性质的自住房"。

2014 年，住房和城乡建设部将北京、上海、深圳、成都、淮安、黄石 6 个城市确定为全国共有产权住房试点城市，并出台了《试点指导意见》。

2020 年 12 月，住房和城乡建设部部长王蒙徽提出要加快构建以保障性租赁住房和共有产权住房为主体的住房保障体系。

三、共有产权住房基本制度

(一)供应对象

《试点指导意见》规定，与新型城镇化规划相衔接，政策性商品住房主要面向住房困难的城镇中等偏下收入家庭，以及符合规定条件的进城落户农民和其他群体供应。即共有产权住房主要解决既不符合公共租赁住房申请条件、又缺乏市场商品房消费能力的城镇户籍中等及中等偏下收入家庭的住房困难，申请者具有一定经济能力，经济收入达到了一定的水平。审核时还会对申请者家庭的经济承受能力、贷款申请资格、原住房置换等实际条件进行全面充分的估量。

为帮助供应对象能够切实感受到此项政策关怀，尤其是解决购房时的经济困难，各地在试点中也相继出台各项规定。江苏省淮安市的经验是打通银行、公积金贷款的贷款助购渠道，以金融手段解决申购群体的资金短缺问题；江苏省《关于加快推进住房保障体系建设重点任务落实的通知》更是明确规定各地可发放购房补贴，支持符合准入条件的保障家庭通过市场解决其住房困难，将政府发放的补贴与保障对象出资形成共有产权。

(二)准入审核

《试点指导意见》并未对共有产权住房的准入审核作具体要求，但授权各试点城市自行确定政策性商品住房的具体准入条件、供应对象范围。申请人应当如实申报家庭住房和经济条件等，并申明同意审核机关核查。严禁向不符合条件的家庭供应政策性商品住房。对以虚假资料骗购的，一经查实应解除购房合同，并由承购人承担相应的经济和法律责任。

调整、扩大供应对象范围使得共有产权住房真正体现了"以人为本"的政策性考虑。2014 年，江苏省《关于加快推进住房保障体系建设重点任务落实的通知》将危旧房片区住房困难群体纳入共有产权制度实施范围。2018 年，上海印发《关于进一步完善本市共有产权保障住房工作的实施意见》，将共有产权保障住房供应对象扩大至非户籍常住人口。2022 年 8 月，四川省公布《关于发展共有产权住房的指导意见(征求意见稿)》，提出共有产权住房优先供应城镇户籍无房家庭，供应范围以面向城镇户籍人口为主，逐步扩大到城镇常住人口。符合有关规定的城镇稳定就业且无房的各类人才，可优先安排。

(三)轮候配售

关于配售政策性商品住房的轮候期，《试点指导意见》要求各试点城市结合需求及供应能力合理确定，并向社会公布。经审核符合条件的家庭，应当在合理的轮候期内配售。具体轮候期限由试点城市根据当地实际合理确定。轮候对象的配售排序，可以根据申请人的住房困难情况以及家庭财产、居住年限、申请时间等因素综合评分确定，也可以通过随机选定等方式确定。

(四)产权份额

共有产权住房制度的核心是产权份额，政府始终持有一定份额确保了其政策性保障属性。对此，《试点指导意见》明确规定承购人的产权份额为承购人实际出资额占同地段、同类型商品住房价格的比例，其余部分为政府的产权份额。配售时，应当明确承购人持有的产权份额比例，承购人持有的产权份额一般不低于60%。承购人与政府的产权份额，应当在购房合同和房屋产权证书中明确，并作为各方增购产权份额及划分上市交易所得的依据。

根据试点情况，政府与承购人产权比例是共有产权住房制度的焦点，也是深化制度改革的关键。实践中，试点地区不断优化共有产权比例调节机制，承购人出资比例可在60%~100%，由其按家庭支付能力自由选择，目标是让困难家庭支付部分经济适用房的购房款就能先行改善居住条件，再逐步取得全部产权。

(五)产权交易

《试点指导意见》允许承购人增购政策性商品住房的产权份额，直至取得完全产权。购买不满5年的，不得上市交易。符合上市条件的，允许承购人上市出售，政府可以回购，且在同等条件下享有优先购买权。上市交易所得价款，应以承购人与政府的产权份额为依据公平分割。承购人通过购置、继承、受赠等方式取得其他住房，不再符合供应条件的，应当通过增购取得完全产权实现退出，或由政府回购其所有的产权份额。

(六)使用管理

政策性商品住房应当用于承购人自住，除了符合规定情形并报请有关部门同意的，不得擅自出租转借、长期闲置、改变用途。承购人与政府的权利义务应当在购房合同中明确，由承购人承担住房及其附属设施的日常维修养护、物业服务等费用。承购人要按有关规定和合同约定使用政策性商品住房，不得改变房屋结构，影响房屋质量安全和使用功能。政策性商品住房小区原则上应实行市场化的物业管理。

为了进一步规范和加强共有产权保障住房供后房屋转让和使用行为管理，2016年，上海市出台了《上海市共有产权保障住房供后管理实施细则》。2017年，北京市制定了《共有产权住房管理暂行办法》。

在逐步扩大的共有产权住房试点基础上，各地以《试点指导意见》为指南，对共有产权住房实践中的相关问题也进行了探索。如在共有产权模式上，深圳共有产权住房试点方案中已在探索推出政府与个人、政府与企业、企业与个人3类共有产权模式。2014年，江苏省《关于加快推进住房保障体系建设重点任务落实的通知》要求将公共租赁住房与廉租住房并轨运行，推进共有产权住房。

🏛 **延伸阅读** --

1. 基于居住权的住房保障制度创新探析，刘亚娟，湖南师范大学社会科学学报，2021，3.

2. 我国住房保障的法理基础与制度完善，徐红新，张爱丽，法律适用，2021，11.

3. 房地产法原理与适用，尤晓娜，刘广明，河北人民出版社，2018.

🏛 **思考题** --

1. 简述我国住房保障制度的发展。

2. 简述我国保障性租赁住房的保障对象。

3. 试探讨公共租赁住房、保障性租赁住房、共有产权住房以及经济适用住房之间的制度衔接与设计。

案例分析

案情①：2015 年 12 月 16 日，谭某的姐夫江某申获成都市经济适用房购买资格。2016 年 12 月 19 日，谭某与被告江某夫妇签订了房屋产权归属协议书，明确江某夫妇同意让出经济适用住房购房资格，房屋虽然登记在江某夫妇名下，但是由谭某支付首付款 63 486 元及贷款 13 万元购买，谭某为房屋实际所有人，享有占有使用权。谭某与江某夫妇于当日支付房屋首付款，并以江某夫妇名义办理了 13 万元贷款。

2017 年 1 月 4 日，江某夫妇以总价款 193 486 元的价格与成都某置业公司签订了买卖合同贷款购买该房屋，谭某自 1 月 13 日起每月向江某转账并备注"买房还贷、房贷"。2018 年至 2022 年年初，谭某实际使用该房屋并保管不动产权证。

2022 年 2 月 18 日，江某夫妇取得该房屋所有权登记，并拒绝将房屋过户给谭某。谭某遂诉至锦江区法院，要求法院判决该房屋归自己所有②。

问题：借他人名义购买经济适用住房，产权归属如何判定？

分析：双方签订房屋产权归属协议书的行为系谭某借用经济适用住房购买资格进行的房屋买卖。经济适用住房管理办法规定，经济适用住房购房人拥有有限产权，购买经济适用住房不满 5 年，不得直接上市交易，购房人因特殊原因确需转让经济适用住房的，由政府按照原价格并考虑折旧和物价水平等因素进行回购。

本案中，江某夫妇与谭某协议确定经济适用住房产权归属，并由谭某实际占有并使用经济适用住房的行为，违反了经济适用住房管理办法的规定，该办法属于部门规章，一般不会影响合同效力，但该内容涉及国家宏观调控政策及公序良俗的内容，双方的行为违背了国家对政策性房屋的调控政策，损害了社会公众利益，因此签订的协议书依法应当认定为无效，故法院最后依法驳回了谭某要求确认房屋归其所有的诉讼请求。

---

①源自北大法宝数据库，参见北大法宝司法案例——热点案例《借名购买经适房行为损害社会公众利益》.

②人民法院报：借名购买经适房行为损害社会公众利益，http：//rmfyb. chinacourt. org/paper/html/2022-11/15/content_222627. htm.

第十一章 房地产纠纷的解决

内容提要：房地产作为社会生活中不可或缺的重要生产及生活资料，涉及众多法律主体，且法律关系纷繁复杂，一系列的纠纷在所难免，如何解决房地产纠纷显得尤为重要。本章对房地产纠纷的概念及特征进行了概述，详细列举了房地产纠纷的类型。总体介绍了房地产纠纷行政处理的内容，包括行政调解、行政处罚和行政复议，并对其程序进行了梳理。简要介绍了房地产纠纷仲裁的概念、机构和程序，对房地产纠纷民事诉讼和行政诉讼进行了比较，介绍其概念和受案范围，并重点梳理了两者的运行程序。

学习目标与要求：通过本章学习，理解房地产纠纷的概念、特征和类型；了解房地产纠纷行政处理的 3 种方式，即行政调解、行政处罚和行政复议；识记房地产纠纷仲裁制度；学习和应用房地产纠纷民事诉讼和行政诉讼制度。

第一节 房地产纠纷概述

一、房地产纠纷的概念和特征

(一)房地产纠纷的概念

房地产纠纷是指公民、法人和其他组织之间以及其与房地产管理部门之间因房地产法律关系而产生的权利义务纠纷。房地产是社会生活中不可或缺的重要生产及生活资料，房地产法律关系涉及的主体众多且纷繁复杂，因此房地产纠纷的产生在所难免。因此，如何正确处理和化解房地产纠纷，不仅事关公民、法人和其他组织的私人财产权益，还与国家和社会的公共利益紧密相连，甚至影响着经济全局稳定和社会安宁。房地产纠纷化解对经济秩序的维持和社会和谐的维护都具有重要意义。

(二)房地产纠纷的特征

1. 争议标的价值较大

房地产纠纷的争议标的为建设用地、宅基地、房屋、山林、矿产资源等不动产。土地是一切社会活动的基本物质载体，是国家、集体和个人最重要的生产及生活资料。无论是城市居民抑或农村村民，房屋既是其基本生活保障，也是价值最高的物质财产。对于法人和其他组织，房地产是其从事生产经营活动的物质基础，尤其是对于以房地产作为经营范围的企业，其房地产是最为重要、价值最高、最关乎企业经济命脉的资产。因此，房地产纠纷的争议标的往往价值较大、矛盾较为突出。例如，2016 年江苏省全省法院审结的商品房预售合同案件、建设工程合同纠纷案件标的额分别为 34.32 亿元和 201.18 亿元，直接影响当事人基本的生活状况和根本利益，当事人往往互不相让，特别是房地产企业因资金链断裂导致烂尾楼的矛盾纠纷，化解难度较大①。

2. 政策性较强

房地产权益具有社会性，我国在房地产法律关系的规范方面进行了较多的政策性调整。例如，为实现房地产的宏观调控，控制房价的日益高涨，我国较多城市陆续出台一系列限制公民购买商品房的政策规范，商品房"限购令"不仅在各地有不同规定，还具有鲜明的时效性和变动性。为妥善处理历史遗留房地产问题争议，《关于历史遗留房地产开发项目房屋登记有关问题的通知》②《深圳市人民政府关于加强房地产登记历史遗留问题处理工作的若干意见》③《关于解决住宅小区不动产登记历史遗留问题的若干意见》④等一系列政策文件发挥了重要作用；为解决华侨房地产、宗教房地产等特殊房地产争议，地方政府及主管部门相继发布了《广东省关于无人管理的华侨房地产的暂行处理办法》⑤《广东省人民政府关于期限退还文革期间被挤占的华侨房屋的通知》⑥《广州市国土资源与房屋管理局关于宗教房地产登记发证问题的通知》⑦等政策文件。但是，由于房地产法律关系的错综复杂，随着政策性文件的出台，势必不断引发出各类新型的纠纷。例如，因限购、限贷政策引发的买受人解除合同纠纷、退房纠纷；规避限购、限贷、限价政策而引发的纠纷和房屋中介机构主张中介费的纠纷等⑧。

3. 历史遗留问题较多

由于房地产的实物状态可以较长时间存在，但房地产的法律及政策却随着时代更迭而不断发生变化，难免导致一系列亟待解决的历史遗留问题。一方面，城市地区主要存在历史遗留的房地产登记和住宅建设用地使用权到期等问题。例如，2016年，浙江温州部分市民因二十年的住房土地使用权到期的问题备受关注。国务院1990年发布的《城镇国有土地使用权出让和转让暂行条例》中明确表示，土地使用权出让最高年限按以下用途确定，居住用地七十年；工业用地五十年；教育、科技、文化、卫生、体育用地五十年；商业、旅游、娱乐用地四十年；综合或其他用地五十年。据了解，当时为了顺利推进国有土地使用权出让工作，在不超过居住用地最高年限七十年的前提下，按二十年到七十年分档，由受

---

①⑧江苏省高级人民法院课题组，李玉生，潘军锋，2018. 房地产调控背景下房地产纠纷风险防控及司法对策，人民司法（应用），4.

②北京市住房和城乡建设委员会：《关于历史遗留房地产开发项目房屋登记有关问题的通知》，http：//zjw. beijing. gov. cn/bjjs/xxgk/fgwj3/gfxwj/zfcxjswwj/316091/index. shtml.

③深圳市人民政府：《深圳市人民政府关于加强房地产登记历史遗留问题处理工作的若干意见》，http：//www. gd. gov. cn/zwgk/wjk/zcfgk/content/post _2532200. html.

④盘锦市大洼区人民政府：《关于解决住宅小区不动产登记历史遗留问题的若干意见》，http：//www. dawa. gov. cn/2021 _10/26 _13/content-346868. html.

⑤广东省人民政府：《广东省关于无人管理的华侨房地产的暂行处理办法》，http：//www. gd. gov. cn/zwgk/gongbao/1956/4/content/post _3353457. html.

⑥广东省人民政府：《广东省人民政府关于期限退还文革期间被挤占的华侨房屋的通知》，http：//www. gd. gov. cn/zwgk/gongbao/1981/4/content/post _3353807. html.

⑦广州市国土资源与房屋管理局：《广州市国土资源与房屋管理局关于宗教房地产登记发证问题的通知》，http：//law168. com. cn/doc/view？id=144165.

让方自行选择办理出让手续，并交纳相应的土地出让金额①。随后，原国土资源部指出，将采用"两不一正常"的过渡性办法处理，即不需要提出续期申请，不收取费用，正常办理交易和登记手续②。2021 年《民法典》第三百五十九条再次明确，住宅建设用地使用权期限届满的，自动续期。续期费用的缴纳或者减免，依照法律、行政法规的规定办理。另一方面，农村地区也存在因历史原因形成的超标准占用宅基地和一户多宅的情况，引发一系列纠纷。例如一户多宅，主要是建新不拆旧、继承父辈遗产、经营用地改用为宅基地等原因形成③。如果有合法原因能够确权的，可以通过宅基地集体内部流转机制和宅基地自愿有偿退出机制解决；如果没有合法理由则属于违法用地，应当责令村民自行拆除不符合规划、超过面积过大、私自圈占土地建房的住宅。

二、房地产纠纷的类型

(一)按纠纷涉及的标的不同，分为土地纠纷和房屋纠纷

土地纠纷是指当事人之间因土地的权属、交易和侵权行为等发生的纠纷。较为典型的有农村集体土地所有权归属纠纷、土地承包经营权和宅基地使用权纠纷、国有土地的建设用地使用权出让和转让纠纷等。

房屋纠纷是指当事人之间因房屋的权属、交易等发生的纠纷。较为典型的有当事人之间因房屋所有权、使用权等权利义务关系不明而产生的纠纷，因房屋买卖、抵押、赠与等行为发生所有权变动而产生的纠纷等。

(二)按纠纷的法律性质不同，分为房地产民事纠纷、房地产行政纠纷和房地产刑事犯罪

房地产民事纠纷是指公民、法人和其他组织之间因房地产法律关系不清、权利义务分配不明而产生的纠纷。按纠纷涉及的民事权利性质不同，又可进一步区分为房地产物权纠纷和房地产债权纠纷。房地产物权纠纷是指当事人对房地产的所有权、使用权、用益物权等相关财产权发生的纠纷。主要包括土地使用权纠纷、房屋所有权纠纷、房地产相邻关系纠纷、建筑物区分所有权纠纷等。房地产债权纠纷是指公民、法人和其他组织在房地产法律关系中，对于为一定行为或不为一定行为的权利和义务而产生的纠纷。主要包括土地使用权出让合同纠纷、房屋买卖合同纠纷、房屋租赁合同纠纷等。此外，房地产消费者权益纠纷是一类典型和特殊的房地产民事纠纷，指房地产经营者在为房地产消费者提供其房地产相关的商品或者服务时产生的纠纷，主要发生在买卖商品房住宅、房屋装修、物业管理、经营性租房租赁等房地产消费关系中，以《中华人民共和国消费者权益保护法》(以下简称《消费者权益保护法》)作为特别法优先适用④。

房地产行政纠纷是指房地产管理部门在行使房地产行政管理职权的过程中，与公民、法人和其他组织发生的纠纷。具体包括暂扣、吊销、拒发房屋建设施工或土地使用规划等

---

①参见新浪网：温州市民遭遇 20 年住房土地权到期问题国土资源部回应，http：//sh. sina. com. cn/news/m/2016-12-24/detail-ifxyxury8384231. shtml.

②人民网："温州住宅土地使用权续期交房价三成"系旧闻炒作无需申请不收费，http：//house. people. com. cn/n1/2019/0725/c164220-31256027. html.

③杨璐璐，2016. 农村宅基地"一户多宅"诱因与实态：闽省个案，改革，1.

④李延荣，周珂，于鲁平，2021. 房地产法，中国人民大学出版社.

许可证的行政行为引发的争议，以及因对房地产建设使用交易中的罚款、没收、拆除、查封等的行政处罚、强制措施等引发的纠纷。

房地产刑事犯罪是指行为人在房地产法律关系中实施了违反《中华人民共和国刑法》(以下简称《刑法》)中关于犯罪的规定。例如，伪造土地使用权证书、拒绝执行法院处置房地产的法律文书等违法行为，可能触犯的罪名有诈骗罪、合同诈骗罪、非法集资罪、拒不执行判决裁定罪、伪造国家公文罪等。此外，房地产领域涉及的法律主体众多、法律关系复杂，易在同一案件中发生民事纠纷与刑事犯罪交叉的情形，房地产民刑交叉的案件主要发生在土地使用权出让、一房二卖、所有权确认以及执行异议等领域①。

(三)按纠纷是否具有涉外因素，分为国内房地产纠纷和涉外房地产纠纷

国内房地产纠纷是指当事人之间发生的房地产法律关系不具有涉外因素，法律关系的主体、对象和内容都不直接涉及外国或我国港澳台地区，产生的房地产纠纷的处理完全适用我国法律。

涉外房地产纠纷是指当事人之间发生的房地产法律关系中至少有一个因素涉及外国或我国港澳台地区。根据《中华人民共和国涉外民事关系法律适用法》(以下简称《涉外民事关系法律适用法》)第三十六条和《中华人民共和国民事诉讼法》(以下简称《民事诉讼法》)第三十四条规定，涉外房地产纠纷主要适用房地产所在地法律，由房地产所在地人民法院管辖。

第二节　房地产纠纷的行政处理

房地产纠纷的行政处理的主要形式包括行政调解、行政处罚以及作为行政救济手段的行政复议。行政调解适用于平等主体之间，行政机关作为与房地产纠纷无关的第三人居中调解处理纠纷；行政处罚是行政机关对行政相对人违法行为的处理，是不平等主体之间的行政行为。以上两种形式根据房地产纠纷的实际情况，可以独立适用，也可以同时适用。行政复议是行政相对人不服房地产管理部门的具体行政行为，而向复议机关提出重新处理要求的权利救济手段。

一、房地产纠纷的行政调解

(一)房地产纠纷行政调解的概述

1. 房地产纠纷行政调解的概念

房地产纠纷行政调解是指当事人在享有管辖权限的行政机关的主持下，依照国家法律、法规、政策以及相关房地产行业规范，以自愿为原则，由行政机关说服劝导，双方达成协议、解决争议的调解和处理活动。例如，《土地管理法》第十四条规定："土地所有权和使用权争议，由当事人协商解决；协商不成的，由人民政府处理。单位之间的争议，由县级以上人民政府处理；个人之间、个人与单位之间的争议，由乡级人民政府或者县级以上人民政府处理。"为房地产纠纷的行政调解提供了法律依据。当前，参与房地产纠纷行政

---

①林文彪，2015. 房地产民事纠纷与刑事犯罪交叉问题研究，法律适用，11.

调解的主要机关包括规划与自然资源主管部门、房地产管理部门、市场监督管理部门等。行政调解作为一种重要的非诉讼纠纷解决方式，以其作为解决房地产纠纷的重要途径，是房地产管理部门履行行政责任的重要体现。同时，其专业性、权威性、高效率、低成本的方式也为当事人达成矛盾纠纷的及时化解奠定坚实基础。

2. 行政调解、人民调解与司法调解

除行政调解外，人民调解与司法调解都属于我国调解方式，三者之间相互衔接、相互配合、相互支持，在房地产纠纷的解决中，人民调解与司法调解也发挥着重要作用。

（1）房地产纠纷人民调解。房地产纠纷人民调解是指在人民调解委员会的主持下，依照法律、政策、社会主义核心价值观以及房地产行业规范等，对房地产纠纷当事人进行说服规劝，促进彼此互谅互让，达成协议，消除纷争。例如，乌兰察布市多元矛盾纠纷调解中心通过人民调解程序顺利解决一起大额工程投资款的房地产纠纷，三方当事人达成协议按投资比例取得工程款，并引导当事人向法院申请司法确认①。此外，在实践中，房地产纠纷行业调解当前也被认为是人民调解中的一种。为贯彻落实《关于完善矛盾纠纷多元化解机制的意见》中提出的"中央有关部门指导和支持成立行业调解组织，推动有条件的商会、行业协会、民办非企业单位、商事仲裁机构等设立商事调解组织"，2015 年 9 月 20 日，中国房地产业协会成立了"中房协调解中心"②，调解中心属于司法类的民办非企业法人，受理的案件主要来源于当事人自行申请和法院委托委派。

（2）房地产纠纷司法调解。即诉讼调解是指当事人在人民法院法官的主持下，依照法律、政策、社会主义核心价值观以及房地产行业规范等，通过平等协商达成一致意见，经人民法院认可后，终结诉讼程序，解决房地产纠纷。司法调解是公权力主导下当事人对私权利的处分和让与，也是各级人民法院依法行使审判权的重要方式之一。

（二）房地产纠纷行政调解的程序

1. 申请与受理

房地产纠纷的当事人均可向当地房地产管理部门申请行政调解，接收申请的部门根据法律政策的规定予以受理，并立案调查。

2. 调查核实

一方面，受理申请的部门应当向各方当事人了解房地产纠纷情况；另一方面，根据实际情况采取实地考察、向知情人调查或向其他行政部门查清核实证据资料等方式调查了解事实。

3. 调解处理

受理申请的部门以国家法律、法规、政策以及相关房地产行业规范为依据，主持行政调解工作，促使当事人自愿达成和解协议。

---

① 孟婷婷，2017. 打造人民调解创新发展新引擎——访内蒙古自治区乌兰察布市多元矛盾纠纷调解中心，人民调解，7.

② 康俊亮，2017. 我国房地产行业调解发展现状概述（上），中国房地产，10.

二、房地产纠纷的行政处罚

（一）房地产纠纷行政处罚的概述

房地产纠纷行政处罚是指享有行政处罚权的房地产管理部门在职权管辖范围内，对违反房地产管理法律法规的行政相对人实施法律制裁的行为。行政处罚的对象包括个人和单位，处罚的内容包括警告、罚款、没收违法所得、没收非法财物、责令停产停业、暂扣或者吊销许可证等。

房地产纠纷行政处罚的基本原则如下：

（1）处罚法定原则。行政处罚的主体、客体、内容、依据、权限、程序等必须符合法律要求，在法无明文授权或没有法律依据的情况下，任何行政机关不得越权做出行政处罚，也不得对应当做出行政处罚的行为不处罚，也即"法无明文规定不可为，法律明文规定必须为"。

（2）合理行政原则。公平公正对待各方当事人；考虑相关因素，根据违法行为的性质、情节、社会危害程度来决定行政处罚的轻重程度；合理利用行政自由裁量权，符合比例原则，行政处罚的结果要合目的性、适当性和损害最小。

（3）法律救济原则。在作出行政处罚时，应当明确告知被处罚人有权在一定期限内向有关行政机关申请行政复议，或者向有管辖权的法院提起诉讼。

（4）处罚与教育相结合原则。房地产管理部门在实施行政处罚、纠正违法行为的过程中，应当注意说服教育，一方面教育行为人不得再为，另一方面教育其他公众不得为，实现行政处罚制裁与教育的双重目的[①]。

（二）房地产纠纷行政处罚的程序

根据《中华人民共和国行政处罚法》（以下简称《行政处罚法》）的规定，房地产纠纷行政处罚的程序如下：

1. 立案

符合立案标准的，房地产管理部门应当及时立案，并填写立案单，报当事人或处罚单位法定代表人，确定具体承办人员。

2. 调查取证

房地产管理部门必须全面、客观、公正地调查，收集有关证据，应当主动向当事人或者有关人员出示执法证件。调查取证包括传唤、传讯、取证等步骤。

3. 审查

调查终结，房地产管理部门负责人应当对调查结果进行审查，根据不同情况，分别作出行政处罚、不予行政处罚、移送司法机关等决定。

4. 处罚

房地产管理部门应当自行政处罚案件立案之日起九十日内作出行政处罚决定，并制作行政处罚决定书，送达当事人。

---

① 谭柏平，2019. 房地产法入门笔记，法律出版社.

5. 执行

当事人对行政处罚决定不服，申请行政复议或者提起行政诉讼的，行政处罚不停止执行，法律另有规定的除外。

三、房地产纠纷的行政复议

(一) 房地产纠纷行政复议的概述

房地产纠纷行政复议是指行政相对人不服房地产管理部门的具体行政行为，依法向有关行政机关申请复议，要求对该具体行政行为的合法性和适当性进行审查并作出裁决。

根据 2023 年 9 月公布的《中华人民共和国行政复议法》(以下简称《行政复议法》)第十一条规定，房地产纠纷行政复议的受案范围包括：①对房地产管理部门作出的警告、处罚、没收违法所得、没收非法财物，责令停产停业、暂扣或者吊销许可证、暂扣或者吊销执照、行政拘留等行政处罚决定不服的；②对房地产管理部门作出的查封、扣押、冻结财产等行政强制措施决定不服的；③对房地产管理部门作出的有关许可证、执照、资质证，资格证等证书变更、中止、撤销决定不服的；④对房地产管理部门作出的关于确认土地、房产的所有权或者使用权的决定不服的；⑤对房地产管理部门作出的征收征用及其补偿决定不服的；⑥对房地产管理部门作出的赔偿决定或不予赔偿决定不服的；⑦认为房地产管理部门变更或者废止农业承包合同，侵犯其合法权益的；⑧认为房地产管理部门滥用行政权力排除或者限制竞争的；⑨认为房地产管理部门不依法订立、不依法履行、未按照约定履行或者违法变更、解除政府特许经营协议、土地房屋征收补偿协议等行政协议的；⑩认为房地产管理部门在政府信息公开工作中侵犯其合法权益的；⑪认为房地产管理部门的其他行政行为侵犯其合法权益的。

(二) 房地产纠纷行政复议的程序

根据《行政复议法》的规定，房地产纠纷行政复议的程序如下：

1. 申请

行政相对人可以自知道该具体行政行为之日起六十日内提出行政复议申请。申请人申请行政复议，可以书面申请，也可以口头申请；口头申请的，行政复议机关应当当场记录申请人的基本情况、行政复议请求、申请行政复议的主要事实、理由和时间。

2. 复议申请的处理

行政复议机关应当在审查期限内决定不予受理并说明理由；不属于本机关管辖的，还应当在不予受理决定中告知申请人有管辖权的行政复议机关。

3. 行政复议案件的审理

适用普通程序审理的行政复议案件，行政复议机构应当当面或者通过电话、互联网的方式听取当事人的意见，并将听取的意见记录在案。因为当事人原因不能听取意见的，可以书面审理。

4. 行政复议决定的作出

(1) 具体行政行为事实清楚，证据确凿，适用依据正确，程序合法，内容适当的，决定维持。

（2）被申请人不履行法定职责的，决定其在一定期限内履行。

（3）具体行政行为主要事实不清、证据不足的，适用依据错误的，违反法定程序的，超越或者滥用职权的，具体行政行为明显不当的，可以根据具体实际情况，决定撤销、变更或者确认该具体行政行为违法。

（4）被申请人不按照《行政复议论》第四十八条、第五十四条的规定提出书面答复、提交作出行政行为的证据、依据和其他有关材料的，视为该具体行政行为没有证据、依据，决定撤销、部分撤销行政行为，确认该行政行为违法、无效或者决定被审请人在一定期限内履行、但行政行为涉及第三人合法权益，第三人提供证据的除外。

5. 执行

被申请人应当履行行政复议决定；被申请人逾期不起诉又不履行行政复议决定的，或者不履行最终裁决的行政复议决定的，按照下列规定分别处理：①维持具体行政行为的决定，由作出具体行政行为的行政机关依法强制执行，或者申请人民法院强制执行；②变更具体行政行为的决定，由行政复议机关依法强制执行，或者申请人民法院强制执行。

第三节　房地产纠纷仲裁

一、房地产纠纷仲裁的概述

（一）仲裁及房地产纠纷仲裁

房地产纠纷仲裁是指仲裁机构依据当事人订立的有效仲裁协议，依照国家法律、法规和房地产行业规则，对房地产纠纷进行居中裁决的行为。作为一种准司法性质的专业化仲裁，房地产纠纷仲裁具有部分的司法行为效力，但是又与人民法院的房地产纠纷审判活动和房地产管理部门的行政活动存在区别。采用仲裁方式解决的房地产纠纷，应当符合《中华人民共和国仲裁法》（以下简称《仲裁法》）的要求，以双方自愿达成仲裁协议，且案件具有可仲裁性①为前提。

相较于诉讼活动，仲裁主要有如下优势：一是自主性和灵活性。当事人可以自愿约定选择仲裁机构以及仲裁员的人数和人选，具有较大的自主性和灵活性，也有利于增强双方当事人对仲裁结果的信服。二是高效性和便捷性。仲裁实行"一裁终局"，裁决作出后，当事人就同一纠纷再申请仲裁或者向人民法院起诉的，仲裁委员会或者人民法院不予受理。这是一种快速解决争议的方式，有利于减少当事人的时间精力消耗。三是保密性。仲裁一般不公开进行，其庭审过程和裁决书不予公开，能较好地保护当事人的商业秘密和商业信誉。

（二）房地产纠纷仲裁机构

房地产纠纷仲裁机构为仲裁委员会，一类是地方设立的仲裁委员会，受理我国平等主体之间的、有仲裁协议的、可仲裁的房地产纠纷；另一类是中国国际经济贸易仲裁委员

---

① 《仲裁法》第三条.

会，由中国国际商会设立，只仲裁涉外民事纠纷。根据《仲裁法》规定，仲裁委员会可以在直辖市和省、自治区人民政府所在地的市设立，也可以根据需要在其他设区的市设立，不按行政区划层层设立，独立于行政机关，与行政机关没有隶属关系，仲裁委员会之间也没有隶属关系。仲裁委员会由前述市的人民政府组织有关部门和商会统一组建，经省、自治区、直辖市的司法行政部门登记。同时，不同的仲裁机构确立了不同的仲裁规则，如中国广州仲裁委员会发布的《中国广州仲裁委员会仲裁规则》。

二、房地产纠纷仲裁的程序

(一)申请和受理

1. 申请仲裁的条件

申请仲裁的条件是：①有仲裁协议；②有具体的仲裁请求和事实、理由；③房地产纠纷属于仲裁委员会的受理范围。

2. 受理

仲裁委员会收到仲裁申请书之日起五日内，认为符合受理条件的，应当受理，并通知当事人；认为不符合受理条件的，应当书面通知当事人不予受理，并说明理由。

3. 送达仲裁规则和仲裁员名册

仲裁委员会受理仲裁申请后，应当在仲裁规则规定的期限内将仲裁规则和仲裁员名册送达申请人，并将仲裁申请书副本和仲裁规则、仲裁员名册送达被申请人。

4. 或裁或审

当事人达成仲裁协议，一方向人民法院起诉未声明有仲裁协议，人民法院受理后，另一方在首次开庭前提交仲裁协议的，人民法院应当驳回起诉，但仲裁协议无效的除外；另一方在首次开庭前未对人民法院受理该案提出异议的，视为放弃仲裁协议，人民法院应当继续审理。

(二)仲裁庭的组成

1. 仲裁庭由3名仲裁员或者一名仲裁员组成

当事人选择由3名仲裁员组成仲裁庭的，应当各自选定或者各自委托仲裁委员会主任指定一名仲裁员，第三名仲裁员由当事人共同选定或者共同委托仲裁委员会主任指定，第三名仲裁员是首席仲裁员；当事人也可以选择由一名仲裁员成立仲裁庭，由当事人共同选定或者共同委托仲裁委员会主任指定仲裁员。

2. 仲裁员的回避程序

当事人提出回避申请，应当说明理由，在首次开庭前提出。回避事由在首次开庭后知道的，可以在最后一次开庭终结前提出。仲裁员是否回避，由仲裁委员会主任决定；仲裁委员会主任担任仲裁员时，由仲裁委员会集体决定。仲裁员因回避或者其他原因不能履行职责的，应当依照《仲裁法》规定重新选定或者指定仲裁员。

(三)保全措施

1. 证据保全

在证据可能灭失或者以后难以取得的情况下，当事人可以申请证据保全。当事人申请证据保全的，仲裁委员会应当将当事人的申请提交证据所在地的基层人民法院。

2. 财产保全

一方当事人因另一方当事人的行为或者其他原因，可能使裁决不能执行或者难以执行的，可以申请财产保全。当事人申请财产保全的，仲裁委员会应当将当事人的申请提交人民法院，由有管辖权的法院作出停用、停建、停止拆除、停止办理变更手续等保护性措施。

申请有错误的，申请人应当赔偿被申请人因财产保全所遭受的损失。若采取的保全措施涉及规划、土地、拆迁、建筑管理等事项，应当事先征求有关部门的意见①。

（四）开庭和裁决

1. 仲裁原则上应当开庭审理，应当不公开审理

当事人协议不开庭审理的，仲裁庭可以根据仲裁申请书、答辩书以及其他材料作出裁决。当事人协议公开审理的，可以公开进行，但涉及国家秘密的除外。

2. 当事人的辩论权

当事人在仲裁过程中有权进行辩论。辩论终结时，首席仲裁员或者独任仲裁员应当征询当事人的最后意见。仲裁庭应当将开庭情况记入笔录。笔录由仲裁员、记录人员、当事人和其他仲裁参与人签名或者盖章。

3. 仲裁的和解与调解

当事人申请仲裁后，可以自行和解。达成和解协议的，可以请求仲裁庭根据和解协议作出裁决书，也可以撤回仲裁申请。仲裁庭在作出裁决前，可以先行调解。当事人自愿调解的，仲裁庭应当调解。调解不成的，应当及时作出裁决。调解达成协议的，仲裁庭应当制作调解书或者根据协议的结果制作裁决书。调解书与裁决书具有同等法律效力。

4. 制作调解书、裁决书

裁决书应当写明仲裁请求、争议事实、裁决理由、裁决结果、仲裁费用的负担和裁决日期。当事人协议不愿写明争议事实和裁决理由的，可以不写。裁决书由仲裁员签名，加盖仲裁委员会印章。对裁决持不同意见的仲裁员，可以签名，也可以不签名。

（五）撤销裁决和执行

根据《仲裁法》第五十八条规定，当事人提出证据证明裁决有下列情形之一的，可以向仲裁委员会所在地的中级人民法院申请撤销裁决：①没有仲裁协议的；②裁决的事项不属于仲裁协议的范围或者仲裁委员会无权仲裁的；③仲裁庭的组成或者仲裁的程序违反法定程序的；④裁决所根据的证据是伪造的；⑤对方当事人隐瞒了足以影响公正裁决的证据的；⑥仲裁员在仲裁该案时有索贿受贿，徇私舞弊，枉法裁决行为的。人民法院经组成合议庭审查核实裁决有以上情形之一的，应当裁定撤销。人民法院认定该裁决违背社会公共利益的，也应当裁定撤销。

当事人应当履行裁决。一方当事人不履行的，另一方当事人可以申请人民法院执行。

①《仲裁法》第二十八条.

一方当事人申请执行裁决，另一方当事人申请撤销裁决的，人民法院应当裁定中止执行。人民法院裁定撤销裁决的，应当裁定终结执行。撤销裁决的申请被裁定驳回的，人民法院应当裁定恢复执行。

第四节 房地产纠纷诉讼

一、房地产纠纷诉讼的概述

房地产纠纷诉讼是指人民法院依照法律规定，在当事人和其他诉讼参与人的参加下，依法解决房地产讼争的活动。房地产纠纷诉讼的主要特征为：

（1）终局性。在行政处理中，无论是行政调解、行政处罚还是行政复议，行政机关通常只有裁决权而没有最终的决定权。公民、法人和其他组织不服行政机关对房地产纠纷作出的调解或者其他处理，或对行政处罚决定、行政复议不服，一般可提起行政诉讼；公民、法人和其他组织向人民法院提起行政诉讼，人民法院已经依法受理的，不得申请行政复议。此外，经过仲裁，当事人一方或双方可以向人民法院申请仲裁协议无效或申请撤销仲裁裁决。

（2）强制执行性。如果当事人拒绝执行相关决议，房地产管理部门和仲裁机关都没有强制执行权，需向人民法院申请执行。因此，人民法院具有处理房地产纠纷的最高权力。常见的房地产诉讼包括民事诉讼和行政诉讼两类。

二、房地产纠纷民事诉讼

（一）房地产纠纷民事诉讼的概述

房地产纠纷民事诉讼是指公民、法人和其他组织之间因房地产相关的民事纠纷，依法向人民法院提起诉讼，请求解决双方争议，明确双方权利义务的司法活动。

（二）房地产纠纷民事诉讼的程序

根据《民事诉讼法》规定，我国房地产纠纷民事诉讼的基本程序如下：

1. 起诉和受理

（1）起诉条件。①原告是与本案有直接利害关系的公民、法人和其他组织；②有明确的被告；③有具体的诉讼请求和事实、理由；④属于人民法院受理民事诉讼的范围和受诉人民法院管辖。

（2）起诉方式包括书面起诉和口头起诉。起诉应当向人民法院递交起诉状，并按照被告人数提出副本。书写起诉状确有困难的，可以口头起诉，由人民法院记入笔录，并告知对方当事人。

（3）受理。符合起诉条件的，人民法院应当在七日内立案，并通知当事人；不符合起诉条件的，应当在七日内作出裁定书，不予受理；原告对裁定不服的，可以提起上诉。

2. 审理前准备

（1）送达起诉状副本和提出答辩状。人民法院应当在立案之日起五日内将起诉状副本发送被告，被告应当在收到之日起十五日内提出答辩状。人民法院应当在收到答辩状之日起五日内将答辩状副本发送原告。

(2)调查取证。法院有权向有关单位和个人调查取证。人民法院在必要时可以委托外地人民法院调查。受委托人民法院可以主动补充调查。受委托人民法院收到委托书后，应当在三十日内完成调查。

3. 开庭审理

开庭审理的程序包括宣布开庭、法庭调查、法庭辩论、制作庭审笔录、合议庭休庭评议等内容。

(1)审理方式。包括开庭审理和不开庭审理，人民法院应当在开庭三日前通知当事人和其他诉讼参与人。公开审理的，应当公告当事人姓名、案由和开庭的时间、地点。除涉及国家秘密、个人隐私或者法律另有规定的以外，应当公开进行。离婚案件，涉及商业秘密的案件，当事人申请不公开审理的，可以不公开审理。

(2)法庭调查。①当事人陈述；②告知证人的权利义务，证人作证，宣读未到庭的证人证言；③出示书证、物证、视听资料和电子数据；④宣读鉴定意见；⑤宣读勘验笔录。

(3)法庭辩论。①原告及其诉讼代理人发言；②被告及其诉讼代理人答辩；③第三人及其诉讼代理人发言或者答辩；④互相辩论。

(4)制作庭审笔录。当事人和其他诉讼参与人认为对自己的陈述记录有遗漏或者差错的，有权申请补正。如果不予补正，应当将申请记录在案。法庭笔录由当事人和其他诉讼参与人签名或者盖章。拒绝签名盖章的，记明情况附卷。

4. 一审裁判、宣判

(1)宣判方式。包括当庭宣判和定期宣判，人民法院对公开审理或者不公开审理的案件，一律公开宣告判决。当庭宣判的，应当在十日内发送判决书；定期宣判的，宣判后立即发给判决书。宣告判决时，必须告知当事人上诉权利、上诉期限和上诉的法院。

(2)判决书。应当写明判决结果和作出该判决的理由，主要内容包括：①案由、诉讼请求、争议的事实和理由；②判决认定的事实和理由、适用的法律和理由；③判决结果和诉讼费用的负担；④上诉期间和上诉的法院。判决书由审判人员、书记员署名，加盖人民法院印章。

5. 第二审程序

第二审程序是指上级人民法院根据当事人的上诉，对下一级人民法院未发生法律效力的判决和裁定进行审理和裁判的程序。

(1)提起上诉。当事人不服地方人民法院第一审判决的，有权在判决书送达之日起十五日内向上一级人民法院提起上诉。当事人不服地方人民法院第一审裁定的，有权在裁定书送达之日起十日内向上一级人民法院提起上诉。

(2)审理方式。包括开庭审理和书面审理，第二审人民法院对上诉案件应当开庭审理。经过阅卷、调查和询问当事人，对没有提出新的事实、证据或者理由，人民法院认为不需要开庭审理的，可以不开庭审理。

(3)终审的判决或者裁定。第二审人民法院的处理结果：①事实清楚，适用法律正确的，以判决、裁定方式驳回上诉，维持原判决、裁定；②事实错误或者适用法律错误的，以判决、裁定方式依法改判、撤销或者变更；③基本事实不清的，裁定撤销原判决，发回原审人民法院重审，或者查清事实后改判；④遗漏当事人或者违法缺席判决等严重违反法定程序的，裁定撤销原判决，发回原审人民法院重审。

6. 审判监督程序

审判监督程序是指人民法院对已经发生法律效力的判决、裁定的再次审理。

(1)再审的申请与受理。人民法院应当自收到再审申请书之日起五日内将再审申请书副本发送对方当事人。对方当事人应当自收到再审申请书副本之日起十五日内提交书面意见。人民法院应当自收到再审申请书之日起3个月内审查，符合法律规定的，裁定再审；不符合法律规定的，裁定驳回申请。

(2)审理程序。人民法院审理再审案件，应当另行组成合议庭。若发生法律效力的判决、裁定是由第一审法院作出的，按照第一审程序审理，所作的判决、裁定，当事人可以上诉；发生法律效力的判决、裁定是由第二审法院作出或者上级人民法院按照审判监督程序提审的，按照第二审程序审理，所作的判决、裁定是发生法律效力的判决、裁定。

(3)检察院抗诉或者提检察建议。最高人民检察院对各级人民法院已经发生法律效力的判决、裁定，发现有应当再审的情形的，或者发现调解书损害国家利益、社会公共利益的，应当提出抗诉。地方各级人民检察院发现同级人民检察院出现上述情形的，可以向上级人民检察院提出抗诉。人民检察院提出抗诉的案件，接受抗诉的人民法院应当自收到抗诉书之日起三十日内作出再审的裁定，人民法院再审时，应当通知人民检察院派员出席法庭。地方各级人民检察院对审判监督程序以外的其他审判程序中审判人员的违法行为，有权向同级人民法院提出检察建议。

7. 执行程序

执行程序是指人民法院的执行组织依照法律规定的程序，对发生法律效力的法律文书确定的给付内容，以国家强制力为后盾，依法采取的强制措施。

(1)申请执行和移送执行。一方当事人不履行生效法律文书中确定的义务，对方当事人可以在两年内向有管辖权的法院申请执行。移送执行是在人民法院的判决、裁定和调解书生效后，由该案审判人员直接交付执行人员执行①。

(2)执行措施。法律明文规定的强制执行方式，包括冻结、划拨存款；扣留、提取收入；查封、扣押、拍卖、变卖财产；强制被执行人交付生效法律文书指定的财产、票证；强制迁出房屋；强制退出土地等。其中，强制迁出房屋或者强制退出土地，需要由院长签发公告，责令被执行人在指定期间履行。强制迁出房屋被搬出的财物，由人民法院派人运至指定处所，交给被执行人。因拒绝接收而造成的损失，由被执行人承担②。

(3)执行中止和执行终结。执行中止是指在执行过程中，由于某种特殊情况而停止执行程序，待中止情形消失后再恢复执行程序。具体情形包括：①申请人表示可以延期执行的；②案外人对执行标的提出确有理由的异议的；③作为一方当事人的公民死亡，需要等待继承人继承权利或者承担义务的；④作为一方当事人的法人或者其他组织终止，尚未确定权利义务承受人的；⑤人民法院认为应当中止执行的其他情形。

---

① 《民事诉讼法》第二百四十三条.
② 《民事诉讼法》第二百五十七条.

执行终结是指在执行过程中，由于某种特殊情况执行程序不可能继续或没有继续执行的必要，而结束执行程序。具体情形包括：①申请人撤销申请的；②据以执行的法律文书被撤销的；③作为被执行人的公民死亡，无遗产可供执行，又无义务承担人的；④追索赡养费、扶养费、抚养费案件的权利人死亡的；⑤作为被执行人的公民因生活困难无力偿还借款，无收入来源，又丧失劳动能力的；⑥人民法院认为应当终结执行的其他情形。

三、房地产纠纷行政诉讼

（一）房地产纠纷行政诉讼的概述

房地产纠纷行政诉讼是指公民、法人和其他组织认为房地产管理部门及其工作人员的行政行为侵犯其合法权益，依法向人民法院提起诉讼，请求解决双方争议的司法活动。

房地产纠纷行政诉讼审判的基本原则包括：①仅公民、法人和其他组织享有房地产纠纷行政诉讼的起诉权，作出行政行为的房地产管理部门无权提起诉讼；②审查具体行政行为合法性原则；③被告负有举证责任原则；④诉讼期间不停止执行原则；⑤不适用调解原则。

（二）房地产纠纷行政诉讼的受案范围

房地产纠纷行政诉讼的受案范围①包括：①对房地产管理部门吊销许可证和执照、责令停产停业、没收违法所得、没收非法财物、罚款、警告等行政处罚不服的；②申请行政许可，房地产管理部门拒绝或者在法定期限内不予答复，或者对行政机关作出的有关行政许可的其他决定不服的；③认为房地产管理部门侵犯其经营自主权或者农村土地承包经营权、农村土地经营权的；④申请房地产管理部门履行保护人身权、财产权的法定职责，房地产管理部门拒绝履行或不予答复的；⑤认为房地产管理部门违法履行义务的。

以下案件不属于受案范围：①国防、外交等国家行为；②行政法规、规章或者行政机关制定、发布的具有普遍约束力的决定、命令；③行政机关对行政机关工作人员的奖惩、任免等决定；④法律规定由行政机关最终裁决的行政行为②。

（三）房地产纠纷行政诉讼的程序

1. 第一审程序

（1）起诉条件。①原告是与行政行为有利害关系的公民、法人和其他组织；②有明确的被告；③有具体的诉讼请求和事实根据；④属于人民法院受案范围和受诉人民法院管辖。

（2）书面起诉。起诉应当向人民法院递交起诉状，并按照被告人数提出副本。书写起诉状确有困难的，可以口头起诉。

（3）送达起诉状副本和提出答辩状。人民法院应当在立案之日起五日内，将起诉状副本发送被告。被告应当在收到起诉状副本之日起十五日内向人民法院提交作出行政行为的

---

①《行政诉讼法》第十二条.
②《行政诉讼法》第十三条.

证据和所依据的规范性文件，并提出答辩状。

（4）公开审理。人民法院公开审理行政案件，但涉及国家秘密、个人隐私和法律另有规定的除外。涉及商业秘密的案件，当事人申请不公开审理的，可以不公开审理。审理程序包括宣布开庭、法庭调查、法庭辩论、制作庭审笔录、合议庭休庭评议等。诉讼期间一般不停止行政行为。

（5）判决。可以当庭判决或者定期宣判，判决结果包括：①判决驳回诉讼请求：行政行为证据充分，适用法律正确，符合法定程序的，或者原告要求被告履行法定职责或给付义务的理由不成立的；②判决撤销或部分撤销，并可以判决重新作出行政行为：行政行为主要证据不足、适用法律错误、违反法定程序、超越职权、滥用职权、明显不当的；③判决在一定期限内履行或履行给付义务：被告不履行法定职责的；④判决变更：行政处罚明显不当，或者其他行政行为涉及款额确定，并认定确有错误的。

2. 第二审程序

（1）提起上诉。当事人不服人民法院第一审房地产纠纷判决的，有权在判决书送达之日起十五日内向上一级人民法院提起上诉。当事人不服人民法院第一审裁定的，有权在裁定书送达之日起十日内向上一级人民法院提起上诉。

（2）审理方式包括开庭审理和不开庭审理。人民法院对上诉案件，应当组成合议庭，开庭审理。经过阅卷、调查和询问当事人，对没有新的事实、证据或者理由，合议庭认为不需要开庭审理的，也可以不开庭审理。人民法院应当对原审人民法院的判决、裁定和被诉行政行为进行全面审查。

3. 审判监督程序

审判监督程序可以由当事人申请法院再审启动、法院自行启动和检察院提出检察建议或提出抗诉启动。①当事人对已经发生法律效力的房地产纠纷裁判，认为确有错误的，可以向上一级人民法院申请再审。②各级人民法院院长对本院已经发生法律效力的判决、裁定发现符合再审情形的或者发现调解违反自愿原则或者调解书内容违法，认为需要再审的，应当提交审判委员会讨论决定。最高人民法院对地方各级人民法院已经发生法律效力的判决、裁定，上级人民法院对下级人民法院已经发生法律效力的判决、裁定，发现符合再审情形的，或者发现调解违反自愿原则或者调解书内容违法的，有权提审或者指令下级人民法院再审。③最高人民检察院对各级人民法院已经发生法律效力的判决、裁定，上级人民检察院对下级人民法院已经发生法律效力的判决、裁定，发现符合再审情形的，或者发现调解书损害国家利益、社会公共利益的，应当提出抗诉。地方各级人民检察院对同级人民法院已经发生法律效力的判决、裁定或者发现调解书损害国家利益、社会公共利益的，可以向同级人民法院提出检察建议，并报上级人民检察院备案；也可以提请上级人民检察院向同级人民法院提出抗诉。

4. 执行程序

公民、法人和其他组织对行政行为在法定期限内不提起诉讼又不履行的，行政机关可以申请人民法院强制执行，或者依法强制执行。如果行政机关拒绝履行判决、裁定、调解书的，人民法院可以采取下列措施：①从被执行人账户内划拨罚款或赔偿金；②对行政机关负责人处以罚款；③将行政机关拒绝履行的情况予以公告；④向监察机关或者该行政机关的上一级部门提司法建议；⑤对行政机关直接负责的主管人员或其他责任人员进行拘留，构成犯罪的，依法追究刑事责任。

延伸阅读

1. 政策调整致履约困难的房地产纠纷的司法解决兼论情势变更制度在合同法领域的适用，陈树森，王连国，法律适用，2007，9.

2. 北京市房地产纠纷解决机制实证研究，相庆梅，毛玥，朱志磊，等，人民论坛，2011，26.

3. 房地产民事纠纷与刑事犯罪交叉问题研究，林文彪，法律适用，2015，11.

4. 纠纷裁判精要与规则适用，《法律家》实践教学编委会，人民法院出版社，2022.

5. 房地产纠纷诉讼指引与实务解析，王勇，法律出版社，2022.

思考题

1. 简述房地产纠纷行政调解、行政处罚与行政复议之间的关系。

2. 简述房地产纠纷行政调解的程序。

3. 简述房地产纠纷行政处罚的基本原则和程序。

4. 试比较房地产纠纷行政处理与行政诉讼的不同。

5. 简述房地产纠纷民事诉讼的程序。

案例分析

案情①：2003 年，B 市人民政府向 A 省政府报送《关于 B 市 2003 年第三批次城市建设用地的请示》。同年 11 月 3 日，A 省政府作出批复，同意将 B 市有关村民小组集体农用地转为建设用地，并作为 B 市 2003 年第三批次城市建设用地。B 市政府及有关部门随即开展了征地公告、安置补偿方案公告等相关征收工作。

2006 年 3 月 13 日，C 房屋拆迁单位与王运健签订了一份协议书，约定对王运健的房屋及土地分别予以补偿。土地补偿采取回建地补偿方式，C 房屋拆迁单位在××安置区中将编号为 A 型 5 号的回建地安排给王运健。2007 年 1 月 30 日，王运健与李建珍签订《宅基地转让协议书》。约定王运健将 A 型 5 号的回建地转让给李建珍，李建珍随后凭该协议书向 B 市国土资源局等部门申请办理相关土地使用权确认手续。2012 年 11 月 4 日，B 市政府作出 296 号安置批复，其中，将××安置区 05 栋 5 号宗地作为回建地安排给了李建珍。同年 11 月 8 日，B 市国土资源局通过报纸刊登《土地登记审核结果公告》，公告载明事项包括××安置区 05 栋 5 号宗地使用权人为李建珍内容。2012 年 11 月 15 日、22 日、23 日，王运健妻子李芳向 B 市国土资源局递交《土地权属复查申请书》，称其丈夫王运健私下将其夫妻共同享有权利的土地转让给李建珍的行为属无权处分行为，转让行为无效，请求土地复查。同年 12 月 14 日，B 市国土资源局作出《回复函》告知李芳异议成立，决定暂停办理 05 栋 5 号宗地的权属登记。

---

①根据李建珍诉广西壮族自治区人民政府行政复议一案改编.

2013 年 8 月 29 日，王运健、李芳向 B 市国土资源局递交《要求办理土地使用证申请书》，B 市国土资源局书面答复，告知根据 296 号安置批复，××安置区 05 栋 5 号宗地为李建珍使用，如果其对 296 号安置批复不服，可以向 A 省政府申请行政复议或者向法院起诉。2015 年 2 月 6 日，李芳向 A 省政府申请行政复议，请求撤销 296 号安置批复中将 05 栋 5 号宗地国有土地使用权划拨给李建珍的具体行政行为。2016 年 2 月 5 日，A 省政府作出 68 号复议决定书确认撤销 296 号安置批复中将 05 栋 5 号宗地国有土地使用权划拨给李建珍的具体行政行为。

2016 年 2 月 26 日，李建珍向 B 市中院提起行政诉讼，请求撤销 68 号复议决定书并判决 A 省政府限期依法作出维持 296 号安置批复的行政复议决定。

问题：1. 296 号安置批复是否合法？为什么？

2. 68 号复议决定书是否合法？为什么？

分析：1. 不合法。王运健擅自转让××安置区 05 栋 5 号宗地，296 号安置批复将××安置区 05 栋 5 号宗地国有土地使用权划拨给李建珍，实质上认可了王运健与李建珍的违法转让行为，超出了行政机关的法定权限，属于越权行为。

2. 合法。296 号安置批复系 B 市政府针对××安置户的回建安排问题而做出的，基于批复取得国有土地使用权的对象是特定的，即拆迁安置户。王运健、李芳系××拆迁安置户，李建珍不是。296 号安置批复将本应补偿给王运健、李芳的 B 市××安置区 05 栋 5 号宗地国有土地使用权确认给李建珍属于具体行政行为错误，68 号复议决定书的认定合法有据。

第十二章　民法典时代房地产前沿问题

内容提要：随着《民法典》的施行，房地产相关的前沿问题得到更加充分的回应。本章对其中的部分热点问题进行了介绍，重点对农村集体经营性建设用地使用权入市改革、居住权的法律效力、老旧住宅加装电梯行为的法律规制进行分析。

学习目标与要求：通过本章学习，重点掌握农村集体经营性建设用地使用权入市的概念、特点和主要模式、居住权的设立、老旧住宅加装电梯行为的原则及条件等；了解农村集体经营性建设用地使用权入市的程序、居住权设立的意义、老旧住宅加装电梯行为的程序等。

第一节　农村集体经营性建设用地使用权入市改革

按照《宪法》《民法典》和《土地管理法》相关规定，我国实行土地的社会主义公有制，土地所有权分为全民所有和集体所有，形成了具有中国特色的土地国有和集体所有的二元所有权管理制度[①]。长期以来，由于土地管理相关法律法规的规范要求，我国农村集体建设用地的主要功能定位是保障农村村民住宅和基础设施建设。国有建设用地可通过出让、划拨等方式进入土地一级市场，通过转让、入股等方式进入二级市场流通。而农村集体建设用地仅可用于农民建房、乡村公共设施、公益事业或乡镇企业建设。法律明确禁止农村集体土地出让、转让或出租用于非农业建设，农村集体土地须征收为国有方能入市流转。

从集体土地转变为国有建设用地要经多个纷繁复杂的审批和供应环节，不仅限制了城镇化建设发展，也制约了乡村振兴战略的落地落实。大量城市土地外延扩张，致使土地利用低效，土地城镇化明显快于人口城镇化。作为社会经济发展重要要素保障的土地资源因呈现出城市紧缺、农村低效的不均衡配置而备受诟病。2020年1月1日起实施的新《土地管理法》废除了关于禁止集体建设用地用于非农业建设的规定，对多年来集体经营性建设用地入市流转试点实践作出了立法回应，允许农村集体经营性建设用地附条件的入市流转。

一、农村集体经营性建设用地使用权入市的概念及特征

（一）农村集体经营性建设用地使用权入市的概念

我国对土地进行规划和用途管理，土地按照用途可分为建设用地、农用地以及未利用地。农村集体建设用地是指土地归乡镇、村级或村内集体等劳动群众集体所有的，主要用于农村村民宅基地、集体公共设施、公益事业和经营性建设用途的土地。

集体建设用地通常按照用途分为两类：经营性建设用地和非经营性建设用地。长期以

[①] 韩松，2008. 集体建设用地市场配置的法律问题研究，中国法学，3.

来，集体土地主要服务于农业生活生产，农村村民宅基地以及不以营利为目的并无偿使用的集体建设用地均属农村集体非经营性建设用地。而农村集体经营性建设用地则为劳动群众集体所有的，可用于商业、工业等经营性用途的建设用地。乡镇企业等生产经营所使用的集体建设用地，通常列入经营性建设用地范畴。

农村集体经营性建设用地使用权入市是指农村集体土地所有权人通过出让、出租等方式使经营性用途的集体建设用地为第三人设定土地使用权，从而获取相应对价的行为。

（二）农村集体经营性建设用地入市的特征

农村集体经营性建设用地为劳动群众集体所有的可用于商业、工业等经营性用途的建设用地。农村集体经营性建设用地的特征主要从权利人、土地用途、范围3个方面予以分析。

1. 农村集体经营性建设用地使用权的权利人

建设用地使用权人通常为农民集体成员或乡镇企业，由所属农村集体经济组织或村委会作为代表权人经营和管理。

2. 农村集体经营性建设用地使用权的用途

就国有经营性建设用地用途而言，原《物权法》和现行的《民法典》均明确为商业、工业和商品住宅等经营性用途，而集体经营性建设用地的用途尚无法律明确规定。即便是2020年1月实施的《土地管理法》也未对其予以回应，在该法第六十三条中对"工业、商业等经营性用途"作了概况性规定，较国有建设用地用途而言存在一定差异。工业、商业等属于土地用途，而经营性、公益性则属于土地上之建设项目的运营目的，二者并非同一维度。甚至，从土地管理实务看，在土地利用现状分类上并没有"经营性"与"非经营性"之分①。因此，学界对入市流转的集体经营性建设用地用途争议较大。

3. 农村集体经营性建设用地使用权入市的范围

农村集体经营性建设用地使用权入市范围即入市客体的确定，将直接影响到土地制度改革的成效。虽然《土地管理法》作出了原则性规定，但对于入市流转范围的界定，在学界仍存在较大的分歧②。

乡镇企业用地主要为工业、商业等用途，属于经营性用地范畴可入市流转。公共设施和公益事业用地因不具经营性，本属不可入市流转的范围，但在试点实践中可通过调整规划的方式入市流转。而农村宅基地能否入市流转，目前法律尚未明确规定。部分学者认为农村宅基地不属于入市流转范围，理由包括：一是新《土地管理法》对经营性建设用地的用途进行了列示，宅基地不属于经营性用地，故不可纳入；二是农村宅基地具有较强的身份属性，必须是本集体经济组织成员且符合建房的条件，通过法定的报批程序方能取得；三是农村宅基地是基于农村村民的住房条件保障无偿取得，若纳入集体经营性建设用地入市流转使得权利人获利，不符合立法初衷。也有观点认为按照宅基地"三权分置"制度改革理论，宅基地使用权可与所有权、资格权分离而确定给其他单位和个人使用。此外，按照《土地管理法》规定的"一户一宅"管理制度，权利人在转让农房和宅基地后无权再申请使用宅基地，其处分的权能包含了宅基地资格权和使用权，理应获取相应的对价，因此宅基

①宋志红，2020. 集体建设用地使用权设立的难点问题探讨，中外法学，4.
②刘晓萍，2020. 农村集体经营性建设用地入市制度研究，宏观经济研究，10.

地可整合调规后转为经营性建设用地入市流转。

二、相关制度的历史沿革及改革意义

(一)相关制度的历史沿革

为实现土地资源的优化配置、增加农民收入渠道,党的十八大以来,我国农村土地制度改革力度不断加大,农村土地改革试点和一系列配套措施稳步推进。

2013年,党的十八届三中全会通过《中共中央关于全面深化改革若干重大问题的决定》。该决定允许符合一定条件的集体土地与国有土地同等入市,明确要促进形成统一的城乡建设用地供应市场。

2014年,中共中央、国务院发布《关于全面深化农村改革加快推进农业现代化的若干意见》。该意见针对集体土地入市改革问题,要求有关部门尽快出台指导意见,修订完善有关法规,加强集体土地在入市流转、收益分配等方面的制度供给。

2015年1月,中央全面深化改革领导小组审议通过《关于农村土地征收、集体经营性建设用地入市、宅基地制度改革试点工作的意见》。该意见针对入市集体土地使用权权能不完整、入市交易规则尚待建立健全等问题,提出要完善入市制度,赋予入市土地流转权能,确定入市土地范围、途径以及建立健全入市交易规则等。这也意味着,我国集体土地入市改革即将进入试点探索阶段。

2015年2月,全国人大常委会审议通过《关于授权国务院在北京市大兴区等33个试点县(市、区)行政区域暂时调整实施有关法律规定的决定》。该决定允许包括全国范围内共33个地区暂缓执行《土地管理法》等法律法规中关于集体建设用地不得入市的规定。这标志着试点地区的集体土地所有权人可以直接将符合条件的建设用地交由集体经济组织之外的单位或者个人使用。此后,全国人大常委会先后于2017年和2019年两次发布有关决定,最终将前述试点的期限顺延至2019年12月31日。

2019年8月修改并于2020年1月1日起实施的新《土地管理法》废除了关于禁止集体建设用地用于非农业建设的规定,对多年来集体经营性建设用地入市流转试点实践作出了立法回应,正式允许农村集体经营性建设用地附条件的入市流转。

(二)农村集体经营性建设用地使用权入市改革的意义

农村集体经营性建设用地使用权入市是多年来城乡建设用地差异化管理制度的重大变革,是权利本位思想的彰显和重申,对推进实施乡村振兴战略,统一城乡建设用地市场,增加农村村民财产性收入具有重大意义。

1. 农村集体经营性建设用地使用权入市是城乡建设用地管理制度的重大变革

长期以来,农村集体土地作为农村生产生活的重要基础保障,主要用于粮食生产、农房建设、农村公共设施建设。城乡建设用地二元管理体制成为了限制农村发展的桎梏[①]。农村集体经营性建设用地使用权入市补齐了社会主义市场经济中土地资源稀缺的短板,不仅突破了农村发展的瓶颈,更是建设用地管理制度的重大变革,为正处于探索阶段的农村

---

①刘守英,2014. 农村土地法律制度改革再出发——聚焦《中共中央关于全面深化改革若干重大问题的决定》,法商研究, 2.

宅基地和农村承包地"三权分置"改革提供了正确的方向和路径。

2. 农村集体经营性建设用地使用权入市是权利本位思想的彰显和重申

我国实行土地的社会主义公有制，在保护耕地和用途管制的约束下，集体土地所有权人的正当权利被长期忽视，禁止集体土地用于非农业建设更是阻断了集体建设用地权能的充分发挥，由此导致了城市建设发展和规模控制的矛盾，乡村振兴与土地要素保障的矛盾，且形成不可调和之势。农村集体经营性建设用地使用权入市制度的确立，彰显和重申了集体土地所有权权能，所有权人得以正当处分其物权，充分发挥其效能。

3. 农村集体经营性建设用地入市是乡村振兴的客观需要

土地要素是城乡建设发展的重要保障，集体土地是农村宝贵的资源，长期以来的土地征收和供应体制，形成了城市用地供需矛盾突出、乡村用地无序且闲置低效的现状。实施乡村振兴战略，亟需农村集体经营性建设用地入市来提供土地要素保障，以促进农村产业发展，降低企业用地成本，优化乡村土地利用结构，助力乡村产业振兴。农村集体经营性建设用地入市更是丰富了农村产业结构，达到入市收益反哺乡村建设和增加农民收入的目的。

三、农村集体经营性建设用地使用权入市的主体

在试点阶段，由于各地对集体土地确权和管理制度的差异，形成了对农村集体经营性建设用地使用权入市实施主体的不同理解和规定，最为普遍的是根据《土地管理法》第十一条之规定，由村集体经济组织或者村民委员会经营、管理。有的试点区通过农村合作社等机构作为入市主体，也有试点区由农民集体成立公司作为实施主体。

（一）乡镇人民政府或农村集体经济组织

鉴于《土地管理法》已明确农村集体经济组织有权经营管理集体土地，黑龙江省安达市等试点区明确由农村集体经济组织作为集体经营性建设用地入市实施主体，与土地使用者签订合同。湖北省宜城市根据土地所有权人的不同，设定了两类入市实施主体，若拟入市的土地确权登记在村级集体或村民小组名下，则农村集体经济组织或村委会以出让人身份签订合同；若拟入市的土地归乡镇集体所有，则由乡镇人民政府或乡镇集体经济组织作为出让人签订合同。

（二）农民集体委托专门机构

如四川省成都市郫都区在农村集体经营性建设用地使用权入市的实施主体上进行创新探索，按照"委托-代理"的方式，由农民集体成立合作社等机构，农民集体通过委托授权，由其组建的合作社作为实施主体，代理行使土地所有权，处理入市有关事宜，相关的权利由农民集体享有。

（三）农民集体成立的公司

随着市场经济的发展和制度变革，全国范围内大部分地区乡镇企业陆续改制和解散，逐渐退出了历史的舞台。在农村集体经营性建设用地使用权入市试点中，北京市大兴区探索施行乡镇企业作为入市实施主体，以乡镇为单位成立集体所有制的公司，将土地确权登记给乡镇集体企业，由其负责实施土地经营管理和收益分配。

四、农村集体经营性建设用地使用权入市的典型模式

(一)权利转让模式

权利转让模式是指政府将集体土地统一征收为国有土地,再将土地使用权出让或出租给单位和个人。与传统征地方式不同的是,改零星征地为一次性大范围征地,同时将获得收益的大部分返还集体。这是在现有政府征收模式下所做的改良,不以公共行政权力强制实现的,而是在农民和地方政府自愿协商的基础上实现,同时提高了集体因土地被征收所获得的补偿。山东济南即采取这种模式①。

(二)保权让利模式

保权让利模式是指集体保留所有权,并参照国有土地有偿使用的原则和办法,将集体建设用地按一定年限通过出让、出租、入股等方式直接入市,集体经济组织获得土地入市的大部分收益②。安徽芜湖于 2000 年开始试点这一模式,因此也被称为"芜湖模式"。芜湖模式将可以入市的集体土地限定为"乡镇企业、乡镇公共设施和公益事业、住宅建设"用地③,即只有存量建设用地才可直接入市。

(三)混合模式

混合模式是指对城镇规划区内和城镇规划区外的集体土地采取不同的方式处理,城镇规划区内的集体土地实行权利转让方式,城镇规划区外的集体土地实行保权让利方式。采取这一模式的代表地区为浙江湖州,因此也被称为"湖州模式④"。

(四)宅基地换房模式

宅基地换房模式是指以不减少耕地为前提,农民放弃其原有宅基地使用权和房屋所有权,换取相应的城镇新建住房所有权和国有土地使用权,并获得相应的补偿金和社会保险。同时对农民放弃的宅基地进行整理复垦,把分散、低效的宅基地集中复耕还田,确保耕地占补平衡,总量不减,质量不降,置换后多余的宅基地收归国有⑤。这一模式是在城镇化过程中,较多地区采取的模式。

(五)城乡建设用地增减挂钩流转模式

城乡建设用地增减挂钩流转模式是把农村废弃、闲置的集体建设用地进行复垦,农村在复垦过程中,对应减少的建设用地面积用于城市建设,实现城乡建设用地的统筹利用⑥。该模式最典型的是重庆的地票模式。

(六)股份化租地模式

股份化租地模式是将集体财产、土地和农民的土地承包经营权折成股份,集体经济组织对土地进行统一经营,根据村民的不同情况确定股权,按照股权比例分红,该模式也被称为"广东南海模式"。

---

①②宋志红,2009. 集体建设用地使用权流转的法律制度研究,中国人民大学出版社.
③参见《芜湖市农民集体所有建设用地使用权流转管理办法(试行)》第三条第一款.
④张志强,高丹桂,2008. 关于农村集体建设用地直接入市问题的思考,西安财经学院学报. 4.
⑤王俊洋,2013. 集体建设用地使用权流转问题研究,经济科学出版社.
⑥黄英. 2015. 农村土地流转法律问题研究,中国政法大学出版社.

（七）直接入市模式

直接入市模式是指集体建设用地直接进入土地一级市场进行交易，包括采取出让、出租、抵押和入股等方式交易，与国有土地"同地、同价、同权"①。2005年广东省人民政府通过地方政府规章《广东省集体建设用地使用权流转管理办法》，以地方立法的方式明确了该种模式。

五、农村集体经营性建设用地使用权入市收益分配

（一）国家与集体间的收益分配

农村集体经营性建设用地使用权入市收益受多方面因素的影响，既包括土地本身的区位价值、土地用途、地形地貌等，也包括政府基础设施和公益事业配套的加成，因此在增值收益分配时应遵循公私兼顾的原则，在国家与集体之间合理分配。2016年，财政部与原国土部联合制定了试点区入市增值收益调节金征管规则，规定当地政府可按入市增值收益的20%~50%征收政府调节金，并且可按3%~5%征收与契税相当的调节金。在试点实践中，各地探索出多种征缴方式和征缴比例。

征缴方式方面，山西泽州区分出让方式和转让方式的征缴基数和缴纳主体，若是出让方式流转，征缴基数为出让成交总价款，由出让方缴纳16%，受让方缴纳4%；若是转让方式流转，征缴基数为土地转让增值收益部分的20%。

征缴比例方面，财政部和原国土部仅规定了20%~50%区间，各试点区对于征缴比例的探索差异较大，四川郫都按13%~40%阶梯差别化征收，广西北流区分入市模式按就地入市15%、调整入市20%和城中村整治入市10%的比例征收，上海则按照最高比例50%征收。

（二）集体与个人间的收益分配

农民集体作为土地所有权人，应当享有农村集体经营性建设用地入市流转的增值收益。对于分配方式，应当按照民主自治的原则由农民集体自行决策。

在试点实践中，由于农民集体的管理能力参差不齐，总体上均采取集体优先留存与成员合理分配相结合的方式实施土地入市增值收益分配。例如，河南长垣土地入市增值收益，首先留存于集体经济组织以保障农村公益事业和公共设施建设需要，经集体决策可对增值收益按照集体土地征收安置补偿的标准进行部分分配。又如，浙江德清根据集体土地乡镇集体、村级集体、村内社（组）集体三级所有区别制定分配方式，乡镇、村集体所有的集体经营性建设用地入市收益统一纳入乡镇管理，主要用于集体公益事业建设，对集体成员不予分配。

村民小组所有的集体经营性建设用地入市收益，由村民小组按照民主自治的原则，在扣除土地成本、调节金、相关税费后自行组织分配。此外，由于各农村集体发展不均衡，所属集体经营性建设用地规模和价值存在较大差异，为兼顾和平衡集体之间的利益，北京市大兴区建立乡镇平台统筹调剂机制，由乡镇人民政府设立平台公司，调剂各村集体的土地入市增值收益，以达到共享发展红利和平衡区域间利益的宗旨。虽然通过多年试点实践

---

①黄英，2015. 农村土地流转法律问题研究，中国政法大学出版社.

取得了一定成效，但仍存在农村集体土地产权不清晰、农民集体成员权利不明确、入市的土地用途存在分歧、入市收益分配规则不清等问题亟待辨明。

第二节　居住权的法律效力

一、居住权的概念

居住权是指以居住为目的，对他人的住房及其附属设施所享有的占有、使用的权利①。居住权属于用益物权、人役权，以不动产（住宅）为客体，主要作用是满足居住权人生活居住的需要，因此原则上居住权人不能对该住宅进行"收益"。居住权专属于居住权人，除非当事人另有约定或者法律另有规定，否则当事人不得对该房屋进行处分。

居住权的渊源最早可以追溯到罗马古典法时期，罗马的财产继承制度规定，被继承人仅指定其一个儿子继承其全部财产，其余均无继承权，为了使没有或失去继承权的家庭成员获得一定的生活保障，因此出现了人役权。

罗马法系国家例如德国、法国、瑞士等均继承了罗马法中关于居住权制度的规定，并进一步发展了该制度。法国设立了人役权制度，体现了契约自由的原则。德国《民法典》规定了限制人役权和长期的居住权制度。德国《民法典》中的居住权只能在住宅（不动产）上为某一人设立，权利不能发生继承和转让。德国 1951 年颁布的《住宅所有权及长期居住权法》所规定的公寓化住宅的长期居住权可以转让、继承，居住权人对房屋可以进行任何合理的使用、出租。

普通法系国家有着不同于罗马法系国家的法律渊源，普通法系国家的特点是注重判例研究。虽然不同于罗马法系，但是普通法系在婚姻家庭方面也设立了居住权制度。英国的居住权制度表现在其规定了婚姻住宅权，即一方配偶对住宅（不动产）享有使用权、居住权或所有权。美国还设立有为保护弱势群体的利益而设定的终生地产制度，即弱势群体对该房屋住宅享有居住权直至其死亡。

居住权问题由来已久，正式设立前在我国司法实践中就已经出现大量相关纠纷，以设立"居住权"的方式对离婚财产进行分割已经较为常见，但居住权性质一直未有定论，多作为债权性权利进行保护。

2002 年，《中华人民共和国物权法（征求意见稿）》面向社会征求意见，居住权就被列入了草案，但对于是否规定居住权问题，曾有较大争议，后立法机关认为房屋租赁等权利能满足居住需求，所以在 2007 年生效实施的《物权法》中，并未保留居住权的内容。随着社会环境的变化，居住权应成为物权的呼声越来越高，2018 年 3 月，全国人大法制工作委员会在《民法典各分编（草案征求意见稿）》以专章设定了居住权规则，全国人大常委会对其规则进行两次审议后，分别于 2018 年 8 月、2019 年 4 月推出了修改审议稿，对此前的规定进行了修正和完善。2020 年 5 月 28 日，第十三届全国人民代表大会表决通过了《民法典》，并于 2021 年 1 月 1 日正式实施。《民法典》中以专章设定了居住权规则，第三百六十六条规定："居住权人有权按照合同约定，对他人的住宅享有占有、使用的用益物权，以

---

①王利明，2019. 论民法典物权编中居住权的若干问题，学术月刊.

满足生活居住的需要",居住权制度得以正式确立。该居住权不同于《宪法》中的人权性"居住权"①,也不同于《最高人民法院关于适用〈中华人民共和国婚姻法〉若干问题的解释(一)》(已废止)中的债权性"居住权"②,其定性为用益物权。

二、我国设立居住权的现实意义

(一)有效保障弱势群体的居住权益

1. 保障离婚后生活困难一方的居住权益

原《最高人民法院关于适用〈中华人民共和国婚姻法〉若干问题的解释(一)》规定,夫妻双方离婚,一方可以通过设立房屋居住权或者房屋所有权,将自己的住宅(不动产)提供给另一方居住和占有使用,从而帮助因离婚而生活困难的一方当事人,使其可以正常生活。该司法解释虽已废止,但其价值追求为居住权制度所继承。夫妻离婚一般会涉及房产问题,设立居住权在一定程度上可以有效解决夫妻因离婚而产生的房屋纠纷,避免矛盾。

2. 保障老年人的居住权益

一方面,中国式父母倾向于将房屋的所有权赠予子女,或者用尽积蓄出资为子女购房。待父母年老或丧失劳动能力时,有必要设立居住权来保障其权利,避免出现老无所依的情况。另一方面,对于无赡养义务人的老年人来说,其可以出卖自己所有的房屋,并在该房屋上与买受人或者其他权利人订立协议设立居住权,以充分保障自己的居住权益。

3. 保障处于弱势地位的需要受特定照顾者的居住权益

房屋所有权人可对与其存在特定关系的亲属或者无血缘姻亲等关系的非亲属设立居住权。设立这一类居住权有利于弘扬良好的社会道德和社会风气。

(二)充分发挥和实践所有权权能

居住权作为物权编中用益物权的重要内容,所有权人对自己拥有所有权的房屋具有有效的处分权,对自己所有的房屋具有完全的支配效力。房屋所有权人可以订立合同、订立遗嘱或者遗赠等方式,在房屋上设立居住权,从而更好地保障房屋所有权人的合法权益,其所有权得以充分彰显。

(三)大力提升房屋效用价值

我国人口密度大,且一直存在住房难的问题,我国的住房保障体系还需要进一步的完善,在房屋上设立居住权,可以充分有效发挥房屋的效用。我国现行物权法中规定的用益物权一般重视土地的役权,而居住权的设立可以更好地发挥对房屋的利用效能,从而建立起相对更为全面的用益物权体系。

三、居住权的特征

(一)居住权的主体

居住权的权利主体为通过合法方式获得居住权的自然人。《民法典》所规范的民事主体

---

① 《宪法》第三十九条规定:"中华人民共和国公民的住宅不受侵犯,禁止非法搜查或非法侵入公民的住宅。"

② 《最高人民法院关于适用〈中华人民共和国婚姻法〉若干问题的解释(一)》第二十七条第三款规定:"离婚时,一方以个人财产中的住房对生活困难者进行帮助的形式,可以是房屋的居住权或者房屋的所有权。"

主要有三类：自然人、法人与非法人组织，居住权主体的规范主要体现于《民法典》第三百六十六条与三百七十条，其并未明确限定居住权人只能为自然人，而排除法人与非法人组织的主体资格。但居住权行使目的限定为"满足生活居住的需要"，生活居住通常是以自然人为主体，法人与非法人组织对于房屋的使用多为经营性目的而非生活居住，此种经营需求完全可以通过租赁制度以实现，故居住权的主体应为自然人。

《民法典》未对居住权的利益主体进行特别规定，通常一项权利的利益主体即为权利人，但居住权在此方面具有其特殊性，就实践考量而言，主体应包括居住权人和与其共同居住的家庭成员。无论何种类型的居住权，居住权的利益主体范围的适当增加都并不对权利的行使产生本质的影响。此外，居住权作为他物权，依托他人所有物而设定，而不能在自有物上为自己设立，因此，居住权人与所有权人不可混同。

(二)居住权的客体

居住权客体的规定体现于第三百六十六条，居住权是在住宅之上设立的权利，居住权人享有居住权的住宅(不动产)和该住宅(不动产)占用范围内的土地使用权，体现出了"房地一体主义"的精神。居住权中的住宅应理解为供人居住的房屋，包括但不限于商品房、经济适用房、限竞房、两限房、共有产权房以及农村宅基地所建房屋等，其最本质的特征在于"居住"目的，非用于居住的商铺、厂房、办公楼等原则上不能设定居住权。

(三)居住权的效力

居住权人对其享有居住权的房屋有占有、使用的权能，原则上居住权人对该房屋并无收益权能，但当事人另有约定或者遗嘱特别载明的除外。《民法典》第三百六十九条规定[1]，除非居住权人与房屋所有权人有另外规定，居住权人不得将享有居住权的该房屋进行出租和转让。役权依附于人身，显现了居住权的专属性，居住权不能基于转让而由原居住权人申请进行变更登记，但居住权属于他物权，因此居住权人可以放弃或者抛弃该项居住权利。

《民法典》第三百六十六条通过"使用"权能来界定居住权的权利范围。虽然占有、使用、收益和处分是所有权的基本权能，但"使用权"在我国物权法的理论中并没有系统的界定，比如建设用地使用权就包含了土地的使用、收益以及部分处分的权能(《民法典》第三百四十四条、第三百四十五条)，海域使用权包含了对海域的使用和收益的权利(《民法典》第三百二十八条，《中华人民共和国海域使用管理法》第二十三条)，甚至宅基地使用权也可能放开出租和抵押的限制[2]。此外，也有学者提出对他人房屋的使用并不限于居住目的，如金俭、罗亚文提到我国《民法典》将住宅作为居住权的客体，排除非基于生活居住需要占有、使用他人房屋，由此居住权的制度功能被限缩于保障之中，忽视了作为用益物权的居住权应有的占有、使用、收益、处分的完整权能[3]。也有观点认为过度限制和禁锢的居住权制度设计违背"物尽其用"的原则。

---

[1]《民法典》第三百六十九条规定："居住权不得转让、继承。设立居住权的住宅不得出租，但是当事人另有约定的除外。"

[2]参见2018年《国务院关于实施乡村振兴战略的意见》，2020年农业农村部《对十三届全国人大三次会议第5359号建议的答复摘要》等.

[3]金俭，罗亚文，2023.《民法典》居住权：立法意旨、功能演化及制度重构，烟台大学学报，2(36).

（四）居住权的期限

作为保护权利人居住行为的用益物权，居住权是一种长期的、稳定的权利①，但居住权作为用益物权应有存续的期限。最初在罗马法中，居住权在两年内不行使将消失，但之后其逐渐被认为可延续至终身②。根据《民法典》第三百七十条的规定，法律明确规定了期限届满与居住权人死亡两种居住权消灭方式。这既是对消灭情形的明确，也是对居住权存续期间的限制。一般而言，居住权的期限可以由房屋所有权人和居住权人通过合意自行达成约定，如果双方未能达成合意，居住权在居住权人死亡时终止。也有学者指出，居住权除了《民法典》物权编明确规定的两种消灭情形，也可以包括基础关系的灭失（如合同无效）、权利人自动放弃、住宅的灭失、住宅被征收、所有权人的解除、权利人对于居住权的滥用等。如肖俊指出，单纯超出人役权的边界或者义务违反不会导致权利消灭，但是将标的物进行移转或者不履行积极照顾义务到了严重影响所有权人期待利益的地步（如屡次违反义务，或者是对客体造成难以复原的结果），此时所有权人不仅可以主张损害赔偿，同时也可以主张居住权消灭与原物返还③。从性质上看，这是对人役权人重大过错行为的一种惩罚，因此在损害赔偿之外还要辅以权利消灭④。

四、居住权的设立

役权设立方式以契约为主，其他如遗嘱、分割裁判、法律和时效，也可设定役权⑤。罗马法时期以遗赠设立为主，法国《民法典》中居住权的设立方式转为以契约作为普遍的设立方式，同时规定居住权和使用权可以依照与用益物权相同的方式设立和丧失。居住权按照设定方式的不同分为两类：一是法定居住权，包括通过法律的强制性规定而设立及法院通过裁判方式设立居住权；二是意定居住权，即根据当事人的意思表示而设定。我国《民法典》主要对意定居住权进行了规定，根据《民法典》第三百六十七条⑥、第三百七十一条⑦之规定，居住权的设立方式主要包括合同设立、遗嘱设立。

（一）合同设立

在住宅上设立居住权，属于基于法律行为的不动产物权变动，其设立要件主要有以下3点：

1. 合同当事人应为所有权人和居住权人

让与人（设立人）对住宅（不动产）拥有相应处分权。该要件表明房屋所有权人对该设立居住权的房屋拥有无瑕疵的处分权能。合同基于真实的意思表示，没有可撤销和无效事由。设立人对于设立居住权的房屋如果没有相应的处分权，居住权人在受让该房屋时如果处于善意，则可以根据善意取得的方式获得该房屋的居住权。

---

① 周枏, 2016. 罗马法原论, 商务印书馆.
② 桑德罗·斯奇巴尼, 2009. 物与物权, 范怀俊, 译, 中国政法大学出版社.
③ 肖俊, 2023. 遗嘱设立居住权研究, 比较法研究, 1.
④ Caterina, Raffaele, Usufrutto, Uso, Abitazione, Superficie, UTET, 2001：136.
⑤ 周枏, 1994. 罗马法原论（上册）, 商务印书馆.
⑥《民法典》第三百六十七条规定："设立居住权，当事人应当采用书面形式订立居住权合同。"
⑦《民法典》第三百七十一条规定："以遗嘱方式设立居住权的，参照适用本章的有关规定。"

2. 合同以书面形式订立

居住权以合同设立的，是要式法律行为，需采取书面形式。口头设立的居住权合同，原则上是不具有效力的。

3. 办理设立登记

《民法典》第三百六十八条规定，除非当事人另有约定，否则居住权一般表现为无偿设立，要想设立居住权，必须经过登记机构的登记，登记时居住权才予以设立①。

（二）遗嘱设立

物权登记是对物权行为法律效力进行判断的关键要素之一，分为登记实质主义与登记形式主义。登记实质主义是指不动产物权依法律行为变动时，不仅需要当事人具备物权变动的合意，并且必须将该合意予以登记，否则物权变动不能生效。登记形式主义即指不动产物权依法律行为变动时，一经当事人合意即可成立，登记不是物权变动的生效要件，但不经登记不得对抗善意第三人。合同设立的居住权需登记，不经登记不发生法律效果。对于遗嘱设立居住权的行为，设立遗嘱的形式和效力均应参照《民法典》继承编中遗嘱的相关规则。尽管根据《民法典》第二百三十条的规定，以遗嘱方式设立居住权，自继承开始时发生效力，但对于遗嘱方式或法定设立居住权是否也采登记实质主义仍有争议。

第三节　老旧住宅加装电梯行为的法律规制

老旧住宅加装电梯是为适应社会经济发展和人口老龄化需求，厚植高品质宜居生活城市优势，提升市民获得感、幸福感和安全感，进一步完善既有住宅使用功能，提高老旧小区宜居水平的民生工程。但是在基层实践中，老旧住宅加装电梯的推行却遇到了超乎想象的阻力，大量地区加装成功的案例寥寥无几。有些地方勉强加装成功，却依然埋下了小区动荡的隐患，与当初德政惠民的想象形成鲜明对比②。

成都市 2021 年印发《关于进一步促进既有住宅自主增设电梯工作的实施意见》（以下简称《实施意见》），编写组以成都市的最新政策为例，介绍老旧住宅加装电梯行为的法律规制情况。

一、老旧住宅加装电梯行为的原则及实施条件

（一）行为原则

老旧住宅自主增设电梯工作遵循"政府引导、社区搭台、业主主体、各方支持、保障安全"的原则。简化办理流程，方便群众，把增设电梯作为既有住宅设施设备改造内容纳入社区发展治理范畴。

（二）实施条件

（1）国有建设用地上已建成投入使用、具有合法权属且未设电梯的多层既有住宅。

---

① 参见《民法典》第三百六十八条："居住权无偿设立，但是当事人另有约定的除外. 设立居住权的，应当向登记机构申请居住权登记. 居住权自登记时设立."

② 宋伟哲，2022. 既有住宅加装电梯的困境、批判与对策，河北法学，9(40).

（2）既有住宅自主增设电梯必须满足房屋结构、消防等相关安全要求，不降低原既有住宅安全水平，且拟增设的电梯应在建筑红线范围内。

（3）已列入房屋征收范围和计划的住宅不适用。

（4）申请既有住宅自主增设电梯，应当经本单元房屋专有部分面积占比 2/3 以上的业主且人数占比 2/3 以上的业主参与表决，并经参与表决专有部分面积 3/4 以上的业主且参与表决人数 3/4 以上的业主同意，在公示期间，利害关系人对增设电梯方案无实名制书面反对意见。

二、老旧住宅加装电梯行为的实施程序

（一）动议表决

有增设电梯意愿的业主，应就是否增设电梯征求本单元相关业主意见，符合《实施意见》第二条第四项表决要求的，业主可自行协商制定增设电梯方案。

（二）签订协议

相关业主就增设电梯方案充分协商后，与项目代理业主签订增设电梯协议，协议应明确业主组织建设模式、设计单位、监理单位、施工单位、增设电梯示意方案、资金概算及费用筹集方案、电梯运行维护保养费用分摊方案以及工程完成后的电梯使用单位等内容。

（三）公示公告

增设电梯协议和方案由增设电梯住宅所在社区居委会在拟增设电梯单元楼道口、小区公示栏等位置公示决议结果 10 天。公示期满后，对增设电梯受到影响的利害关系人无实名制书面反对意见的，由社区居委会核实盖章后抄告街道办事处。

（四）协商调解

公示期间，因增设电梯受到影响的利害关系人有实名制书面反对意见的，业主可协商解决增设电梯过程中的利益平衡、权益受损等事宜。业主协商不成的，社区居委会应组织调解。业主拒绝社区居委会调解或经调解仍未达成一致意见的，属地街道办事处应搭建平台，召开协调会进行调解。

社区居委会和街道办事处应出具相关调解情况记录。调解成功的，社区居委会、街道办事处应对申请人递交的增设电梯项目申请资料予以盖章确认。业主仍有异议的，可通过法律途径解决。

（五）建设手续

增设电梯项目实行告知承诺制。施工安装前，业主应到项目所在区（市）县住建行政主管部门办理告知承诺手续，承诺在施工安装过程中严格遵守国家相关管理规定和技术标准，明确计划开竣工时间。区（市）县住建行政主管部门应告知业主工程建设相关规定，并及时将本辖区增设电梯项目信息通知当地街道办事处、规划和自然资源、市场监管、应急、消防等行政主管部门，各行政主管部门应按照职责加强事中、事后监管。

（六）申报材料

办理增设电梯告知承诺手续，应向所在区（市）县住建行政主管部门提交以下材料：

（1）业主身份证明、房屋权属证明、代理机构身份证明、授权委托书；

（2）项目协议书和经公示的增设电梯方案（含工程预算）；

（3）在成都市建筑工程施工图数字化审查系统下载打印的施工图设计文件；

（4）经社区居委会确认的增设电梯项目申请资料和公示情况记录（附公示照片）；

（5）社区居委会、街道办事处组织调解的，需出具调解情况记录。

（七）管线迁改

对增设电梯项目涉及到水、电、气、通讯等管线迁改的，相关单位应统一迁改价格标准并公示公开，开辟绿色通道，予以政策支持。

（八）质量安全监督

增设电梯业主应当委托具备相应资质的施工、监理单位负责工程施工和监理，签订委托施工合同和监理合同。增设电梯项目所在区（市）县工程施工质量监督部门应按照有关法律法规对施工质量进行安全指导、监督，以及每季度一次施工质量"双随机"抽查，抽查比例不得低于20%。增设电梯应按照有关法律法规向特种设备检验机构申请电梯安装监督检验，并接受特种设备安全监督管理部门的监督指导。

（九）竣工验收

工程竣工后，业主应组织设计、施工、监理单位和电梯安装单位对增设电梯项目进行竣工验收，电梯验收合格后方可投入使用，并及时将工程竣工资料移交城建档案馆。电梯使用单位应在电梯投入使用前或者投入使用后30日内，向市市场监管局申请办理使用登记。增设的电梯纳入成都市电梯困人应急处置平台管理。既有住宅自主增设电梯新增部分不计入建筑面积，不计入各分户业主的产权面积，不办理不动产登记。

三、资金筹集及优抚条款

（一）资金筹集

增设电梯所需建设资金、运营维护资金由业主承担。

根据所在楼层等因素，由业主按照一定的分摊比例共同出资，分摊比例由业主自行协商确定；已缴存住宅专项维修资金和住房公积金的，可按有关规定申请使用住宅专项维修资金和住房公积金；鼓励社会公益投资、养老产业企业、金融机构和其他合法资金参与既有住宅自主增设电梯工作。投资方应与增设电梯业主签订合同，明确双方责任、权利和义务。

部分地区政府为增设电梯提供补助，6层及以上非单一产权多层既有住宅或2008年7月1日前竣工的4层及以上非单一产权多层既有住宅，增设电梯按照本意见实施且所需建设资金及运行维护资金主要由业主承担的，政府给予20万元/台的补助，具体办法按相关规定执行。

（二）优抚条款

申请既有住宅自主增设电梯，提出补偿方案并充分征求利害关系人意见未达成一致意见的，且经社区居委会和街道办事处调解后仍未达成一致意见的，申请增设电梯的业主如有下列情形之一，社区居委会应对该单元增设电梯项目予以盖章确认：

（1）有1名以上（含1名，下同）经专业机构评估认定为失能的人员；

（2）有2名以上年满70周岁或1名以上年满80周岁的老年人；

（3）有1名以上视力残疾或肢体残疾达到三级以上的残疾人。

上述失能人员、老年人、残疾人证明材料由社区居委会负责核验，医保部门、公安机关、民政部门、残联组织等应予指导。

四、长效管理

增设电梯的业主应委托物业服务企业或电梯安装改造修理单位作为电梯使用单位，签订增设电梯运行维修费分担协议。无使用单位的电梯不得运行使用。受委托的电梯使用单位应当认真履行法律法规规定的特种设备使用单位的义务，做好日常安全使用管理和维护工作。受委托的电梯使用单位发生变更时，增设电梯相关业主应当督促新老电梯使用单位做好使用管理交接，变更使用登记。电梯所在地的街道办事处应当予以指导和协调，防止出现脱管。鼓励购买电梯综合保险①。

相关房屋所有权发生转移时，与该房屋关联的增设电梯的权利和义务同时转移。

延伸阅读

1. 民法典重点修改及新条文解读，江必新，中国法制出版社，2020.
2. 中国物权法研究，杨立新，中国人民大学出版社，2018.
3. 婚姻家庭继承法学(第三版)，陈苇，群众出版社，2017.

思考题

1. 简述农村集体经营性建设用地使用权入市改革过程中如何保障农民的合法权益。
2. 简述居住权与其他用益物权竞合处理办法。
3. 简述老旧住宅加装电梯的议事规则设计。

案例分析

案情②：广州市番禺区解放路××号2幢西梯大楼是为钢筋混凝土结构，共8层，首层为非住宅，2~8层为住宅，每层两户，共14户。苏松钊、张桂英是该大楼202房业主，钟耀明、郑妹等11人是该大楼3~8层的部分业主。

2020年5月20日，包括钟耀明、郑妹等人在内的案涉住宅楼共11户业主共同向广州市规划和自然资源局申请案涉住宅楼加装电梯工程的建筑设计方案审查并提交相应所需资料。广州市规划和自然资源局于2020年9月14日颁发《建设工程规划许可证》(建字第440113202004346号、穗规划资源建证〔2020〕4868号)批准在广州市番禺区解放路153号2幢西梯加装电梯间及连廊工程。苏松钊不服，向广州市人民政府提出行政复议，要求撤销前述对前述《建设工程规划许可证》(建字第440113202004346号、穗规划资源建证〔2020〕4868号)。广州市人民政府于2021年1月19日作出穗府行复〔2020〕1449号《行政复议决定书》，认定前述《建设工程规划许可证》事实清楚，证据确凿，依据正确，程序合法，依法应予维持，苏松钊的撤销请求没有事实根据，于法无据，不予支持。

---

① 参见《成都市人民政府办公厅关于进一步促进既有住宅自主增设电梯工作的实施意见》.
② 案例源于中国裁判文书网.

2020 年 12 月 11 日，钟耀明等十一人就案涉加装电梯工程向案涉大楼所属街道广州市番禺区市桥街道办事处报备并取得《广州市临时性建设和限额以下小型工程开工建设信息录入管理证明书》。

案涉工程实际施工中，苏松钊、张桂英多次阻挠施工，钟耀明等十一人报警亦无法解决，沟通无果，钟耀明等 11 人遂提起诉讼。

苏松钊、张桂英则抗辩其并非无故阻挠，而是案涉加装电梯工程施工损害了其合法权益。具体为：(1)案涉住宅楼加装电梯需要拆除二楼阳台，会导致二楼房屋结构严重受损、消防疏散存在隐患。(2)案涉加装电梯造成苏松钊、张桂英房屋严重遮挡，影响采光。(3)案涉加装电梯需要拆除的阳台已由苏松钊、张桂英购买，使用权归苏松钊、张桂英所有，加装电梯侵占了苏松钊、张桂英专有部分，损害了苏松钊、张桂英利益。

问题：1. 钟耀明等人拟在案涉楼宇内实施的电梯加装工程是否合法？

2. 其施工行为是否构成侵权？

分析：1. 合法。根据钟耀明等人所提供证据显示，关于涉案住宅楼加装电梯事项已经过专有部分占建筑物总面积 2/3 以上的业主且占总人数 2/3 以上的业主同意，并已经过行政机关审查许可取得《建设工程规划许可证》。钟耀明等人亦已向案涉大楼所属街道广州市番禺区市桥街道报备并取得相应工程开工建设证明书，认定钟耀明等人对涉案住宅楼加装电梯工程进行建设施工属合法行为，具有充分事实和法律依据。

2. 不构成侵权。相邻关系是指相互毗邻的不动产所有人或使用人之间在行使所有权或使用权时，因相互给予便利或者接受限制所发生的权利义务关系。加装电梯后虽然可能会对苏松钊、张桂英房屋的通风、日照、采光等产生一定的影响，但有影响不等于钟耀明等人的加装电梯行为构成对苏松钊、张桂英的侵权。客观上讲，钟耀明等人通过自筹费用的方式加装电梯亦是方便上下楼，满足大多数人的出行便利要求。

就苏松钊、张桂英抗辩的案涉住宅楼加装电梯需要拆除二楼阳台，会导致二楼房屋结构严重受损、消防疏散存在隐患的问题，广州市规划和自然资源局在颁发案涉《建设工程规划许可证》前，华南创图设计有限公司作出的《建筑结构安全说明》及《建筑消防说明》已经充分对案涉大楼加装电梯的安全、消防、通风、排烟等问题作了充分地勘察及论证，符合相关法律规定及技术要求，无证据证明加装电梯施工会对苏松钊、张桂英的房屋造成安全隐患。对于苏松钊、张桂英抗辩的加装电梯造成其房屋严重遮挡，影响采光的问题，钟耀明等人提交的案涉加装电梯工程的建筑设计方案亦符合《加装电梯技术规程》的相关要求，无证据证明加装电梯施工会对苏松钊、张桂英的房屋采光产生严重影响。对于苏松钊、张桂英抗辩的加装电梯需要拆除的阳台属于其购买，使用权归其所有，加装电梯占用了其专有部分的问题。经核查双方提交的案涉房屋不动产登记查册表房地产权图纸以及建筑设计方案图可见，苏松钊、张桂英反映加装电梯占用的阳台，实际上为露台，不属于苏松钊、张桂英的专有部分。

苏松钊、张桂英抗辩加装电梯侵犯其专属权利，与事实不符，苏松钊、张桂英前述抗辩理由均不成立。苏松钊、张桂英提出加装案涉电梯可能会对其房屋的安全、通风、日照、采光等产生一定的影响，但其未能提供确实、充分的证据予以证明，不予支持。综上所述，钟耀明等人的施工行为不构成侵权。

　　案情①：2002 年 11 月 1 日，新立村经合社作为甲方与许国维、刘奎军签订土地承包合同，主要内容为：为了发展本村经济，维护合同双方当事人的合法权益，依据《北京市农业承包合同条例》的规定，经社员代表会讨论通过，双方协商一致，签订本合同；甲方将村东土地 18 亩，发包给乙方，土地用途为场地、多种经营；承包期限自 2002 年 11 月 1 日起至 2032 年 10 月 31 日止，承包期共计 30 年整；乙方每年每亩交承包费 1630 元，年上交 29 340 元，承包期内共计上交 880 200 元；合同签字生效后乙方向甲方上交 10 年的承包费 293 400 元，2012 年 12 月 1 日向甲方上交 10 年承包费 293 400 元，2022 年 12 月 1 日向甲方上交 10 年承包费 293 400 元；甲方协助乙方办理厂房建设的相关审批手续，费用由乙方支付；乙方如建生产、生活用房，经批准后方可施工；本合同在履行过程中，当事人任何一方要求变更或解除时，须持本文书在 1 个月以前书面通知对方，并征得鉴证机关同意，方可变更或解除。

　　许国维、刘奎军主张其在土地上加盖厂房经过了北京市大兴区北臧村镇新立村村民委员会（以下简称新立村村委会）的同意，并提交日期为 2003 年 2 月 18 日的加盖新立村村委会公章的证明，内容为：土地承包，村东 18 亩（以下简称涉案土地），承包人刘奎军、许国维，承包期 30 年，同意承包人在承包土地建设生产及生活用房。许国维、刘奎军自 2003 年开始在所承包的涉案土地上加盖厂房，用于生产经营。许国维、刘奎军非新立村集体经济组织成员。

　　北京国中光大科技发展有限公司成立于 2005 年 11 月 15 日，许国维曾为该公司法定代表人，现该公司法定代表人为蒲森林。

　　2018 年 12 月 19 日，北京市大兴区北臧村镇人民政府出具证明，主要内容为：经查，新立村经合社与许国维、刘奎军于 2002 年 11 月 1 日签订的土地租赁合同，依据北臧村土地利用总体规划（2001—2010 年），该租赁地块土地利用总体规划为一般农用地。

　　问题：双方所签土地承包合同是否有效？

　　分析：无效。根据《中华人民共和国农村土地承包法》第十七条的规定，承包方应维持土地的农业用途，不得用于非农建设。涉案土地系农业用地，但许国维、刘奎军与新立村经合社所签订的土地承包合同中明确约定"土地用途：场地、多种经营；甲方（新立村经合社）协助乙方（许国维、刘奎军）办理厂房建设的相关审批手续，费用由乙方支付；乙方如建生产、生活用房，经批准后方可施工"，该约定改变了土地的农业用途，且事实上许国维、刘奎军亦在土地上建造厂房用于生产经营，事实上亦改变了土地的农业用途。综上，许国维、刘奎军与新立村经合社所签订的土地承包合同违反了法律、行政法规的强制性规定，应为无效。

---

　　①案例源于中国裁判文书网.

参考文献

陈爱碧，2015. 房地产经纪合同佣金支付条件规则重构[J]. 湖南大学学报(社会科学版)(2).

陈华彬，2008. 论建筑物区分所有权的构成——兼议《物权法》第 70 条的规定[J]. 清华法学(2).

陈华彬，2018. 建筑物区分所有权法[M]. 北京：中国政法大学出版社.

陈名银，林勇，2016. 房地产市场的金融摩擦作用——基于抵押品视角的研究[J]. 上海金融(1).

陈树森，王连国，2007. 政策调整致履约困难的房地产纠纷的司法解决兼论情势变更制度在合同法领域的适用[J]. 法律适用(9).

陈苇，2017. 婚姻家庭继承法学[M]. 3 版. 北京：群众出版社.

崔建远，2020. 对民法典物权编若干规定的解读[J]. 人民检察(11).

法律家实践教学编委会，2022. 房地产纠纷裁判精要与规则适用[M]. 北京：人民法院出版社.

方涧，2019. 我国土地征收补偿标准实证差异与完善进路[J]. 中国法律评论(5).

房绍坤，2011. 公益征收法研究[M]. 北京：中国人民大学出版社.

房绍坤，2020. 房地产法[M]. 6 版. 北京：北京大学出版社.

符启林，2009. 房地产法[M]. 北京：法律出版社.

高宝科，2021. 法院裁定的抵债房地产过户应否缴纳印花税[J]. 中国注册会计师(2).

高飞，2020. 土地征收中公共利益条款适用的困境及其对策[J]. 学术月刊(4).

高圣平，2009. 论业主自治的边界[J]. 法学论坛(6).

高圣平，2014. 中国土地法制的现代化：以土地管理法的修改为中心[M]. 北京：法律出版社.

高旭军，沈晖，2004. 房地产法[M]. 上海：上海财经大学出版社.

关涛，2004. 我国不动产法律问题专论(修订版)[M]. 北京：人民法院出版社.

广州市中级人民法院房地产审判庭课题组，2020. 司法责任制背景下的房地产纠纷裁判尺度统一路径研究[J]. 法治论坛(1).

郭玉龙，2022. "法政纠结"与民国不动产登记制度的演进[J]. 中国经济史研究(2).

国务院法制办公室，2020. 物业管理条例注解与配套[M]. 5 版. 北京：中国法制出版社.

韩松，2008. 集体建设用地市场配置的法律问题研究[J]. 中国法学(3).

何培华，2003. 房地产法[M]. 北京：法律出版社.

黄河，2021. 房地产法[M]. 4 版. 北京：中国政法大学出版社.

黄薇，2020. 中华人民共和国民法典合同编释义[M]. 北京：法律出版社.

黄薇，2020. 中华人民共和国民法典物权编释义［M］. 北京：法律出版社.

黄英，2015. 农村土地流转法律问题研究［M］. 北京：中国政法大学出版社.

江必新，2020. 民法典重点修改及新条文解读［M］. 北京：中国法制出版社.

江丁库，金永熙，2016. 房地产抵押融资实务：风险防范与案例解析［M］. 北京：中国法制出版社.

江苏省高级人民法院课题组，李玉生，潘军锋，2018. 房地产调控背景下房地产纠纷风险防控及司法对策［J］. 人民司法（应用）（4）.

焦富民，陆一，2007. 论建筑物区分所有权中业主共有权的保护［J］. 比较法研究（5）.

金俭，罗亚文，2023.《民法典》居住权：立法意旨、功能演化及制度重构——基于人役性向用益性转变之视角［J］. 烟台大学学报，36（2）.

康俊亮，2017. 我国房地产行业调解发展现状概述（上）［J］. 中国房地产（10）.

李俊青，2018. 冒名处分他人不动产的法律适用分析——以法律漏洞的填补为视角［J］. 政治与法律（7）.

李新仓，2018. 建设用地指标市场配置法律制度研究［M］. 北京：中国财政经济出版社.

李延荣，周珂，于鲁平，2021. 房地产法［M］. 6 版. 北京：中国人民大学出版社.

梁慧星，陈华彬，2020. 物权法［M］. 7 版. 北京：法律出版社.

林文彪，2015. 房地产民事纠纷与刑事犯罪交叉问题研究［J］. 法律适用（11）.

刘建建，王忻，龚六堂，2023. 土地金融、房地产税与去杠杆［J］. 经济科学（1）.

刘建利，2015. 房地产基本制度与政策［M］. 北京：新华出版社.

刘建利，2021. 房地产法律法规［M］. 北京：机械工业出版社.

刘乐，杨学成，2009. 开发区失地农民补偿安置及生存状况研究——以泰安市高新技术产业开发区为例［J］. 中国土地科学（4）.

刘连泰，2020. 征收补偿中的主观价值［J］. 法学家（2）.

刘守英，2014. 农村土地法律制度改革再出发——聚焦《中共中央关于全面深化改革若干重大问题的决定》［J］. 法商研究（2）.

刘守英，2021. 土地乃江山之基，人民乃江山之本——中国共产党推动土地制度百年变革的历史昭示［J］. 中国领导科学（2）.

刘晓萍，2020. 农村集体经营性建设用地入市制度研究［J］. 宏观经济研究（10）.

刘亚娟，2021. 基于居住权的住房保障制度创新探析［J］. 湖南师范大学社会科学学报（3）.

罗普京，符启林，2016. 房地产法原理［M］. 北京：中国政法大学出版社.

骆鑫，等，2017. 物业管理纠纷案例与实务［M］. 北京：清华大学出版社.

孟婷婷，2017. 打造人民调解创新发展新引擎——访内蒙古自治区乌兰察布市多元矛盾纠纷调解中心［J］. 人民调解（7）.

潘安平，2013. 房地产法规［M］. 北京：北京大学出版社.

桑德罗·斯奇巴尼，2009. 物与物权［M］. 2 版. 范怀俊，译. 北京：中国政法大学出版社.

山东省济南市中级人民法院课题组,2021. 关于审理涉房地产纠纷案件法律适用问题的调研报告[J]. 山东法官培训学院学报(4).

史尚宽,2000. 物权法论[M]. 中国政法大学出版社.

宋伟哲,2022. 既有住宅加装电梯的困境、批判与对策[J]. 河北法学,40(9).

宋志红,2009. 集体建设用地使用权流转的法律制度研究[M]. 北京:中国人民大学出版社.

苏东,2015. 土地使用权出让与转让[M]. 北京:中国民主法制出版社.

谭柏平,2019. 房地产法入门笔记[M]. 北京:法律出版社.

唐亚林,陈水生,2021. 物业管理与基层治理[M]. 上海:复旦大学出版社.

王军辉,邓博文,2015. 城市基础设施配套费与土地价格——基于宗地交易数据的实证研究[J]. 世界经济文汇(3).

王俊沣,2013. 集体建设用地使用权流转问题研究[M]. 北京:经济科学出版社.

王克强,王洪卫,刘红梅,等,2015. 房地产法[M]. 上海:复旦大学出版社.

王雷,2016. 论物权推定规范[J]. 比较法研究(6).

王理生,2020. 强化城镇土地使用税征管的建议[J]. 税收征纳(10).

王利明,2006. 论业主的建筑物区分所有权的概念[J]. 当代法学(5).

王利明,2009. 论征收制度中的公共利益[J]. 政法论坛(2).

王利明,2019. 论民法典物权编中居住权的若干问题[J]. 学术月刊(7).

王履华,谭静,狄晓涛,等,2022. 不动产登记实务与信息系统[M]. 南京:南京大学出版社.

王卫国,王广华,2002. 中国土地权利的法制建设[M]. 北京:中国政法大学出版社.

王勇,2022. 房地产纠纷诉讼指引与实务解析[M]. 北京:法律出版社.

习龙生,1994. 中国房地产法实务全书[M]. 北京:今日中国出版社.

相庆梅,毛玥,朱志磊,等,2011. 北京市房地产纠纷解决机制实证研究[J]. 人民论坛(26).

肖俊,2023. 遗嘱设立居住权研究——基于继承法与物权法的交叉视角[J]. 比较法研究(1).

肖尧,陈奕宇,2012. 城镇土地使用税收对地方政府债务杠杆的边际动态影响[J]. 财会月刊(24).

谢娟,邵贤青,张伟,2022. 自然资源与不动产登记制度改革的协同创新探讨[C]. 2022社会发展论坛(昆明论坛)论文集.

徐涤宇,2021. 物业服务合同法律构造之中国模式[J]. 法学研究(3).

徐红新,张爱丽,2021. 我国住房保障的法理基础与制度完善[J]. 法律适用(11).

徐隽,2016. 房子该归谁法院这么判[N]. 人民日报.

杨立新,2018. 中国物权法研究[M]. 北京:中国人民大学出版社.

杨立新,2020. 物业服务合同:从无名合同到典型合同的蜕变[J]. 现代法学(4).

杨立新,2021. 物权法[M].(8版). 北京:中国人民大学出版社.

杨璐璐,2016. 农村宅基地"一户多宅"诱因与实态:闽省个案[J]. 改革(1).

杨硕，陈旭东，2022. 土地增值税税制存在的问题及改革思路研究[J]. 税收经济研究(4).

易军，2015. 所有权自由与限制视域中的单双号限行常态化[J]. 法学(2).

尤晓娜，刘广明，2018. 房地产法原理与适用[M]. 河北：河北人民出版社.

袁华之，2020. 房地产法律实务与案例精解[M]. 北京：中国法制出版社.

袁家仪，杨守信，2001. 房地产法学[M]. 北京：中国法制出版社.

张坚，2018. 房地产法律研究与司法实务[M]. 北京：人民法院出版社.

张平，任强，侯一麟，2016. 中国房地产税与地方公共财政转型[J]. 公共管理学报(4).

张志强，高丹桂，2008. 关于农村集体建设用地直接入市问题的思考[J]. 西安财经学院学报(4).

郑毅，2008. 房地产抵押贷款证券化[M]. 北京：中国社会出版社.

钟腾，汪昌云，祝继高，2020. 房地产抵押价值、高管公职经历与资源重配——基于公司层面的经验证据[J]. 经济学(季刊)(3).

周虎，2020.《民法典》项下农村宅基地使用权及地上房屋所有权问题浅议[J]. 四川农业科技(12).

周珺，2011. 美国住房租赁法的转型：从出租人优位到承租人优位[M]. 北京：中国法制出版社.

周珂，2008. 住宅立法研究[M]. 北京：法律出版社.

周运清，向静林，2009. 中国物业管理的理论与实践[J]. 中南民族大学学报(人文社会科学版)(3).

卓洁辉，2010. 论房地产中介服务合同的性质与法律适用[J]. 特区经济(8).

Daley, Rick, 2017. What Is Real Estate Development Law [J]. Practical Real Estate Lawyer 33(5)：27-36.

Miller, Lindsay J, Osborn, et al, 2021. In "Case" You Missed It：Recent Real Estate Case Law Highlights[J]. Colorado Lawyer, 50(4)：36-47.

Pinkevich T V, Zubalova O A, 2019. Registration of Illegal Real Estate Transaction：Challenges in Law Enforcement [J]. Bulletin of the Kazan Law Institute of MIA of Russia, 36, 168-173.

Prasad, Robin, 2018. Critical Assessment of Real Estate Law Reforms in Urban Areas：Issues of Policies, Planning and Governance for Land Use [J]. NUALS Law Journal, 12, 84-96.

Velazquez Vioque, Maria Sandra, 2019. Partial Commentary to the Real Estate Credit Contract Law [J]. Anuario de la Facultad de Derecho Universidad de Extremadura (AFDUE), 35, 299-325, 326.